葉玉屏의 『六事箴言』

오광익 역해

삶이 풍요로운 여섯 비결
『六事箴言』

1

유교의 경세이념(經世理念)은 수신(修身)·제가(齊家)·치국(治國)·평천하(平天下)인데 줄여서 수·제·치·평이라고 한다.

제가·치국·평천하를 이루려면 수신이 되어야 하고, 수신·치국·평천하를 이루려면 제가가 되어야 하며, 수신·제가·평천하를 이루려면 치국이 되어야 하고, 평천하를 이루려면 수신·제가·치국이 되어야 한다. 마치 책상의 네 다리와 같아서 한 다리만 없어도 책상이 온전하게 설 수 없다.

2

모든 현철(賢哲)이 수·제·치·평을 실현하기 위하여 학술과 정치와 교화에 진력(盡力)하였으니 그 덕에 경세(經世)를 알게 되었다.

흔히 요순시대(堯舜時代)를 일러 태평성대라고 하지만, 그 가운데도 빈부귀천(貧富貴賤)의 삶이 있고, 선악도편(善惡盜騙)이 엄연히 횡행하며, 비의전쟁(非義戰爭)도 있고, 시기질투(猜忌嫉妬)도 벌어졌던 것이 사실이다.

그러나 그 시대 모든 백성이나 사회국가는 수·제·치·평이라
는 기본 틀이 짜이고 또 조화(調和)를 이루었다. 그러므로 빈부귀
천이 균등을 이루고, 선악도편이 포용 되며, 비의전쟁이 화평을
이루고, 시기질투도 자제되어 백성의 삶에 커다란 장애와 구속이
없었다. 여기에 제정(祭政)이 일치되어 사회국가가 잘 굴러갔던
것이다.

다시 말하자면 그 시대를 살았던 백성 모두가 요순의 마음이
아니고 요순의 행동이 아니며, 요순의 인자(仁慈)가 아니고 요순
의 치적(治績)은 아니었다. 허유(許由)나 소보(巢父)처럼 국외자
(局外者)도 있었고 방관자(傍觀者)도 있었다. 그러므로 갖가지 문
제가 발생하였지만 요순이라는 성군(聖君)의 출현으로 인하여 요
순의 마음이 백성의 마음이 되고 백성의 행동이 되며, 백성의 인
자가 되고 백성의 치적이 되었기 때문에 태평성대를 이룰 수 있
었다.

이렇게 볼 때 백성을 염려하던 성자들은 현실을 타개하는 방법
으로 무엇인가를 설정하지 않을 수 없었다. 그것이 곧 유학에서
말하는 「평천하(平天下)」나 불교에서 말하는 「극락정토(極樂淨
土)」나 단군(檀君)이 말하는 「홍익인간 이화세계(弘益人間 理化
世界)」나 도가에서 말하는 「무하유지향(無何有之鄕)」이나 천주
교·기독교에서 말하는 「천당(天堂)」이나 원불교에서 말하는 「무
량낙원(無量樂園)」이나 서양에서 말하는 「유토피아(Utopia)」 등

이다. 이를 통해 우리들에게 동경(憧憬)의 대상이나 사후(死後)의 안락지처(安樂之處)로 자리매김을 하게 하여 줌으로써 현실에서 희망을 가지고 살 수 있도록 계도(啓導)하였던 것이다.

3

《육사잠언》은 수많은 현인 철인들이 그 시대를 살면서 수·제·치·평의 이념을 실현하기 위하여 고뇌하고 염려한 나머지 실현방법으로 제시한 글들로 이루어졌다. 청조(淸朝) 사람으로 박학다식(博學多識)한 섭옥병(葉玉屛 : 생몰 미상)이 진(秦)·한(漢)으로부터 명(明)·청(淸)에 이르기까지 150여 명을 선정하여 그 어록(語錄)에서 주로 간단하면서 의미가 깊은 문장 378조를 골라 여섯 대목으로 나누어 회집(會集)한 것이다.

예를 들면 이 가운데는 육구연(陸龜淵 : 象山, 1139-1192)·주희(朱熹 : 朱子, 1130-1200)·왕수인(王守仁 : 陽明, 1472-1529) 같은 홍유(鴻儒)들의 실언(實言)과 제갈량(諸葛亮, 181-234)·범중엄(范仲淹, 989-1052)·사마광(司馬光, 1019-1086) 같은 명신의 계어(誡語)가 있는데 이를 여섯으로 분류한 것이니, 그 여섯은 「지신(持身)·지가(持家)·거관(居官)·거향(居鄕)·처사(處事)·처인(處人)」이다.

그렇다면 「육사(六事)」의 하나하나는 어떠한 의미를 담고 있는가?

첫째, 지신(持身)

지신이란 바로 수신(修身)으로 「몸가짐」이요, 또는 「몸 닦음」이라 할 수 있다. 몸가짐이란 바로 「마음가짐」이요, 마음가짐이란 바로 「마음 닦음」으로 마음에 온갖 탐욕(貪慾)을 씻어내고 우치(愚癡)를 녹여서 본래 순수하고 맑고 밝은 마음으로 돌아가 일체의 망념(妄念)이 일어나지 않고 정화(淨化)된 본연의 마음을 바탕하여 우리의 몸을 운용한다.

둘째, 지가(持家)

지가란 바로 「제가(齊家)」라 할 수 있다. 가정이란 부모를 중심하여 식구가 모여 사는 작은 공동체이니, 공동체에서 서로 충돌 없이 잘 살 수 있는 방법은 '한 걸음 이해(一步理解), 두 걸음 양보(二足讓步)'의 정신을 가지고 화합을 이루어야 한다.

따라서 의(衣)·식(食)·주(住)의 생업이 필요하고, 자녀의 교육이 필요하며, 상봉하솔(上奉下率)의 화목이 필요하고, 효애경장(孝愛敬長)의 실현이 필요하다.

셋째, 거관(居官)

거관이란 바로 「사관(仕官)」이나 「정치(政治)」에 종사하는 상황을 말한다. 즉 정치(벼슬)를 한다는 것은 「제난(濟難)」과 「여락(與樂)」에 있다. 제난이란 민중의 어려움을 구제하여 준다는 뜻이다. 백성들이 삶을 엮어가면서 당하게 되는 가난·질병·무지·고민·억울 등을 해소시켜 주는 것이다.

또한 여락이란 강약조화(强弱調和)·생업(生業;일자리)·위민노역(爲民奴役) 등, 수범(垂範)이 되어 백성과 함께 한다는 뜻으로, 선택되어진 부류들만 아니라 저 산중에 홀로 사는 땔나무꾼까지라도 동락(同樂)이 되어야 한다.

넷째, 거향(居鄕)

거향이란 벼슬을 무사히 마치고 「낙향(落鄕)」하는 것을 말한다. 옛날의 벼슬아치들은 중앙정부에서 퇴임을 하게 되면 중앙 어디에 터를 잡아 사는 것이 아니라 반드시 고향으로 돌아왔다. 고향은 내가 낳고 자라고 학문을 닦은 곳이며, 부모가 살았고 친척친우가 있으며 어른들이 거주하는 자신의 터전이기 때문에 회두(回頭)한다. 그리하여 남은 생을 향민(鄕民)을 위해 학문을 일으키고 교화를 세워 서민과 함께한다.

다섯째, 처사(處事)

처사란 「세상과 어울려 산다」는 의미이다. 독불장군(獨不將軍)이라는 말처럼 혼자는 살 수 없고 사람들과 어울려 살아야 한다.

삶이란 왕래가 있는 것이요, 사단(事端)이 생기는 것이며, 시비(是非)가 붙고 이해(利害)가 갈라지게 되는 것이다. 이러한 여건을 편파적이거나 일방적이 아니라 원만(圓滿)하고 원융(圓融)하게 융통(融通)시켜 서로 다치거나 서운하지 않은 방향으로 처세(處世)를 하여야 한다.

여섯째, 처인(處人)

처인이란 「사람과 사람의 조화(調和)를 이루고 산다」는 뜻이다. 이 사람은 저 사람과 관계를 맺고, 저 사람은 이 사람과 관계를 맺는 것이 바로 삶이다.

자동차가 거리를 달릴 때 교통법규라는 것이 있다. 만일에 이 법규를 벗어나 제멋대로 달리면 큰 사고를 불러 온다. 이와 같이 사람도 사람과 섞여 사는 가운데 도리(道理)라는 것이 있고 질서라는 것이 있다. 이를 벗어나 제멋대로 살면 결국 인륜강기(人倫綱紀)가 무너져서 금수처럼 질서 없는 삶이 되고 만다. 우리는 이러한 상황에 이르지 않도록 사람과 사람과의 조화, 사람과 만물과의 조화, 사람과 세상과의 조화를 이루면서 살아야 한다.

4

잠언(箴言)이란 어떠한 의미인가?

이는 격언(格言)이요 교회(敎誨)며, 잠명(箴銘)이요 규계(規戒)이다. 후인들이 삶을 엮어 가는 데 있어서 경감(鏡鑑)과 철리(哲理)가 되는 응축(凝縮)의 언어요, 예지(叡智) 형광(炯光)으로 섭세제민(涉世濟民)의 양언(良言)을 말한다.

다시 말하자면 세상에 먼저 나온 현인(賢人)들이 천리(天理)를 보아 자신의 본질(本質)을 얻고, 세상을 보아 자신이 할 일을 세우며, 인간을 보아 자신의 심혜(心慧)를 발로(發露)한 것으로 엑기스와 같은 언설이며 압착(壓搾)의 명구(名句)로, 언간이심(言簡理深)할 수밖에 없는 어구들이다.

5

대저 인간이 저 우주나 하늘은 놓아두고라도 땅이라는 거대한 쳇바퀴 안에서 오밀조밀하게 산다. 그것은 마치 조그만 구덩이에서 개미들이 우굴거리며 사는 것과 벌통에서 벌들이 부딪치며 사는 것과 별반 다를 게 없다.

그러면서 인간은 영장류(靈長類)에 속하기 때문에 진(眞)·선

(善)·미(美)를 추구하고 더 나아가 성(聖)을 추구하여 만물을 지배할 권리가 있다고 자부한다. 즉 진선미를 추구하는 것은 옳다고 볼 수 있을지 몰라도 만물을 지배한다는 것은 망상(妄想)이요 오만(傲慢)이다. 우리가 발을 디딘 이 땅은 천물(天物)로써 온갖 물류(物類)들과 어울려 사는 것이 자연이다. 그것은 진리의 물건이요, 진리가 주신 최고의 선물이다. 이를 파괴함은 물론 진리와 상통하는 생명의 호흡 줄을 끊어 놓았으니 이 뒤를 어떻게 감당할 것인가?

지금 곳곳에서 재앙이 일어난다. 즉 바다는 바다대로, 하늘은 하늘대로, 땅은 땅대로 오염시키고 괴멸시킨 결과 수많은 재앙이 끊임없이 일어나고 있으며 그에 따른 대가를 우리가 고스란히 받고 있다.

이러한 의미에서 볼 때 이 땅에 인간이라는 머리 검은(검붉거나, 노랗거나, 희거나) 부류만 빠지거나 가만히 있어준다면 자연은 저절로 잘 운용되어 재앙이 아닌 은혜를, 파괴가 아닌 상생을, 전쟁이 아닌 평화를, 가난이 아닌 부유를, 차가움이 아닌 따뜻함을 우리에게 한 아름씩 두 아름씩 안겨줄 것이다.

그러므로 세상을 다녀간 성자나 철인들이 남겨놓은 행적이나 말씀들이 한이 없고 수가 없다. 이를 종합하여 본다면 『부지불식간에 사람이라는 탈을 쓰고 이 세상에 나왔으니 사는 동안만이라도 자연에 순응하고 도리에 어긋남이 없이 사람 노릇하며 살다가

인연이 다하여 이 세상을 떠나는 날 조용하게 썰물처럼 빠져야
한다.」는 의미가 그 가르침 속에 축약(縮約)되어 있다.

《공자가어(孔子家語)》육본(六本) 편에 「良藥苦於口而利於病 忠
言逆於耳而利於行(양약고어구이리어병 충언역어이이리어행)」이
라 하였다. 즉 '좋은 약은 입에 쓰지만 병에는 이롭고, 충고하는
말은 귀에 거슬리지만 행에는 이롭다.' 하였다. 어느 처지에서 어
떤 일을 하든지간에 이 《육사잠언》에서 한 귀라도 취해다가 가슴
에 안고 마음에 새겨 활용한다면 이병(利病)이 되고 이행(利行)이
될 것으로 자인(自認)하는 바이다.

덧붙임은, 원문의 번역은 본 글자를 살리는 면에 충실하였고,
또 인명(人名), 책명(册名)의 주석은 앞에 나온 경우 뒤에서는 생
략하였다.

끝으로 이 책 출판을 맡아준 명문당 출판사 김동구 사장님과
관계 직원들에게 사의를 표한다.

2012년 4월 길일
익산 적공관에서 **오광익** 근지

【목 차】

三. 居官(거관)

四. 居鄕(거향)

五. 處事 (처사)

▌六. 處人(처인)

一

持身

[지신]

1 학문을 하는 이유

안지추[1]는 말한다.

『학문을 하는 사람은[2] 이르는 곳마다[3] 편안하나니라.』

| 주석 |

① 안지추(顔之推 531~?) : 자는 개(介)이다. 남조(南朝)의 양대(梁代) 및 북조(北朝)의 북제(北齊)와 북주(北周)에서 황문시랑(黃門侍郎)을 지냈고, 수(隋)나라 개황(開皇)에 생을 마감한 저명한 학자이다. 저서로는 《안씨가훈(顔氏家訓)》이 있다.

② 학술자(學術者) : 학문(學問)을 하는 사람.

③ 촉지(觸地) : 도처(到處). 수처(隨處).

원문

안 지 추 왈　유 학 술 자　촉 지 이 안
顔之推曰「有學術者 觸地而安.」

● **해의** ●

사람이 학술, 즉 학문공부를 한다는 것은 다만 어떤 상식이나 지식을 쌓는데 있는 것은 아니다.

다시 말하면, 학문은 지식과 상식을 교양(敎養)하는 수단이나 방법으로만 이용할 것이 아니라 어디까지나 진리를 추구하고 나라를 다스리며, 백성을 교화하고 심성(心性)을 장양하며, 자신을 성장시키고 생활을 잘 다듬어가는 방법을 도출하고 또는 증장시키는 것이다. 이렇게 되면 어느 때, 어떠한 처지를 당하더라도 항상 편안하고 즐거운 마음을 가지고 살아가게 된다.

2 담력은 크고자 한다

손사막[1]은 말한다.

『담력은 크고자 하되 마음은 작고자 하는 것이요, 지혜는 원만하고자 하되 행동은 방정하고자 하나니라.』

| 주석 |

① 손사막(孫思邈, 581－682) : 당(唐)나라 유명한 의사. 저서로는 《천금방(千金方)》과 《천금익방(千金翼方)》이 있다.

원문

손 사 막 왈　담 욕 대 이 심 욕 소　지 욕 원 이 행 욕 방
孫思邈曰「膽欲大而心欲小　智欲圓而行欲方.」

● 해의 ●

담대심소(膽大心小)이다. 즉 담대한 마음과 세밀한 뜻을 말한다.

사람이 세상을 살아가면서 대범하고 풍부한 자량(資量)을 가지면서도 한편으로는 마음의 기발(起發)에 아주 세밀한 면까지 파악하고 점검해서 아닌 마음이 나올 경우에는 바른 마음으로 돌려져 나오도록 하여야 한다.

또한 지원행방(智圓行方)이다. 즉 지혜는 원만(圓滿)하고 행동은 방정하여야 한다.

지혜가 뚜렷하여 막히거나 걸림이 없고, 행위는 방정(方正)하여 기울거나 삿됨이 없이 균형을 잡고 살아가야 한다.

3 정성은 뉘우침이 없다

임포[1]는 말한다.

『정성은 후회함이 없는 것이요, 용서는 원망함이 없는 것이며, 화합은 원수짐이 없는 것이요, 참음은 욕됨이 없는 것이니라.』

| 주석 |

① 임포(林逋, 967~1028) : 북송(北宋)의 시인으로, 자는 군복(君復)인데 뒤에 사람들이 「화정선생(和靖先生)」이라 불렀다. 죽을 때까지 벼슬에 나아가지 아니하고 학문에 힘을 썼으며, 저서로는 《임화정시집(林和靖詩集)》이 있고 별전으로 《성심록(省心錄)》이 있다.

원문

임 포 왈　성 무 회　서 무 원　화 무 구　인 무 욕
林逋曰「誠無悔 恕無怨 和無仇 忍無辱.」

● 해의 ●

사람이 세상을 살아가면서 참된 정성을 가지고 사람을 대하면 그 사람이 후회하지 않게 된다. 또한 너그러운 용서와 포용으로 사람을 대하면 그 사람이 원망을 쌓음이 없으며, 또한 겸손과 화합으로 사람을 대하면 그 사람과 원수로 맺어짐이 없고, 참음과 견딤으로 사람을 대하면 그 사람에게 욕됨이 미쳐가지 않게 된다. 사람으로서 일생을 이렇게 살아간다면 잘 엮어 가는 인생의 항로(航路)라 할 수 있다.

4 마음은 즐겁다

또 말한다.

『마음은 가히 즐거울지언정 형체란 가히 수고롭게 하지 않을
수 없는 것이요, 도는 가히 즐길지언정 몸은 가히 근심하지 않
을 수 없나니라.』

원문

우왈　심가락　형불가불로　도가락　신불가불우
又曰「心可樂 形不可不勞 道可樂 身不可不憂.」

● 해의 ●

　　우리의 마음이란 항상 모든 상황에서 안일을 추구하지만 형체(形體)
는 늘 수고롭지 않을 수 없다. 즉 사람이 살아가는 길에 기쁨이나 즐거
움을 추구하지만, 몸이란 항상 근심 걱정 속에 처하도록 해야 게으름
이나 황음(荒淫)에 빠지지 않게 된다.

　　그러므로 마음과 도는 무형한 입장에서 다잡으면 얼마든지 기쁘고
즐겁게 살 수 있는 것이다. 이 유형한 육체는 뭇 고통과 우수(憂愁)를
겪음으로써 방정한 몸으로 길들여지게 된다.

　　그러나 건강을 해치면서까지 엄하게 다스려서는 안된다.

또 말한다.

『선을 하기는 쉬운 것이지만 선을 하였다는 이름은 피하기가 어렵나니라.』

원문

又曰「爲善易 避爲善之名難.」
우왈　위선이　피위선지명난

● **해의** ●

우리가 세상을 살면서 작든 크든, 사물이든 사람이든간에 선을 베풀 수 있다는 것은 좋은 일이다. 그렇지만 참으로 참된 선을 베푸는 사람은 그 이름이 드러날까봐 두려워하여 항상 숨기고 감추면서 좋은 일을 하고 베푸는 행위를 한다.

따라서 사람됨이 엷은 사람은 조그마한 선을 행하고 드러나기를 바라고 알아 주기를 바란다. 즉 조그만 선행을 하고 사람들이 알아봐주고 신문이나 TV에 나오기를 바라지만, 이는 자칫 허명(虛名)이 되기 쉽고, 이로 인하여 큰 부담을 안고 살게 되기 쉬운 것이니, 숨기고 갈무리는 것이 공덕이 훨씬 크다고 할 수 있다.

6 두려움엔 재앙이 그친다

또 말한다.

『두려워하면 능히 재앙이 그쳐지게 되는 것이요, 만족하면 능히 탐욕이 그쳐지게 되나니라.』

우 왈   외 능 지 화 족 능 지 탐
又曰「畏能止禍 足能止貪.」

● 해의 ●

　사람이 살아가는 길에는 두려운 것이 참으로 많다. 호랑이도 두렵고 도둑도 두려우며 귀신도 두렵다.

　그러나 참으로 두려운 것은 보이지도 들리지도 않는 우주의 이법(理法)이다. 이는 우리의 삶을 낱낱이 기억하였다가 되돌려 주는 것이니, 이를 두려워할 줄 안다면 뭇 재앙을 미연(未然)에 방비할 수 있다.

　인간의 욕심이란 끝이 없다. 정말 욕심이 많은 사람은 아무리 가져도 더- 더- 하다가 정작 제대로 쓰지도 못하고 세상을 떠나게 된다. 매사에 만족할 줄 아는 것을 참으로 부유(富裕)함으로 삼을 때 탐욕(貪慾)은 자연 수그러지게 된다.

7 굽힘과 폄

정모후부인[1]은 말한다.

『사람은 능히 굽히지 못하는 것을 근심은 할지언정 능히 펴지지 않는 것을 걱정하지 아니할지니라.』

| 주석 |

① 정모후부인(程母侯夫人) : 생몰연대는 알 수 없음.

원문

정 모 후 부 인 왈　　인 환 기 불 능 굴　불 환 기 불 능 신
程母侯夫人曰「人患其不能屈　不患其不能伸.」

● 해의 ●

한신(韓信, ?−B.C.196)은 중국 한(漢)나라 초의 유명한 무장이다. 그러나 그가 불우하던 젊은 시절에 시비를 걸어오는 시정 무뢰배의 가랑이 밑을 태연히 기어나갔다.

사람이 굽힐 수 있으면 펼 수도 있다. 즉 대지(大志)를 가진 사람은 먼 훗날 성공을 위해서 오늘의 온갖 굴욕(屈辱)을 참고 견디며 전진한다. 이러하면 언젠가는 자기의 뜻을 아름답게 펴는 시기가 도래하지만, 만일 굴신(屈身)이 싫어서 자존(自尊)만을 세우는 사람은 뒤에 별로 볼 것이 없다.

그러므로 사람이 굽혀야 할 자리에 확실하게 굽힐 줄 알아야 일어설 때 뜻을 얻어 펼 수가 있는 것임을 알아서 스스로 굽히지 못함을 근심은 할지언정 펴지지 못하는 것을 걱정해서는 안된다.

8 검박과 사치

장문절[1]은 말한다.

『사람의 정서는 검박함으로 말미암아 사치한 데로 들어가기는 쉬워도, 사치함으로 말미암아 검박한 데로 들어가기는 어렵나니라.』

| 주석 |

① 장문절(張文節) : 곧 장지백(張知白)을 말하는데, 자는 용회(用晦)이요, 시호는 문절(文節)로 북송(北宋)의 대신(大臣)이다.

원문

장 문 절 왈　　인 정 유 검 입 사 이　유 사 입 검 난
張文節曰「人情由儉入奢易　由奢入儉難.」

● 해의 ●

사람이 사는 세정(世情)은 대개 화려한 사치를 좋아한다. 즉 내면이야 어떠하든 우선 화사한 물질에 끌려 살아가는 것이 인정이라 할 수 있지만 과도(過度)하면 결국 물질의 노예(奴隷)가 되고, 또 탐욕의 늪으로 빠져들게 된다.

그러므로 우리의 삶을 조촐하고 소박하게 꾸려 간다면 몸과 마음이 밝고 맑아서 아름다움이 드러나지만 너무 호화로운 삶은 뒷날 반드시 재앙을 부르는 매개가 되는 것임을 알아야 한다.

오늘날 함부로 카드를 긁어 사치를 일삼다가 고초를 당하는 예를 어렵지 않게 볼 수 있다.

성도[1]는 말한다.

『사대부는 자기의 몸가짐을 정히 규방의 처녀[2]와 같이 할지니 마땅히 몸을 법도 가운데에다 둘 것이요, 사람들의 지적을 받아서는 안 돼나니라.』

| 주석 |

① 성도(盛濤) : 자세히는 알 수 없으나 북송(北宋)의 대신인 성도(盛陶)로 보인다. 성도는 자가 중숙(仲叔)으로 영희(寧熙) 중에 감찰어사(監察御使)를 지냈다.

② 실녀(室女) : 아직은 시집을 가지 않은 처녀로 몸가짐이 방정(方正)한 여자.

원문

盛濤曰「士大夫行己 正如室女 當置身法度中 不得受人指點.」

● 해의 ●

자기 자신을 가늘 줄 아는 것이 중요하다. 즉 자기 자신을 항상 갈고 닦아서 탐욕(貪慾)이나 저질에 자신을 놀리지 않고 한 등(等)을 올려서 살아야 한다. 마치 시집을 가지 않은 처녀가 몸가짐을 방정하게 하는 것처럼 일정한 규범(規範)이나 잠언(箴言)에 자신을 묶어서 흐트러짐이 없이 입과 마음과 행동으로 자신만의 길을 닦고 또 열어가야 한다.

이렇게 삶을 쌓아갈 때 남의 표준이 되고 흠모의 대상이 된다. 아무렇게 살아간다면 남의 손가락질을 받고 질시(嫉視)를 받아 온전한 삶을 누리기 어렵고, 미래도 불투명하게 된다.

10 성냄과 두려움

정명도[1]는 말한다.

『성냄을 다스리기가 어렵고, 두려움을 다스리기도 또한 어려운 것이니 자기를 이기는 것이 성냄을 다스리는 것이요, 이치를 밝히는 것이 두려움을 다스리는 것이니라.』

| 주석 |

① 정명도(程明道, 1032~1085) : 곧 이름은 호(顥)요, 자는 백순(伯淳)으로 뒤에 사람들이 「명도선생(明道先生)」이라 불렀다. 북송 때의 이학가(理學家)로 아우인 정이(程頤)와 더불어 「이정(二程)」으로 불리게 되었다. 특히 이학(理學)의 기저(基底)를 놓은 사람으로 저술은 《정성서(定性書)》와 《식강편(識江篇)》 등이 있다.

원문

정명도왈　　치노위난　　치구역난　　극기가이치노　　명
程明道曰 「治怒爲難　治懼亦難　克己可以治怒　明

리가이치구
理可以治懼.」

사람이 성질을 부리는 것은 외형의 조건이 자신에게 맞지 않는 데서 오는 상황이라고 할 수 있다. 그러나 세상에 마음대로 되는 것이 얼마나 있던가. 그러기 때문에 외경(外境)에 대해서 공연히 까탈을 부리지 말고 자신의 과도한 욕망을 자제할 줄을 알 때 신경은 날카롭지 않게 된다.

또한 두려움도 외부에서 일어나는 비바람이나 천둥 번개로부터 올 경우도 있다. 그러나 이것은 우주의 이치가 운행되면서 일어나는 자연적인 현상임을 확실하게 알고 있을 때 두려움은 자연히 사라진다.

11 교만의 해악

또 말한다.

『부유하고 귀한 것으로 사람에게 교만하면 진실로 학문을 잘하는 것이 아니니, 사람에게 교만하는 해악 또한 작지 아니 하나니라.』

우왈　부귀교인　고불선학문　교인해역불세
又曰「富貴驕人 固不善學問 驕人害亦不細.」

학문이라는 자체가 부유와 귀함을 통해서 사람을 무시하고 업신여기며 교만하고 해악(害惡)을 끼치라는 것은 결코 아니다.

그러나 세상의 미숙아(未熟兒)들은 자기들이 재산이 있고 권력이 있으면 그것으로 사람을 못살게 구는 경우가 있다. 거기다가 조금 아는 것이 있으면 낮은 사람들을 함부로 다루어 전로(前路)를 꺾고 짓밟아 버리니 이렇게 하는 학문의 폐해(弊害)는 사람들을 오도하고 어렵게 만든다. 따라서 이는 세상에도 좀이 되고 나아가 언젠가는 자신이 고스란히 받게 되어 쓰라리고 어려운 처지에 놓이게 될 때가 오게 됨을 알아야 한다.

12 돈독하고 충실하자

또 말한다.

『큰 책임을 감당하고자 한다면 모름지기 돈독하고 충실하여야 하나니라.』

원문

又曰「欲當大任 須是篤實.」

사람이 세상에 나옴이 결코 우연(偶然)이 아니라 필연(必然)이다. 따라서 사람마다 이 세상에 이바지하여야 할 의무와 책임이 주어져 있

다. 즉 있는 사람은 있는 대로, 없는 사람은 없는 대로, 큰 사람은 큰대
로, 작은 사람은 작은 대로 부여(賦與)받은 책무가 있다. 이러한 자기
만의 임무를 알아서 돈독한 자세와 충실한 마음으로 살아간다면 세상
은 전쟁이나 공포가 없이 평화롭고 고루 잘 사는 아름다운 사회 국가
가 이루어질 것이다.

13 작은 일의 부지런함

또 말한다.

『능히 작은 사물에까지 부지런하기가 가장 어렵나니라.』

원문

우 왈　　극 근 소 물 최 난
又曰「克勤小物最難.」

● 해의 ●

우리가 흔히 중차대한 사건이나 일에 대해서는 온 힘을 쏟고 정성을
다하기 때문에 좀처럼 실수를 하거나 중도에서 그만두지 않는다.

그러나 하찮은 일이나 사건은 소홀히 하고 대강 넘어가기가 쉽다.
그러므로 하찮은 일이라도 큰일처럼 근면(勤勉)을 다하라는 것이다.

예를 들면, 저 큰 나무가 처음부터 큰 것은 아니다. 어느 모퉁이에서
보잘 것 없는 작은 싹이 나서 비바람을 견디고 커서 교목(喬木)으로 자
란 것처럼 싹이 되는 작을 때의 일이나 여건을 그냥 대강 넘기지 말고
철저하게 다져놓아야 한다. 그래야 기초가 튼튼하여 어떤 큰일도 어

려움 없이 성취하게 된다.

14 실패의 두려움

또 말한다.

『견해와 결심을❶ 깊고❷ 또한 크게 아니할 수 없는 것이지만 그러나 실행하는 데는 또한 모름지기 힘을 헤아려서 점진적으로 할지니, 힘은 작은데 소임이 무거우면 마침내 일을 실패하게 될까 저어 되나니라.』

| 주석 |

① 기(期) : 단단히 결심하다. 기약하다.
② 원(遠) : 깊다. 넓다.

원문

又曰「所見所期 不可不遠且大 然行之 亦須量力
有漸. 力小任重 恐終敗事.」

● 해의 ●

사람은 세상을 살면서 원대한 이상(理想)과 포부(抱負)를 지녀야 한다. 만일에 이러한 희망이 없이 산다면 죽은 나무와 같아서 따뜻한 봄이 올 때도 깨어날 수가 없다.

그러나 아무리 이상과 포부를 가졌다 하더라도 자신의 능력과 역량에 맞추어 실현해 나가야 한다. 만약에 실력은 없는데 책임만 무겁게 가진다면 마치 어린아이가 무거운 짐을 짊어짐과 같아서 일을 실패하기 쉬운 것이다. 희망의 나무가 꺾이지 않도록 작을 때부터 잘 가꾸고 키워서 아름다운 나무로 아름다운 열매를 맺게 하여야 한다.

15 말과 품덕

정이천[1]은 말한다.

『다만 말을 하는데 평온한가, 쉬운가, 조급한가, 경솔한가를 보면 문득 품덕(稟德)의 두텁고 엷음과 수양의 깊고 얕음을 보게 되나니라.』

| 주석 |

① 정이천(程伊川, 1033-1107) : 이름은 이(頤)며, 자는 정숙(正叔)이다. 정명도 선생의 아우로 세상에서 「이천선생(伊川先生)」이라 불렀다. 북송의 이학가(理學家). 저술은 《역전(易傳)》과 《안자소호하학론(顔子所好何學論)》 등이 있다.

원문

정 이 천 왈　　지 관 발 언 지 평 이 조 광　편 견 덕 지 후 박　　소
程伊川曰「只觀發言之平易躁狂　便見德之厚薄　所

● **해의** ●

　사람이 사람과 만나서 제일 먼저 나오는 것이 말이다. 그래서 첫 마디가 제일 중요하다. 즉 첫 말이 그르면 다음 말도 그른 것이 마치 첫 단추를 잘못 꿰면 다음 단추도 틀어지는 것과 같다.

　말이 평이(平易)한가, 아니면 조급하고 경솔한가를 보아서 그 사람의 갖춘 품덕(稟德)의 두터움과 엷음이 그대로 나타나게 되고, 또한 쌓은 수양이 깊고 얕음이 역시 나타나게 된다. 한 마디 말로 천 냥의 빚을 갚는다는 속담처럼 항상 삼가서 입을 열고 닫아야 한다.

16 일과 말

소강절❶은 말한다.

『일이란 모름지기 대의와 천명에 편안하여야 하는 것이요, 말은 반드시 안 마음에서❷ 통하게❸ 해야 되나니라.』

| 주석 |

　① 소강절(邵康節, 1011-1071) : 이름은 옹(雍), 자는 요부(堯夫)이다. 시호를 강절(康節)이라 하였다. 북송의 철학가로 저술은 《황극경세서(皇極經世書)》와 《관물내외편(觀物內外篇)》 등이 있다.

　② 심비(心脾) : 내심(內心), 곧 안쪽의 마음.

　③ 도(道) : 통하다.

소 강 절 왈　　사 수 안 의 명　언 필 도 심 비
邵康節曰「事須安義命 言必道心脾.」

● 해의 ●

　　우리가 세상을 살아가는 데 있어서 일을 떠날 수는 없다. 즉 세상살이라는 것이 일의 연속이기 때문에 일을 놓을 수도, 또한 버릴 수도 없다.

　　그러나 사람이 행하는 일은 정의(正義)와 천명(天命)에 맞느냐 맞지 않느냐가 문제이다. 즉 그 일을 하는 사람은 본인이기 때문에 판단이 중요하고 판단한 뒤에는 실행하면 된다. 일이 정의와 천명에 맞으면 편안할 것이요, 맞지 않으면 뒤탈이 생기게 된다.

　　또 말은 미사여구(美辭麗句)를 늘어놓아 잘 꾸며서 하는 것도 좋지만 진실한 마음에서 우러나와 알맹이가 담겨 있어야 하고, 실천의 경험에서 나온 생명이 담긴 말이라야 살아있는 말이 됨과 동시에 사람들에게 감동을 주고 여운이 남게 된다.

17　군자의 덕

사마온공[1]은 말한다.

『군자는 검박함으로써 덕을 삼는 것이요, 소인은 사치함으로써 몸을 잃게 되나니라.』

| 주석 |

① 사마온공(司馬溫公, 1019-1086) : 이름은 광(光)이요, 자는 군실(君實)

이며 시호는 문정(文正)으로 온국공(溫國公)에 봉해졌다. 북송의 대신이며 사학가(史學家)이다. 저술은 《자치통감(自治通鑑)》과 《사마문공집(司馬文公集)》 등이 있다.

사 마 온 공 왈　군 자 이 검 위 덕　소 인 이 치 상 구
司馬溫公曰「君子以儉爲德 小人以侈喪軀.」

● 해의 ●

　　군자와 소인은 여러 면에서 다르다. 하나의 예를 들자면, 이(利)를 보고 달려드는 것은 소인들이 하는 짓이요, 의(義)를 보고 과감하게 뛰어드는 것은 군자라야 가능하다.
　　또한 군자는 매사에 검소하고 검박한 것으로 아름다운 덕을 길러가지만 소인들은 꾸미고 사치하는 것으로 자기과시를 일삼다가 귀중한 몸을 잃고 주위나 집안까지도 어렵게 하는 수가 있다. 사람은 조금 부족한 듯이 사는 생활습관을 가져야 하고 내면의 품덕을 기르기에 게으름이 없어야 한다.

18 보통의 옷과 밥

또 말한다.

『나는 평생토록 옷은 추위를 가릴 정도로 취하였고, 밥은 배를 채울 정도로 취하였으며, 또한 감히 입은 옷을 더럽히고 해지게 아니하였고 습속을 바로잡는데서 명성을 찾았나니라.』

又曰「吾生平衣取蔽寒 食取充腹 亦不敢服垢弊 以
矯俗干名.」

● 해의 ●

　　사마온공은 북송(北宋)의 유능한 재상(宰相)으로 옷이나 밥이 없었
던 것이 아니다. 그러나 그는 일상의 삶에 화려한 옷을 입어 사치를 하
지 않고 보통의 옷으로 추위를 가렸고, 특별한 고기반찬으로 포식하
지 않고 보통 먹는 밥으로 주린 창자를 채웠고, 또한 좋은 옷을 입기
위해 옷을 더럽히고 해어지게 하지 않았으며, 당시의 잘못된 풍속을
바로잡고 앞장서는 것에서 이름을 구하며 평범하게 삶을 영위하였다.
　　사실 평범(平凡)을 지키며 사는 자체가 가장 비범(非凡)한 것이다.

19 사람보다 나은 게 없다

또 말한다.

『나는 사람들보다 나은 게 없지만 다만 평생 해온 바를 감히
사람들을 대하여 말하지 않음이 없었음이라. 유원성[1]이 마음
을 다하고 몸으로 실행하는 요점을 물음에 공이 말하기를, "그
것은 정성이라."하였고, 실행에 무엇을 먼저 해야 하는가의 물
음에 말하기를 "망령된 말을 않는 것으로부터 시작하여야 하
니라."고 하였나니라.』

① 유원성(劉元誠, 1048-1152) : 즉 유안세(劉安世)로, 자는 기지(器之)며
  호는 원성(元誠)이다. 북송의 대신으로 일찍부터 사마온공에게 묻고
  배웠다.

원문

又曰「吾無過人者 但生平所爲 未有不敢對人言者
耳. 劉元誠問盡心行己之要 公曰 "其誠乎?" 問行
之何先 曰 "自不妄語始."」

● 해의 ●

사마온공은 자신이 결코 다른 사람보다 나은 점이 없다고 하였다.
그러면서 자신이 평생 해온 올바른 일이나 학문이나 역사를 남에게
충분히 설명하여 설득한다는 것이다.

유원성이 마음을 다하고 몸으로 실행할 수 있는 요결(要訣)이 무엇
이냐고 물었을 때 그는 "오직 정성(精誠)일 뿐이다."라고 단언하였다.
즉 정성만 있으면 세상에 이루어내지 못할 게 없다.

또 실행하는데 있어서 어떤 것을 먼저 해야 하느냐고 물었을 때 "먼
저 허황된 말을 않는 것으로부터 시작을 하라."고 하였다. 즉 망어(妄
語)란 「허망하여 진실하지 못한 말(虛妄不實之語)」이라는 의미이기
때문에 자신이 사람을 대하여 제일 먼저 참되고 믿음을 주는 말부터
시작하게 되면 끝말까지 아름다울 뿐만 아니라 그대로 지표(指標)가
될 수 있다.

장무구[1]는 말한다.

『창졸한 가운데나 환난 가운데서 일을 처리하는 것이 어지럽지 않음은 반드시 재주나 알음알이를 명료하게 얻지는 못함이라 할지라도 반드시 그 가슴 가운데 기국[2]은 평범하지 않을 것이니 평소 멈추는 힘이 있어서다. 그렇지 않고 가슴속이 한 번 어지럽다면 어떻게 일에 다다를 것인가? 옛사람이 "평일에 기국을 단련하고 길러야 한다."고 한 것은 정말로 이를 이름이니라.』

| 주석 |

① 장무구(張無垢, 1092-1159) : 곧 장구성(張九成)으로, 자는 자소(子韶)며 자호를 횡포거사(橫浦居士) 또는 무구거사(無垢居士)라 하였다. 남송(南宋)의 대신이요 학자이며, 경학(經學)을 깊이 연구하여 많은 훈해(訓解)를 남겼다.

② 기국(器局) : 기량(器量) ; 사람의 덕량(德量)과 재능(才能). 사람의 재능과 도량을 아울러 이르는 말.

원문

장무구왈　창졸중　환난중　처사불란　미필재식요
張無垢曰「倉卒中　患難中　處事不亂　未必才識了

득　필기흉중기국불범　소유정력　불연흉중일란　하
得　必其胸中器局不凡　素有定力　不然胸中一亂　何

이임사　고인평일욕용양기국　정위차야
以臨事? 古人平日欲鎔養器局　正謂此也.」

창졸간이나 환난은 사실 견디기 어려운 경계이다. 그럼에도 불구하고 일을 당하여 처리하는 것이 완벽하여 지리멸렬(支離滅裂)하지 않으면 설사 재주와 지식이 확연하지 않을지라도 그 가슴속에 담긴 기량(器量)이나 도량(度量)은 결코 평범하다고 할 수 없을 것이니, 이는 평소에 익히고 다진 심력(心力)이 자리매김하고 있기 때문이다. 만일 그렇지 않을 경우는 가슴속이 온통 혼란스러워 갈피를 잡을 수 없을 것이니, 어떻게 일에 다가서서 깔끔하게 처리할 수 있을 것인가?

옛사람이 "사람이 일이 없는 평소에 기국〔器量·度量〕을 늘 단련하고 배양하여 준비를 해 놓아야 일을 당하여 흔들림이 없이 처리할 수 있다."고 한 것이 이러한 상황을 두고 한 말이다.

21 마음 다스리고 몸을 닦음

호문정[1]은 말한다.

『마음을 다스리고 몸을 닦는 데에는 음식이나 남자나 여자가 절실하고 요긴함이 되는 것이니, 예로부터 성현들은 스스로 이 속에서 공부를 하였나니라.』

| 주석 |

① 호문정(胡文定, 1074-1138) : 즉 호안국(胡安國)으로, 자는 강후(康侯)이요, 시호를 문정선생(文定先生)이라 하였다. 북송의 학자로 저술은 《춘추전(春秋傳)》과 《자치통감거요보유(自治通鑑擧要補遺)》 등이 있다.

호 문 정 왈　치 심 수 신　이 음 식 남 녀 위 절 요　종 고 성 현
胡文定曰「治心修身 以飮食男女爲切要 從古聖賢

자 저 리 주 공 부
自這裏做功夫.」

● 해의 ●

　　아무리 먼지가 쌓인 바닥이나 마루라 할지라도 쓸고 닦으면 깨끗하여진다. 이와 같이 우리가 세상에 살면서 물질이나 욕심에 찌든 몸과 마음이라도 닦고 다스리면 얼마든지 성현 군자가 될 수 있다.

　　또한 우리의 삶에 먹는 음식이 얼마나 중요하며 남녀 간 사랑의 욕구도 얼마나 절실하고 중요한지 모른다.

　　그런데 어리석은 사람들은 이것이 삶에 전부로 생각하여 이것을 구하는데 자기의 재주를 바쳐서 물불을 가리지 않고 구한다. 다행히 얻어지면 모르려니와, 설사 얻었다 할지라도 자신이나 가족이 살아가는 데 불과하다.

　　그러나 의식이 깨어 있는 사람은 이것을 공부하는 소재로 삼아 단련하고 수행하여 마음의 지혜를 얻어서 큰 성현을 이루어가게 된다.

22 세상의 맛

또 말한다.

『사람은 모름지기 일체 세속 맛이 담담해야 바야흐로 좋음을 얻게 되는 것이요, 부유나 귀한 모습에 있음이 중요함은 아니니라.』

우왈　인수시일체세미담득방호　불요유부귀상
又曰「人須是一切世味淡得方好　不要有富貴相.」

● 해의 ●

　　사람이 세상을 사는데 길어야 백 년 미만으로, 이 시간이 길다면 길지 몰라도 사실 짧은 것이요, 한순간에 지나지 않는다. 이러한 가운데 우리가 저질러 놓은 상황이 얼마나 많은가. 남을 속이고, 속을 상하게 하고, 파약(破約)하는 등 말로 다할 수 없다.

　　이는 모두가 욕심(慾心)에서 나온 소치이다. 사람이 욕심만 끊어지면 세상을 사는 것이 평범하고 담담할 것이다. 이러한 모습으로 부귀나 영화를 누린다고 할지라도 하등의 집착(執着)이 없기 때문에 오면 오고 가면 가서 마치 뜬구름이 모였다 흩어졌다 하는 것처럼 심상하게 여길 수 있다.

23 덕을 이룸

범충선[1]은 말한다.

『오직 검박함이라야 가히 써 청렴을 조장하게 되는 것이요, 오직 용서라야 가히 써 품덕을 이루게 되나니라.』

| 주석 |

① 범충선(范忠宣, 1027-1101) : 즉 범순인(范純仁)으로, 자는 요부(堯夫)이며 시호는 충선(忠宣)이다. 명신(名臣)인 범중엄(范仲淹)의 아들로 북송의 대신이다. 저술은 《충선문집(忠宣文集)》이 있다.

범 충 선 왈　유 검 가 이 조 렴　유 서 가 이 성 덕
范忠宣曰「惟儉可以助廉 惟恕可以成德.」

● 해의 ●

　　사람이 사는데 있어서 검박(儉朴)이 곧 청렴(淸廉)이라 할 수 있다. 그래서 삶을 꾸려갈 때 지나치게 얻으려 하면 오히려 지탄을 받아 앞길이 막히게 되는 것이니 차라리 처음부터 과도하게 구하는 것은 접어야 한다.

　　또 용서(容恕)는 바로 덕(德)이다. 용서란 포용의 어진(仁) 가슴으로 품어 남을 나처럼 여기는 자비요 사랑이며 은혜의 마음이다.

　　이러한 마음을 가지고 살면 자연 고상한 인품이 이루어져서 여유 있는 삶을 꾸려갈 것이며 사람도 홑사람이 아닌 겹사람이 된다.

24 한 단계의 공부로 얻어지지 않는다

주회암●은 말한다.

『몰록 한 단계 시간을● 기다려 공부를 해야 바야흐로 얻어지는 것이라 말하지 말지니, 이와 같이 한다면 문득 엇갈리게 되리라. 다만 지금 해나가는 것을 결코 의심하지 않으면 귀신도 피하게 되지만 기다린다●면 사태가 해롭게 되나니라.』

① 주회암(朱晦庵, 1130-1200) : 이름은 희(熹), 자는 원회(元晦), 또는 중회(仲晦), 호는 회암(晦庵)으로 남송(南宋)의 이학가(理學家)이다. 그의 학설을 이학정종(理學正宗)이라 하여 후대에 지대한 영향을 끼쳤다. 그의 중요한 저술로 《사서집주(四書集注)》·《태극도해설(太極圖解說)》·《통서해설(通書解說)》·《주역본의(周易本義)》·《초사집주(楚辭集注)》 등이 있으며 후인들이 편찬한 《주자대전(朱子大全)》·《주자어류(朱子語類)》 등이 있다.

② 단(段) : 한 단계의 시간. 한 조각으로 만든 것. 조각.

③ 수(需) : 기다리다. 바라다. 구하다.

원문

朱晦庵曰「莫說要待頓段工夫方做得 如此便磋過了 只今便要做去 斷以不疑鬼神避之. 需者 事之賊也.」

● 해의 ●

몰록 한 차례 시간을 내어서 집중적으로 공부를 하여야 소득(所得)이 되는 것이라고 할 수는 없다. 정신이 맑은 사람은 어떤 단계를 거치지 않고도 얼마든지 이루어낼 수 있다.

공자의 제자에 안자(顔子) 같은 사람은 32세에 일찍 죽었으나 성위(聖位)에 이르렀으니 열심히 공부도 하였겠지만, 현실의 공부만 가지고 이루어낸 것이 아니라 근본적으로 맑은 정신을 가졌기에 가능하였다.

그러므로 우리가 공부를 하는데 두려워하거나 의혹됨이 없이 해나간다면 귀신도 길을 피하여 주는 것이요, 어떤 시간을 기다려서 구하려한다면 결국 공부를 할 수 없게 될 것이니, 스스로 시간을 만들어서 공부를 해나가야 한다.

또 말한다.

『다만 지금을 근거해서 확고하고 안정되어 발로 밟듯 나가야
하나니, 종자를 심은 뒤에 뿌리가 내려 기둥이 되듯이 전일의
흠결을 매우고 보완해야 하나니라.』

원문

우왈　　지거이금지두　　입정각근주거　재종후래근주
又曰「只據而今地頭　立定脚跟做去　栽種後來根株

전보전일흠결
塡補前日欠缺.」

● 해의 ●

　가식적(假飾的)이거나 형식적(形式的)이 아니라 실질적(實質的)이
고 답습적(踏襲的)으로 공부가 이루어져야 한다. 나무의 종자도 심지
않고 서까래를 찾고 기둥을 찾는 것은 어리석은 것이니, 지금 이 자리
가 공부하는 자리요, 발로 밟아나가는 자리이다.

　비록 지금 공부하는데 어떤 흠결(欠缺)이 있다 하더라도, 날마다 조
금씩이나마 매우고 보충하여 나가면 결국 이루어진다. 말만 하고 핑
계만 댄다면 백년하청(百年河淸)이 아닐 수 없다.

26 몸이 있으면 마음도 있다

또 말한다.

『생각하고 응접함을 또한 가히 그만두어서는 안 될 것이니,
다만 몸이 여기에 있으면 마음도 여기 있음에 합나니라.』

원문

우왈　사려응접　역불가폐　단신재차　심합재차
又曰「思慮應接 亦不可廢 但身在此 心合在此.」

● **해의** ●

　공부한다고 깊은 방에 틀어박혀 생각만 하고, 사람이 와서 보자고
하여도 공부하는 중이니 만날 수 없다고 핑계를 댄다면, 그 사람의 공
부가 정말 잘 이루어지고 있는 것인가?

　아마 아닐 것이다. 사람이 몸이 있는 곳에 마음도 따르고 마음 가는
곳에 몸도 따라가기 마련인 것으로 몸 따로, 마음 따로 될 수 없다.

　그러므로 생각하고 응접하는 그것이 실지 공부이요, 바른 공부이니
사려나 응접을 그만둘 필요는 없다.

27 몸과 마음 거두자

또 말한다.

『몸과 마음을 추어잡고 거두면 자연 화평하고 즐거운 것이지

별다른 화평과 즐거움이 있는 것은 아니라, 그야말로 정숙❶하면은 저절로 화평하고 즐겁게 되나니라.」

① 정숙(整肅) : 1) 몸가짐이나 차림새가 바르고 엄숙하다. 2) 의용(儀容)이 정제(精製)하고 엄숙(嚴肅)함. 숙정(肅整).

원문

우 왈　　신 심 수 렴　즉 자 연 화 락　　불 시 별 유 개 화 락　　재
又曰「身心收斂 則自然和樂 不是別有個和樂 纔

정 숙 자 화 락
整肅自和樂.」

● 해의 ●

　　사람이 사람으로 살아가는데 어떤 외형적인 기쁨이나 즐거움도 중요하다. 그러나 몸과 마음의 내면이 정화(淨化)되고 정숙(整肅)되어 누리는 화평과 즐거움이야말로 진정한 화평이요 즐거움으로, 조금이라도 변하거나 어긋나지 않고 길이 누릴 수 있다.

　　그러므로 우리는 말초신경(末梢神經)을 자극하여 얻어지는 짜릿한 기쁨이나 즐거움보다는, 맑은 마음 고요한 품성에서 자연스럽게 솟아나오는 화평과 즐거움을 누려야 사람 삶의 길에 성숙(成熟)이 이루어지는 것임을 알아야 한다.

또 말한다.

『다만 하나의 「공경할 경」이라는 글자가 좋은 것이라. 바야흐로 일이 없을 때에는 경으로 자기를 견지하고, 일을 접응할 때에는 경으로 일을 하며, 글을 읽을 때에는 경으로 글을 읽는다면 자연히 알아지고 관통하게 되나니라.』

원문

又曰「只是一個 "敬"字好 方無事時敬于自持 及應

事時敬于事 讀書時敬于讀書 自然該貫.」

● **해의** ●

경(敬)이란 어떤 의미를 지니고 있는가? 대략적으로 이야기 한다면, 주경사상(主敬思想)은 정주이학(程朱理學)의 중요한 내용의 하나이다. 이정(二程 : 程明道 · 伊川)은 「주경(主敬)」 공부를 제출하였는데 주자(朱子)는 한걸음 나아가서 「주일(主一) · 함양(涵養) · 조약(操約) · 정제엄숙(整齊嚴肅)」 등으로 경(敬)의 의미를 해석함과 동시에 외(畏)를 경(敬)이라 하여 경외사상(敬畏思想)을 더욱 발전시키기도 하였다.

그리하여 우리의 내면 마음이 항상 경외(敬畏)가 되고 경각(警覺)이 되며 경성(警醒)의 청성냉정(淸醒冷靜)한 상태로 시종순일(始終純一)하여 조금도 해태(懈怠)하지 아니해서 "인욕을 버리고, 천리를 간직하여야 한다(去人欲 存天理)."고 하면서, 이것이 바로 도덕적 최고 경지

에 오르는 방법이라 하여 경(敬)을 이학(理學)의 중요한 수양방법으로
삼은 것이다.

또한 《주역(周易)》의 곤괘(坤卦) 문언전(文言傳)에는 「직은 그 바름
이고 방은 그 옳음이다. 군자는 경으로써 안을 곧게 하고, 의로써 밖을
바르게 한다(直其正也 方其義也 君子 敬以直內 義以方外).」고 하였다.

또한 「거경궁리(居敬窮理)」라 하는데, 이것은 학문수양(學問修養)
에 있어서 두 가지 방법이라 할 수 있다. 즉 「거경궁리(居敬窮理)」는
'몸과 마음이 참된 길에서 어긋날까 조심하는 마음을 한결 같이 유지
하면서, 최선을 다하여 끝까지 이치를 탐구하는 것이다.' 고 할 수 있
다.

다시 말하면, 거경(居敬)은 도덕적(道德的) 본성(本性)의 함양(涵養)
을 주로 하는 것이라면, 궁리(窮理)는 사물에 나가서 그 이치(理致)를
궁구(窮究)하는 것이라 할 수 있다.

또한 주회암은 "학문의 요점은 궁리보다 앞섬이 없고, 궁리의 요체
는 반드시 글을 읽는데 있다(爲學之要 莫先於窮理 窮理之要 必在於讀
書)."고 하였다.

마음을 오직 한 곳에 집중시키는 것으로 정이(程頤)는 "경이란 사특
함을 막는 도요, 주일무적(主一無適)이라" 하였다. 주일은 한 가지 일
에 전념하는 것이요, 무적은 다른 일에 마음을 기울이지 않는 것을 말
한다.

경은 마음을 어느 곳에도 가지 않게 하여 한 가지 일에 정신을 집중
시키는 상태로 유지하는 것으로서 언제나 깨어 있는 수양방법이라 할
수 있다.

주회암은 경이란 성인의 학문을 시종일관하게 하는 것이며, 격물치
지(格物致知)로부터 치국(治國)·평천하(平天下)까지 경의 뒷받침을
받아야 한다고 하여 학문에서 경의 중요성을 강조하였다.

이러한 경(敬)을 가지고 일도 하고 책도 읽으며 공부도 하면 사리를
자연 관통(貫通)하게 된다.

 이치가 밝으면

또 말한다.

『이치가 밝으면 기운은 저절로 굳세지고 담은 저절로 커지는 것이라, 홀로 앉음은 고요를 위주로 함이 아니요, 바로 이것이 궁리이니라.』

| 주석 |

① 독좌(獨坐) : 정좌(靜坐).

원문

又曰「理明則氣自强 膽自大. 獨坐不是主靜 便是

窮理.」

● 해의 ●

주정(主靜)이란 어떠한 의미를 지녔는가?

한마디로 말하면 「망령된 생각을 버리고 마음과 생각을 맑고 고요하게 하는 것(去妄想而心思淸淨)」이라고 할 수 있는데, 주렴계(周濂溪)가 주장한 수양설(修養說)이다.

주렴계는 태극도설(太極圖說)에서 "성인이 중정과 인의로써 안정시키고 고요함을 위주로 하여 인극을 세웠다(聖人 定之以中正 仁義而主靜 立人極焉)."고 하였다.

다시 말하면, 성인이 '정을 주로 하여 인극을 세웠다(主靜立人極).'는 것은 곧 성인의 공부라고 할 수 있는데, 성인은 이것으로 인하여

'천지와 더불어 덕을 합하고, 일월과 더불어 밝음을 합하며, 사시와 더불어 차서를 합하고, 귀신과 더불어 길흉을 합한다(與天地合德 與日月合明 與四時合序 與鬼神合吉凶).'는 것이다. 그리하여 천지의 시종이나 변화과정을 체받는 것이 바로 주정공부(主靜功夫)의 입로(入路)라고 본다.

또한 '주렴계의 학문은 성(誠)을 근본으로 하여 고요하여 움직임이 없는 가운데로 좇아서 성의 근본을 들추어내는 것이니, 그러므로 "주정으로 극을 세웠다"(周子之學以誠爲本 從寂然不動中 挟誠之本 故曰 "主靜立極").'고 하였다.

또한 '천추는 만고에 움직이지 않으나 한 기운은 운전하여 때에 통하고 때에 돌아가는 것이 다 여기에서 나오는 것으로 정을 위주로 하여 극을 세운 학문도 여기에 근본을 둔 것이다(天樞萬古不動 一氣而運旋 時通時復皆從此出 主靜立極之學本此).'고 하였다.

「정좌(靜坐)」가 송명이학(宋明理學)의 최대 과제였다 하여도 가히 지나친 말이 아니다.

따라서 「정좌」와 「주정(主靜)」이 서로 연관관계를 가지고 있다. 주렴계는 주로 「주정(主靜)」을 주창하고 정호(程顥)·정이(程頤)는 「정좌(靜坐)」을 주창하였다.

주자는 '반나절은 책을 읽고 반나절은 정좌를 해야 한다(半日讀書 半日靜坐).'고까지 하여 주정공부를 중요하게 생각하였다.

주자의 스승이었던 이연평(李延平, 1093-1163)은 정좌를 중요시하여 주자에게 정좌를 가르쳤다고 한다. 연평은 주자가 31세 되던 해에 보낸 서한에서 정좌를 다음과 같이 설명하였는데 그 내용이 《연평문답(延平問答)》에 실려 있다.

'지난번에 나예장(羅豫章) 선생을 따라 공부를 할 때 종일 서로 마주하고 정좌하였다. 오직 문자로 말할 뿐 일찍이 한마디 잡된 말도 언급하지 않았다. 선생은 정좌하기를 매우 좋아하였으므로 나는 어느 때인지도 몰랐으며, 방 가운데 물러가고 들어가도 또한 다만 정좌할 뿐이었다. 선생은 고요한 가운데 희·로·애·락이 발현하지 않음을 일러 중이라 하였으며, 그 발현하지 않을 때에는 어떤 기상을 짓게 되는가를 보게 하였다(曩時某從羅先生學問, 終日相對靜坐, 只說文字,

未嘗及一雜語. 先生極好靜坐. 某時未有知, 退入室中亦只靜坐而已. 先
生令靜中看喜怒哀樂未發之謂中 未發時作何氣象).’ 고 하였다.

30 사람의 일상은

또 말한다.

『사람이 일상의 생활에 말을 줄이고 살펴서 한두 마디만 말
하고, 손님을 줄이고 살펴서 한두 사람만 보고 일상을 넘어가
야 하나니, 만일 온몸이 모두 뜨겁고 시끄러운 장소 가운데 있
으면 어떻게 전진을 얻으리요?』

원문

우왈　　인우일용간　한언어성설일양구　　한인객성견
又曰「人于日用間 閑言語省説一兩句 閑人客省見

일 이 인 야 제 사　약 혼 신 도 재 열 료 장 중　여 하 득 진
一二人也濟事. 若渾身都在熱鬧場中 如何得進?」

● 해의 ●

　　공부(功夫)가 일상(日常)을 여의지 않고 일상이 공부를 여의지는 않
지만, 초학자의 입장에서는 될 수 있으면 말도 줄이고 손님맞이도 줄
이며 일상의 일도 줄여서 공부에 매진하여야 한다.
　　만일에 공부하는 사람이 아직은 공부가 성숙되지도 않았는데 사람
들이 많이 모여드는 시장바닥이나 시끄러운 곳에 있게 되면, 아무래

도 눈도 팔고 말도 많이 하게 되며, 마음도 어지러워지고 정신도 맑게 추스르기가 어려운 것이니, 될 수 있으면 이러한 상황을 피하여 공부하는 것이 진취하는데 이익이 되는 것이라 할 수 있다.

31 마음 씀은 순일하게

황로직[1]은 말한다.

『글을 읽는 데는 정밀하게 할지언정 넓게 해서는 안 되는 것이요, 마음 쓰는 데는 순일하게 할지언정 섞어져서는 안 되느니라.』

| 주석 |

① 황로직(黃魯直, 1045-1105) : 곧 황정견(黃庭堅), 자는 노직(魯直)이며 호는 산곡도인(山谷道人)이다. 북송의 문학가요, 또한 서법가(書法家)이다. 저술로는 《산곡집(山谷集)》 등이 있고 글씨는 《화엄소(華嚴疏)》·《고풍각시(枯風閣詩)》 등이 있다.

원문

황 로 직 왈　　독 서 욕 정 불 욕 박　용 심 욕 순 불 욕 잡
黃魯直曰「讀書欲精不欲博 用心欲純不欲雜.」

● 해의 ●

옛말에 "독서백편의자현(讀書百遍意自現)"이라 하였다. 즉 '글을 백 번 읽으면 뜻이 저절로 나타난다.' 는 의미이다. 다시 말하면, 하나

의 글을 일심을 다해 읽으면 뜻이 저절로 알아진다는 의미이다.

　그러나 글은 다독(多讀)이나 박독(博讀)도 중요하지만 정독(精讀)을 하고, 글을 읽고 난 뒤에는 더 생각하고, 생각한 뒤에는 마음에 담아서 늘 굴리고 있어야 그 의미를 더욱 확연하게 깨우칠 수 있다.

　또한 마음을 쓰는데 있어서 순수(純粹)하고 순일(純一)하게 써야지 이것저것 섞어서 여과(濾過) 없이 튀어나오면 안 되기 때문에 평소에 밝고 맑은 마음가짐의 연습을 많이 하고 침잠(沈潛)의 시간을 많이 가져서 내면의 정화(淨化)가 이루어져야 마음을 내서 쓰더라도 걸리고 막힘이 없게 된다.

32 나물뿌리를 씹으면

왕신민[1]은 말한다.

『사람이 항상 나물 뿌리를 씹어 먹는다면 뭇 일을 가히 하게 되나니라.』

| 주석 |

① 왕신민(汪信民) : 곧 왕혁(汪革)을 말하는데, 자가 신민이다. 북송의 학자로 임천 4재자의 하나이요, 강서시파의 인물이다(臨川四才子之一 江西詩派人物). 저술은 《청계유고(靑溪類稿)》 등이 있다.

원문

왕 신 민 왈　　　인 상 교 득 채 근　　즉 백 사 가 주
汪信民曰「人常咬得菜根 則百事可做.」

　　사람에 있어서 주위환경이나 음식이 성격형성에 영향이 상당히 있다고 볼 수 있다. 즉 고기를 많이 먹으면 정신이 흐려지고 마음이 포악해지기 쉬운 반면에, 채소 등의 청정한 먹거리를 위주로 하는 사람은 마음도 맑고 온순한 면이 있다.

　　따라서 우리가 일을 한다는 것은 육신의 직접적인 수고도 있지만 밝은 마음, 맑은 정신을 소유하여 일의 종시(終始)와 본말(本末)을 알아 순서 있게 한다면, 많은 힘을 들이지 않고도 무슨 일이든지 이루어낼 수 있다.

33 지도리는 좀먹지 않는다

나경륜[1]은 말한다.

『지도리는 좀이 슬지 않고, 흐르는 물은 썩지 않는 것이라, 주공[2]은 수명을 논하면서 "반드시 무일[3]로 돌아가라."고 하였나니라.』

| 주석 |

① 나경륜(羅景綸, 1196－1242) : 즉 나대경(羅大經)으로, 자가 경륜이며 또 유림(儒林)이요, 또 학림(鶴林)이다. 남송(南宋) 여릉(廬陵;今江西吉安)사람으로 학자이다. 저술은 《학림옥로(鶴林玉露)》 등이 있다.

② 주공(周公) : 서주(西周)의 정치가. 문왕(文王)의 아들로 주(周)나라의 기틀을 다졌고 특히 조카인 성왕(成王)을 보좌하여 이상적인 국가를 건설한 인물이다. 주례(周禮)를 완성한 인물로 중국의 예(禮)가 주공에서 시작이 되었다 하여도 과언이 아니니, 곧 주공은 예의 비조(鼻祖)가

　되는 것이다.

③ 무일(無逸) :《상서(尙書)》의 무일(無逸) 편을 말하는 것으로 주공이 성
　왕을 경계(警戒)한 내용을 기록하여 놓았다. 무일이란 안일(安逸)을 탐
　도(貪圖)하지 않는다는 의미이니, 이렇게 하면 건강에도 좋을 뿐만 아
　니라 장수(長壽)를 누리는 비결도 된다는 것이다.

나 경 륜 왈　　호 추 부 두　　유 수 불 부　　주 공 논 수　　필 귀 무
羅景綸曰「戶樞不蠹　流水不腐. 周公論壽　必歸無

일
逸.」

● 해의 ●

　호추(戶樞), 즉 문을 여닫는 지도리는 늘 움직이기 때문에 좀이 먹을
겨를이 없다.

　사람의 육신이란 정밀한 기계와 같고 피는 윤활유와 같다. 그래서
육신이 움직이지 않으면 녹슬어 병이 생기고, 피가 고여 흐르지 않으
면 결국 썩고 만다.

　그러므로 우리에게 건강이나 장수(長壽)가 별스런 방도가 있는 것이
아니라, 늘 움직이고 부지런하여 안일(安逸)에 젖어서 게으름을 피우
지 않는다면 그 가운데 건강도 있고 장수도 있다.

　그러한 의미에서 주공은 우리들에게 무일(無逸)하라 하며 안일만을
탐하지 말고 무엇인가 보람이 있는 일을 함으로써 건강도 지키고 수
명도 연장이 되는 것이라 일러 준다.

왕백후❶는 말한다.

『‘뭇 환난에 처하여 평안을 구하는 데에는 오직 위태롭고 두렵게 여겨야 할 것인져?’ 하였나니, 그러므로 「건괘」❷에 "두려워하면 허물이 없다."고 하였고, 「진괘」❸에 "두려워하면 복이 이른다."고 하였나니라.』

| 주석 |

① 왕백후(王伯厚, 1223-1296) : 즉 왕응린(王應麟)으로, 자가 백후이며, 호가 심령거사(深寧居士)이다. 남송(南宋)의 대신이며 학자이다. 특히 경사(經史)나 지리(地理)에 밝았다. 저술은 《심령집(深寧集)》·《옥당유고(玉堂類稿)》·《곤학기문(困學記聞)》 등이 있다.

② 「건」 이척무구(乾以惕無咎) : 주역(周易)·건괘(乾卦)·구삼(九三)에 "군자는 종일토록 굳세고 밤에도 두려워하면 위태로우나 허물이 없으리라(君子終日乾乾 夕惕若. 厲無咎)."고 하였다.

③ 「진」 이공치복(震以恐致福) : 주역(周易)·진괘(震卦)·육삼(六三)에 "우뢰에 까무러쳤다가 소생함이니, 움직여 가면 재앙이 없으리라(震蘇蘇, 震行 無眚)."고 하였다.

원문

왕 백 후 왈　　　처 백 환 이 구 평 안 자　　기 유 위 구 호　　　고
王伯厚曰「處百患而求平安者 其惟危懼乎? 故

건　　이 척 무 구　　진　　이 공 치 복
「乾」以惕無咎「震」以恐致福.」

사람이 세상을 살다 보면 기쁘고 즐거움보다는 괴로움이나 재난(災難)이 많은 것 같은데, 이 재난을 칼로 무를 자르듯 단번에 쳐낼 수는 없는 것이요, 억지로 밀어낼 수도 없는 것이니, 오직 그 환난 가운데 들어서 평안을 찾아야 한다.

그 방법이 바로 '두려워하는 마음의 자세' 라 하였다. 두려워한다는 것은 곧 조심(操心)하고 성찰(省察)한다는 의미이다. 지금 생의 이전을 돌아보고 지금을 살피며 미래를 생각하여 항상 마음을 다잡고 챙겨서 조심스럽게 살아가면 뭇 재앙은 자연 사라지고 평안을 누리게 된다.

주역의 건괘(乾卦)나 진괘(震卦)에 담겨 있는 두려워하는 마음, 즉 조심하는 자세, 살피는 자세를 가진다면 환난이나 허물이 사라지고 뭇 복락을 누리게 된다는 것을 예시하여 주고 있다.

35 덕을 쌓아야 부자이다

방교봉[1]은 말한다.

『부유는 도와 덕이 쌓이는 것보다 부유함이 없는 것이요, 귀함은 성현을 이루는 것보다 귀함이 없는 것이며, 가난은 도를 듣지 못하는 것보다 가난함이 없는 것이요, 천함은 부끄러움을 알지 못하는 것보다 천함이 없나니라.』

| 주석 |

① 방교봉(方蛟峰, 1221－1291) : 곧 방봉진(方逢辰)으로, 원명(原名)은

몽괴(夢魁)요, 자는 군석(君錫)인데 사람들이 「교봉선생(蛟峰先生)」이라 불렀다. 남송의 대신이요, 정치가이며 학자이다.

방교봉왈 부막부우축도덕 귀막귀우위성현 빈막
方蛟峰曰「富莫富于蓄道德 貴莫貴于爲聖賢 貧莫

빈우불문도 천막천우부지치
貧于不聞道 賤莫賤于不知恥.」

● 해의 ●

세상에서는 재물이 많으면 부자라고 하지만, 도덕가에서는 함축(含蓄)된 도덕이 몸과 마음에 많이 쌓이면 바로 제일가는 부유한 사람이다.

또한 귀하다는 것도 높은 벼슬을 하면 귀하다고 하지만, 도덕가에서는 자신이 어진 이가 되고 성인이 되는 것이 가장 귀함이다.

또한 가난하다는 것은 재물이 없음을 말하지만, 도덕가에서는 성현이 가르치는 도덕을 들을 줄도 모르고 학식을 쌓지도 않으면 가난이다.

또한 천하다는 것은 예의를 모르고 경박하며 자비(自卑)함을 말하지만, 도덕가에서는 수치(羞恥)나 행지(行止)를 알지 못함을 말하는 것이니, 이네 가지를 깨우쳐야 한다.

36 함양의 도가 있으면

양경중[1]은 말한다.

『배우는 사람이 함양[2]하여 도가 있으면 정취[3]가 온화하고

우아할 것이요, 언어가 한가하고 고요하면 일에 다다를지라도
일이 없음과 같나니라.』

① 양경중(楊敬仲, 1141-1225) : 곧 양간(楊簡), 자는 경중. 사람들이 "자
   호선생(慈湖先生)"이라 불렀다. 남송의 학자로 저술은 《자호유서(慈湖
   遺書)》가 있다.
② 함양(涵養) : 1) 서서히 양성(養成)함. 차차 길러 냄. 2) 학문(學問)과 식
   견(識見)을 넓혀서 심성(心性)을 닦음.
③ 기미(氣味) : 정취(情趣).

원문

양경중왈 「학자함양유도 즉기미화아 언어한정
楊敬仲曰 「學者涵養有道　則氣味和雅　言語閒靜

임사이여무사
臨事而如無事.」

● 해의 ●

　공부하는 사람들은 내면으로 깊은 수양을 통하여 도가 쌓여야 한다.
흙을 쌓으면 산이 이루어지고 물을 쌓으면 강하(江河)가 되듯이, 심신
을 함양하여 도덕을 갖추면 성현이 된다.
　그러하면 기미 곧 정취(情趣)가 자연 고아(高雅)하고 온화(溫和)하게
되며, 언어 곧 뱉어내는 말이 자연 안한(安閒)하고 영정(寧靜)하여져
서 삶이 윤택하게 되고, 어떤 일을 행하고 그침〔行止〕이 우아(優雅)하
게 된다.
　이러하면 어떤 처지에서 어떤 일을 한다 할지라도 사실 아무 일이
없는 사람이 되어 한가롭고 넉넉하게 세상을 즐기며 살게 된다.

 사람의 정신은

허노재[1]는 말한다.

『사람의 정신은 당처에 있도록 하는 것이 중요하나니, 응당 쓰지 않아야 할 곳에 씀이 특히 가히 애석함이니라.』

| 주석 |

① 허노재(許魯齋, 1209-1281) : 곧 허형(許衡)으로, 자는 중평(仲平)이며 호를 노재라 한다. 원대(元代)의 이학가(理學家)로 저술은 《노재유서(魯齋遺書)》 등이 있다.

원문

許魯齋曰「人精神要使在當處 于不當用處用了 殊可惜也.」

● **해의** ●

사람의 정신, 곧 신력(神力)은 마땅히 내면에 갊아 두고 함축(含蓄)하고 배양(培養)을 하여야 정말로 튼실하고 착근(着根)이 되어 불발(不拔)의 힘을 가지게 된다.

그러므로 설령 꼭 쓸 곳을 당할지라도 쓰지 않아야 저축이 되는데, 쓰지 않아도 될 엉뚱한 곳에 함부로 쓰면, 자연 엷어지고 산만하여 쌓임이 없는 빈 마대자루처럼 되고 만다.

이렇게 되면 대인의 저력(底力)을 갖출 수 없고, 대인의 저력이 없으면 성인의 경지에 이르지 못할 것이니, 어찌 애석하다 아니 하리요.

설문청❶은 말한다.

『뛰어난 기운이 제일로 사태를 해롭게 하는 것이니, 온전히 머금어 규각❷이 드러나지 않아야 가장 오묘함이니라.』

| 주석 |

① 설문청(薛文淸, 1389-1464) : 이름은 선(瑄)이요, 자는 덕온(德溫)이며 호는 경헌(敬軒)이요, 시호는 문청이다. 명대의 이학가(理學家)로 저술은 《독서록(讀書錄)》·《종정명언(從政名言)》 등이 있다.
② 규각(圭角) : 1)물건이 서로 들어맞지 않는 모. 2)말이나 행동이나 뜻이 남과 서로 맞지 않고 두드러지게 드러나는 모.

원문

설 문 청 왈　영 기 최 해 사　혼 함 불 로 규 각　최 묘
薛文淸曰「英氣最害事 渾含不露圭角 最妙.」

● 해의 ●

　　사람은 영기(英氣), 즉 뛰어난 재기(才氣)를 깊이 갈무리하여 함축(含蓄)은 할지언정 함부로 드러나게 해서는 안 된다. 왜냐하면 재기란 아직 다듬어지지 않고 파닥거리는 알음알이 정도인 지해(知解)로써 깊은 가슴이 아닌 영리하여 잘 발달된 머리에서 발현이 되기 때문이다.

　　그러므로 이러한 지식을 가지고 사체(事體)를 처리한다면, 겉은 어떨지 몰라도 근원을 알지 못하기 때문에 완전한 성공을 이룰 수가 없다.

　　그래서 안으로 거두고 숨겨 규각(圭角), 곧 봉망(鋒芒)이 드러나지 않도록 내축(內蓄)을 하여야 한다. 내축은 하면 할수록 더욱 오묘(奧妙)해져서 나중에는 우주와 동등하게 된다.

또 말한다.

『21년을 「노(怒)」라는 글자를 다스렸지만 오히려 아직도 닳아서 없어지게[1] 못하였으니, 이로써 자기를 이기기가 가장 어렵다는 것을 알아야 하나니라.』

|주석|

① 소마(消磨) : 닳아서 없어짐. 또는 닳아서 없어지게 함.

원문

又曰「二十一年治怒字 尚未消磨得盡 以是知克己

最難.」

● 해의 ●

설문청은 21년이란 세월을 통해서 '성내고 · 화내고 · 신경질 부리고 · 거칠고 · 분노하고 · 분개하는' 등의 뜻을 가진 글자 「노(怒)」자를 확실하게 극복받아 갈아 마시기를 아직도 다 못하였다고 솔직히 고백한다.

그러면서 자기를 극제(克制)하기가 그렇게 어렵다고 말한다.

사실 천하 사람을 이기기는 오히려 쉬울지 몰라도 자신의 사욕(私慾)이나 취리(取利)나 탐착(貪着)이나 사념(邪念) 등을 극복하기는 정말 어렵다. 자기를 정말로 이기고 마음대로 부릴 수 있을 때 세상의 어떠한 상황도 극복할 수 있는 저력(底力)이 자연스럽게 배양이 되는 것임을 알아야 한다.

40 실수가 없는 좋은 말

또 말한다.

『말을 하는데 모름지기 말마다 근거가[1] 있어야 공허한데 떨어지지 않고[2] 바야흐로 좋은 것이라. 사람이 조급한 처지에서 혹 망발을 하였어도 뉘우침이 있어야 할 것이니, 오직 마음이 안정되면 말이 반드시 이치에 합당하여 망령되게 발하는 실수가 없게 되나니라.』

| 주석 |

① 착락(着落) : 근거(根據). 귀결(歸結).
② 탈공(脫空) : 공(空)에 떨어지는 것.

원문

又曰「發言須句句有着落 不脱空方好. 人于忙處
或妄發 所以有悔 惟心定則言必當理 而無妄發之
失.」

● 해의 ●

우리가 말을 할 경우에는 반드시 한 마디 한 마디마다 근거(根據), 곧 귀결(歸結)이나 결말(結末)이 있어야 공언(空言 : 胡說 ; 함부로 지껄이는 말)에 떨어지지 아니하고 좋은 말로 사람들에게 믿음을 주고 감동을 주는 말이 된다.

사람이 조급(躁急)하고 어지러운 때를 당하면 자신도 제어하지 못하고 걸러지지 않은 망령되고 불미(不美)한 말이 튀어나온다. 그러다가 정신을 차리면 바로 후회를 하게 되는 것이 보통 사람들의 입놀림이라 보아도 과언이 아니다.

그러나 마음에 수양이 쌓여 안정을 얻은 사람은, 한 마디 한 마디를 신중하게 토해낸다. 그러므로 이치에 자연 합당하여 망령된 말이 입을 떠나는 실수는 저지르지 않게 된다.

41 말의 좋음

여근계[1]는 말한다.

『말 많음이 말 적음만 같지 못한 것이요, 말 적음이 말 좋음만 같지 못하나니라.』

| 주석 |

① 여근계(呂近溪) : 즉 여득승(呂得勝)을 말한다. 호는 근계이며 명대의 학자이나 생졸(生卒)은 알 수가 없다.

원문

여 근 계 왈　　화 다 불 여 화 소　화 소 불 여 화 호
呂近溪曰「話多不如話少 話少不如話好.」

● 해의 ●

결국 좋은 말이란 어떠한 말을 말하는 것일까?

미사여구(美辭麗句)로 장식을 하거나 아니면 난해(難解)하여 자기만 알고 대중은 자연 무시가 되는 말이 좋은 말일까? 아마 그 기준은 없는 것 같다.

배고픈 사람에게는 천 마디의 말보다 한 그릇 밥이 중요하다. 그렇듯이 자기 자신이 어렵고 힘든 처지에 놓여 있을 때, 길 가다 얻어듣고 시장에서 주워담은 하찮은 말이라도 그 말이 희망이 되고 용기가 나며, 재기의 발판이 되고 삶의 활력이 된다. 좋은 말이란, 굳이 위대한 사람의 명언(名言)이나 격언(格言)이 아니더라도 그 사람에게는 능히 귀감이 될 때 금과옥조(金科玉條)라 할 수 있다.

42 재앙이 오더라도

여숙간[1]은 말한다.

『재앙이 오더라도 유쾌한 마음으로 시작하지 못할 것은 없는 것이니, 그러므로 군자는 뜻을 얻었을지라도 근심하는 것이요, 기쁨을 만났을지라도 두려워하나니라.』

| 주석 |

① 여숙간(呂叔簡, 1536-1618) : 즉 여곤(呂坤)으로, 자는 숙간이며, 호는 심오(心吾)이다. 여득승(呂得勝)의 아들로 명대의 대신이며 학자이다. 백가(百家)를 널리 통하여 저술이 매우 많다. 그는 자칭 '유가도 아니요, 도가도 아니며, 선가(불가)도 아니지만, 또한 유요 또한 도며 또한 선이다(不儒不道不禪 亦儒亦道亦禪).'고 하였다. 중요한 저술을 보면 《거위재집(去僞齋集)》·《신음어(呻吟語)》·《실정록(實政錄)》 등이 있다.

여숙간왈 앙구지래 미유불시우쾌심자 고군자득
呂叔簡曰「殃咎之來 未有不始于快心者 故君子得

의이우 봉희이구
意而憂 逢喜而懼.」

● 해의 ●

사람이 살아가는데 재앙이라는 것이 형상에 그림자 따르듯이 항상 따라다닌다고 보아야 한다.

그래서 지각이 있는 사람은 설령 재앙이 다가오더라도 유쾌하고 흡족한 마음으로 열고 시작하여 받아들인다면 오히려 친구가 되어 함께 노닐 수가 있다.

그러므로 군자는 매사가 뜻한 대로 이루어지더라도 근심하는 마음을 가져서 재앙을 미리 방비(防備)하며, 또한 기쁨이 항상 따라온다 할지라도 두려워하는 마음을 가져서 역시 재앙을 예방(豫防)한다.

43 죄를 진리에 얻으면

또 말한다.

『죄를 법에서 얻으면 오히려 가히 도피 하지만, 죄를 진리에 얻으면 다시 몸 둘 곳이 없는 것이라. 다만 내가 마음을 바로 놓으면 허물이 나에게 없을 것이니, 이러므로 군자는 진리 두려워하기를 법 두려워하는 것보다 중후하게 여기나니라.』

^{우 왈} ^{득 죄 우 법} ^{상 가 도 피} ^{득 죄 우 리} ^{갱 몰 처 존 신}
又曰「得罪于法 尙可逃避 得罪于理 更沒處存身.

^{지 아 적 심 편 방 불 과 아} ^{시 고 군 자 외 리} ^{심 우 외 법}
只我的心便放不過我 是故君子畏理 甚于畏法.」

● 해의 ●

사실 법률이란 국가나 조직에서 범(犯)·불범(不犯)으로 규정을 지어 법규에 저촉이 없으면 법을 범하지 않은 것이요, 저촉이 있으면 범한 것이라고 판단한 이분법(二分法)이다.

그렇지만 현실적으로 볼 때 자신이 실정법(實定法)에 대하여 범법(犯法)을 하여도 들키지 않고 잡히지 않으면 자연 도피가 되어서 세상을 살아갈 수 있다.

공자님 말씀에 "죄를 하늘에 얻으면 빌 데가 없다(獲罪於天 無所禱也)."고 하였다. 이는 하늘, 즉 진리에게 죄를 얻게 되면 이 한 몸 은신(隱身)할 곳이나 도피할 곳이 없다는 의미이다.

그러므로 군자는 자신의 양심(良心)에 비추어 자신을 관대할 수도 있고 구속할 수도 있으며 용서할 수도 있고 채찍질할 수도 있다. 더 나아가 보이지도 않고 들리지 않는 하늘, 곧 진리를 두려워하며, 세상을 살아가는 규칙이 되는 법률에 저촉되지 않으려고 노력하며 살아간다.

44 │ 생각을 가라앉히면

또 말한다.

『생각을 잡아 가라앉혀 내린다면 어떤 이치인들 가히 터득하지 못하겠는가? 의지를 잡아 분발시켜 일으킨다면 어떤 일인들 가히 하지 못하겠는가?」

又曰「把念頭沈潛得下 何理不可得? 把志氣奮發
得起 何事不可做?」

● 해의 ●

　　우리의 마음은 살아있기 때문에 온갖 생각들이 일어나지 않을 수 없다. 따라서 본래는 맑은 마음, 밝은 마음이지만, 갖가지 생각이 일어남으로 인하여 흐려지고 어지럽게 되는데, 이를 가라앉혀 본마음으로 돌아간다면, 어떤 이치든지 영오(領悟)가 되지 않겠는가?
　　또한 우리는 각자가 가진 의지와 기개(氣槪)를 사장(死藏)시키고 가려서 희망을 잃을 때 맥이 없어진다. 이를 분발시키고 일으켜 세우면 어떤 일이든 다 해낼 수 있는 능력이 그 가운데서 나오게 됨을 알아야 한다.

45 큰 함양

또 말한다.

『당연히 원망하고 성을 낼 만하며, 가히 변명하고 호소할 만하며, 가히 기뻐하고 놀랄 만한 때에 그 기운이 지나칠 정도로 화평하다면 이것이 넓고 큰 함양이니라.」

又曰「當可怨可怒 可辨可訴 可喜可愕之際 其氣
甚平 這是多大涵養.」

● 해의 ●

　　사람이 어떤 경우나 어떤 처지나 어떤 상황을 당해서 원망도 하고 또는 성질도 부릴 만하며, 변명할 수도 있고 또는 호소(呼訴 : 訟事)도 할 만하며, 또는 기뻐하고 놀랄 만한 때일지라도, 그 사람의 기운이 지나칠 정도로 가라앉고 화평하다면 이것은 대단한 함양이다.

　　따라서 학식을 넓혀 심성을 닦는 것은 물론이요 깊고 그윽한 수양이 되어 있는 결과이니, 이러한 사람은 인생의 진미(眞味)를 안고 사는 사람이라고 하지 않을 수 없다.

　　다시 말하면, 그렇게 하여도 무방(無妨)할 자리에 그렇게 하지 않는 그 힘이 곧 함양이니, 이러한 힘은 결코 물리력(物理力)에서 나오는 것이 아니다.

46 홀로 방에 있을지라도

또 말한다.

『"네가 방에 있음을 보건대, 오히려 옥루에 부끄럽지 않다. [●]"』

하였으니, 이것이 천고에 준엄한 스승이요, "열 사람의 눈이 보고 열 사람의 손가락이 가리킨다.❶"하였으니, 이것이 천고에 엄격한 형벌이니라.」

| 주석 |

① 상재이실 상불괴우옥루(相在爾室 尚不愧于屋漏) : 《시경(詩經)》 대아(大雅) 탕(蕩)편에 나오는 말이다.
② 십목소시 십수소지(十目所視 十手所指) : 《대학(大學)》에 나오는 말이다.

원문

우왈　　상재이실　상불괴우옥루　차시천고엄사
又曰「"相在爾室 尚不愧于屋漏" 此是千古嚴師

십목소시　십수소지　차시천고엄형
"十目所視 十手所指" 此是千古嚴刑.」

● 해의 ●

　　사람마다 스승을 모시고 살아야 한다. 유형한 현실의 스승도 중요하지만 마음으로 모시는 스승(心師)은 더욱 중요하다. 즉 부처님이 되었든, 하느님이 되었든, 상제(上帝)님이 되었든, 법신불(法身佛)이 되었든 간에 우리가 볼 수도 들을 수도 없지만 마음에 모시면 자연 우리의 행동이 조심(操心)이 되어 부끄러운 행위를 하지 않게 된다.

　　또 아무도 보지 않고 듣지 않는다는 착각에서 벗어나야 한다. 설사 어떤 일에 사람의 두 눈은 피한다 할지라도 역시 부처님의 눈, 하느님의 눈, 상제의 눈, 법신불의 눈은 피할 수가 없고 지적(指摘)하는 것 역시 피할 수 없는 것이기 때문에 자연 조행(操行)이 묶어지고 징벌(懲罰)의 잣대가 되어서 삶을 조심할 수 있게 된다.

47 마음

또 말한다.

『그 마음을 키워서 천하의 만물을 포용하고, 그 마음을 비워서 천하의 선을 받아들이며, 그 마음을 평정하여 천하의 사체(事體)를 논하고, 그 마음을 가라앉혀 천하의 이치를 관찰하며, 그 마음을 안정시켜 천하의 변화에 응하여야 하나니라.』

又曰「大其心容天下之物　虛其心受天下之善　平其心論天下之事　潛其心觀天下之理　定其心應天下之變.」

● 해의 ●

　우주나 하늘 땅은 혹 모르지만 세상이나 사람이나 만물은 결국 마음이 들어서 좌지우지 할 수 있다. 그러므로 우리는 평소에 마음을 크게 키워서 만물을 포용하여 하나라도 버리지 않을 아량을 가져야 한다.

　또한 마음을 완전히 비워서 천하의 찬예(讚譽)에 기뻐만 하지 말고 냉정하여야 한다.

　또한 마음을 평평하게 가져서 천하의 사체(事體)를 논평할 수 있는 지혜를 갖추어야 한다.

　또한 마음을 가라앉혀서 천하가 돌아가는 시세(時勢)나 운리(運理)를 파악할 줄 알아야 한다.

또한 마음을 진정하여 천하의 변태(變態)를 보아 순응하고 또 제재(制裁)할 수 있는 능력을 배양하여야 한다.

이렇게 하면 가히 군자로서 사람의 표준이 되어 아름다운 삶을 살아갈 수 있다.

48 군자는 행동을 삼간다

또 말한다.

『착하지 않다는 이름이 매양 하나의 일에 이뤄진다면 뒤에 여러 장점이 있을지라도 능히 가리지 못하는 것이라, 그리하여 오직 한결 착하지 않다는 것만 전해질 것이니, 군자가 움직임을 가히 삼가지 않으리요?』

원문

又曰「不善之名　每成于一事　後有諸長不能掩也
而惟一不善傳　君子之動　可不愼歟?」

● **해의** ●

세상에 좋지 못한 명성이 전해지는 것이 큰 잘못에 의하여 그렇게 되는 것이 보통이지만 조그만 잘못에 의해서 전해지기도 한다. 이렇게 한번 잘못함이 전해지게 되면 뒤에 좋은 면, 즉 장점(長點)이 얼마든지 있더라도 오히려 그 불선(不善)한 면은 가려지지 않고 잘못만 드러나게 되어 불선하다는 낙점(落點)만 남게 된다.

즉 하(夏)나라 걸왕(桀王)이나 은(殷)나라 주왕(紂王)의 폭정(暴政)은 뒤에 백대의 효자효손(孝子孝孫)이 나온다 하더라도 가릴 수 없다고 하였다.

그러므로 군자는 일거수일투족(一擧手一投足)을 삼가고 조심스럽게 해서 불선보다는 선이 유방백세(流芳百世) 하도록 끊임없이 노력하여야 한다.

49 사람을 접응하여

또 말한다.

『사람을 접응함에는 화기로운 가운데 정직[1]이 있어야 하는 것이요, 일을 처리함에는 정밀한 가운데 과단이 있어야 하는 것이며, 이치를 알아감에는 바른 가운데 회통이 있어야 하나니라.』

| 주석 |

① 개(介) : 정직(正直)·경개(耿介)·강정(剛正)의 뜻.

원문

우 왈　　접 인 요 화 중 유 개　처 사 요 정 중 유 과　인 리 요 정
又曰「接人要和中有介　處事要精中有果　認理要正

중 유 통
中有通.」

우리가 세상에 살면서 제일 먼저 대면하는 게 사람이다. 사람을 대면할 때는 무엇보다 얼굴을 대하기 때문에 화기(和氣)롭고 평화로운 얼굴로 정직함이 나타나야 한다.

또한 일을 처리하는데 있어서는 정밀하고 세밀하여 물샐 틈 없는 가운데 올바른 일에 대해서는 과단 있게 밀고 가는 추진력(推進力)이 요구된다.

또한 이치를 알아가는 데는 바르게 알아야 참 이치가 되고, 더 나아가 두루 회통(會通)하고 소통(疏通)하여야 원만한 이치가 되는 것임을 알아야 한다.

50 몸은 엄중함을 바란다

또 말한다.

『몸이란 엄중함이 요구되는 것이요, 뜻이란 안정함이 요구되는 것이며, 얼굴빛이란 온화함이 요구되는 것이요, 기운이란 화평함이 요구되는 것이며, 말이란 간절함이 요구되는 것이요, 마음이란 자상함이 요구되는 것이며, 의지란 과단이 요구되는 것이요, 기틀이란 치밀함이 요구되는 것이니라.』

우 왈　　신 요 엄 중　　의 요 안 정　　색 요 온 아　　기 요 화 평　　어
又曰「身要嚴重　意要安定　色要溫雅　氣要和平　語

요 간 절　심 요 자 상　지 요 과 의　기 요 진 밀
要簡切 心要慈祥 志要果毅 機要縝密.」

사람에 있어서 몸가짐은 엄숙하고 장중(莊重)하여야 한다.

또 뜻은 외경(外境)에 흔들림이 없이 안정되어야 한다.

또 얼굴의 표정은 온화하고 맑아야 한다.

또 기운은 들뜸이 없이 화기롭고 고요하여야 한다.

또 말을 하는 데는 간결하면서도 절실함이 있어야 한다.

또 마음은 인자하며 자상하여야 한다.

또 의지는 과단성이 있고 견강(堅剛)하여야 한다.

또 기틀은 삼가고 주밀하여야 한다.

이와 같이 자신을 돌아보고 다스리면 어디를 가든지 남의 눈총이나 손가락질을 받지 않고 모범되는 삶을 엮어갈 수 있다.

51 성인만한 이는 없다

또 말한다.

『성인은 항상 자기가 (별다른) 사람 같지 않다고 보나니, 그러므로 천하에 성인만한 이가 없나니라.』

우 왈　　성 인 상 자 시 불 여 인　고 천 하 무 유 여 성 인 자
又曰「聖人常自視不如人 故天下無有如聖人者.」

세상에는 집안의 빈부귀천(貧富貴賤)을 따라서 훌륭하다, 또는 그렇지 않다 말하기도 한다.

그러나 성인은 자신을 바라볼 때 특별한 사람이라고 여기지 않고 모든 사람과 조금도 다른 게 없는 평범한 사람이라고 생각한다.

그리하여 천하 사람들은 성인의 경계(境界)에 도달하지 못하고, 성인의 본의(本意)를 알지 못하기 때문에 두 눈으로 성인을 볼 때는, 특별한 사람으로 보고 생각하여 자기는 성인이 될 수 없는 범류(凡類)라고 단정하고 미리 자포자기를 함으로써 한 단계를 뛰어넘지 못하고 멈춰서거나 주저앉아 버리므로 더 이상 진전이 없는 것이다. 그러므로 만일 진전이 없으면 성인의 경지에 이르기가 어렵다는 것을 알아야 한다.

52 우주인

또 말한다.

『우주에서 완전한 사람이 되는 것은 매우 어려운 일로 대개는 결점이 있기❶ 마련이라. 앞에서 깨지고 터졌다면 뒤에 수리하고 보충하면 되는 것이니, 다만 귀숙하는 곳❷에 어떤 사람이 이뤄질까를 볼 것이요, 이전은 모두 관대하게 지나가면 되나니라.』

| 주석 |

① 반절인(半節人) : 사람은 누구나 결점이 있음을 비유한 말.

② 귀숙처(歸宿處) : 어떤 뜻의 귀결점(歸結點), 또는 주지(主旨)를 뜻하는
  말이다.

又曰「爲宇宙完人甚難 大都是半節人. 前面破綻
後來修補 只看歸宿處成個甚麼人 以前都饒得過.」

● 해의 ●

　우주의 진리이면 몰라도 세상이나 사람이 어떻게 완전할 수가 있겠
는가? 모두가 크든 작든 결점(缺點)과 착오(錯誤)가 있기 마련이다. 그
러기 때문에 전에 저지른 어떤 결점이라도 뒤에 자신을 진정으로 돌
아보아 굳센 마음을 내어 고쳐가면 얼마든지 진취하여 참 사람을 이
룰 수 있다.

　그러므로 자신은 최종적으로 이러한 사람이 되리라는 목표를 세우
고 부단히 노력하여 추스려가면 옛날의 과오는 자연 녹아지고, 인품
을 이루어가는 데 자양분(滋養分)의 역할이 될 것이다. 자신의 불완전
(不完全)을 탓하지 말고 중도에 그만 두는 것을 경계하여야 한다.

53 심술은

또 말한다.

『마음은 빛나고 밝으며 돈독하고 실다움으로써 으뜸을 삼을

것이요, 용모는 바르고 두루 노숙하게 이루어짐으로써 으뜸을 삼을 것이며, 언어는 간략하고 무거우며 참되고 절실함으로써 으뜸을 삼아야 하나니라.」

우왈   심술이광명독실위제일   용모이정대노성위
又曰「心術以光明篤實爲第一 容貌以正大老成爲
제일 언어이간중진절위제일
第一 言語以簡重眞切爲第一.」

● 해의 ●

　마음이란 밝고 뇌락(磊落)하며 성실하게 실지를 밟아나가서 한 경지 한 경지에 오름을 으뜸으로 삼아야 한다.
　얼굴은 단정하면서도 정직하며 노숙(老熟)하고 장중함을 으뜸으로 삼아야 한다.
　말은 간명하면서 무겁고 진실하고 절실함을 으뜸으로 삼아야 한다.
　이렇게 갈고 닦으면 세상에서 훌륭한 인품을 이루어 모든 사람의 본보기가 충분히 될 수 있다. 즉 마음과 얼굴과 말이 모두 내 것이기 때문에 내가 어떻게 하느냐에 따라서 지금의 나와 달라진 나로 나누이게 된다.

54 학자의 말

또 말한다.

『학자의 말은 간단하고 신중하며 조용하여야 하나니, 만물을 따르고 일에 의지하며 마땅히 말하는 가운데 함양이 되어 지나니라.』

又曰「學者說話 要簡重從容. 循物傍事 便是說話
中涵養.」

● 해의 ●

　학문을 닦고 깊은 수양을 쌓은 사람은 언간이심(言簡理深)이라야 한다. 즉 말은 간단하지만 이치가 깊어서 한마디 말을 하더라도 거기에는 의미가 있고 생각할 꺼리가 부여되는 것이다. 따라서 항상 조용하여 급박하거나 서두르지 않게 말을 하여야 한다.
　그리하여 어떤 사물을 대하고 어떤 일을 처리하더라도 함양의 공부가 이루어지고, 일상적인 말 속에서 함양의 공부가 깊어가는 것이지 어떤 특별한 상황을 통해서 함양공부를 익혀가는 것은 아니다.

55 몸과 마음의 점검

또 말한다.

『다만 (하루를) 마친 저녁에 점검하여 오늘 말한 몇 마디 말이 몸과 마음에 관련되었는가, 행한 몇 건의 일이 세상 길에 이익이 있었는가, 스스로 겸손하고 스스로 부끄러워한다면[1] 밝아져 홀로 깨치게 되나니라.」

| 주석 |

① 자겸자괴(自謙自愧) : 《대학(大學)》에 "이른바 그 뜻을 성실히 한다는 것은 스스로 속이지 말아야 하는 것이니, 악한 냄새를 미워함 같고 좋은 빛을 좋아함 같으니 이를 일러 스스로 겸손함이라 할 것이니, 그러므로 군자는 반드시 홀로 하기를 삼간다(所謂誠其意者 毋自欺也. 如惡惡臭 如好好色 此之謂自謙 故君子必愼其獨也)."에서 근거하였다.

원문

又曰「只竟夕點檢 今日說得幾句話關係身心 行得

幾件事有益世道 自謙自愧 恍然獨覺矣.」

● 해의 ●

　우리는 자동차를 타고 다닌다. 자동차를 타면서 그 구조를 잘 알아서 기름 치고, 닦고, 조이며 살피면 오래도록 고장이 없이 탈 수 있다.

　이와 같이 우리 자신도 하루를 다 마친 저녁에 조용히 앉아 그날을 돌아보자. 즉 말을 어떻게 하였는가. 남에게 이익이 되고 나에게도 이익이 되었는가. 또는 심신을 수양하는데 도움이 되었는가 등등. 가슴에 손을 얹고 반성해 보아야 한다.

　또 행동도 그러하다. 과연 세상 길에 교화나 정의를 세워가는데 얼마나 실지로 행하였는가. 또 나의 행을 표준하여 남의 행을 그르다 아니 하였는가 등등, 맑은 마음으로 잘 점검하여 보아야 한다.

　그리하여 스스로 흡족하고 만족할만하면 계속하기에 더욱 노력하고, 만일 부끄러워할 일이라면 바로 고치기에 힘을 다하여야 한다.

　그래서 이렇게 부끄러워하고 반성하며 점검하고 깨우쳐서 보다 나은 내일, 보다 나은 나를 만들어가야 한다.

56 십 분의 정명

또 말한다.

『정세하고 명백하여❶ 충분함을 요구하지만 다만 모름지기 원만하고 두터움❷을 갈무리하는 속에서 작용해야 하나니, 예나 지금이나 복을 얻는 것은 정명한 사람이 열에 아홉은 되는 것이라, 혼후하면서 재앙을 얻은 사람은 있지 않았나니라.』

| 주석 |

① 정명(精明) : 정세(精細)하고 명백(明白)하며 총명하고 영리함을 말한다.
② 혼후(渾厚) : 사람됨이 모 없이 원만하고 인정이 두터움. 또는 크고 두터움.

원문

우왈　　정 명야요십분　지수장재혼후리작용　고금득
又曰「精明也要十分　只須藏在渾厚裏作用　古今得

복　정 명 인 십 거 기 구　미유혼후이득화자
福　精明人十居其九　未有渾厚而得禍者.」

사람이 정밀하고 세밀하고 명백할 뿐만 아니라 총명하고 영리하다면 얼마나 좋을까? 아마 이러한 사람을 일러서 지적(知的)으로 다 갖춘 지성인(知性人)이요, 인격자(人格者)라고 할 수 있다.

그래서 예나 지금이나 복받고 잘 사는 사람은 정명한 사람이 열 가운데 아홉 명이 되고, 인정이 두텁고 덕이 있는 사람으로 재앙을 받았다는 경우는 많지 않다.

이렇게 볼 때 사람은 정명하고 혼후한 가운데 덕화(德化)를 갖추게 되면 금상첨화(錦上添花)로 성인의 길에 접어들게 되는 것임을 알아 삼가며 삶을 엮어야 한다.

57 성인의 문장

또 말한다.

『성인은 쓸데없는 문장을 짓지 않나니, 그 도를 논하면 덕 있는 말이 되는 것이요, 그 일을 논하면 견해 있는 말이 되는 것이며, 그를 서술하고 노래하면 세상 교화에 유익한 말이 되나니라.』

원문

又曰「聖人不作無用文章 其論道則爲有德之言 其
論事則爲有見之言 其敍述歌詠則爲有益世敎之言.」

성인은 세상에 쓰이지 못할 글이나 말이나 노래나 시를 쓰거나 짓지 않고 말하지도 않는다. 즉 어떠한 방법으로든지 세상의 교화에 이익이 되지 해악이 되거나 무익무용(無益無用)이 되지 않는다는 의미이다.

그러므로 도를 논하는데 있어서는 덕을 주장하여 대중을 포용하고, 일을 논하는데 있어서는 환히 드러나고 투명(透明)하도록 하여 세상의 표준이 되게 하며, 글이나 시를 쓰고 지음에 있어서 세상을 바로잡는데 쓰이고 유익이 되도록 함부로 쓰거나 말하지 않는다.

58 크고 어려운 일

또 말한다.

『큰일이나 어려운 일에서 담당❶함을 보게 되는 것이요, 역경이나 순경에서 금도❷를 보게 되는 것이며, 기쁨이나 성냄에 다다라서 함양❸을 보게 되는 것이요, 여럿이 행하고 그침에서 식견❹을 보게 되나니라.』

| 주석 |

① 담당(擔當) : 어떤 일을 넘겨 맡음.

② 금도(襟度) : 남을 용납(容納)할만한 도량(度量).

③ 함양(涵養) : 1) 서서히 양성(養成)함. 차차 길러 냄. 2) 학문(學問)과 식견을 넓혀서 심성(心性)을 닦음.

④ 식견(識見) : 1) 사물(事物)을 식별(識別)하고 관찰(觀察)하는 능력. 2) 학식(學識)과 견문(見聞).

우왈　　대사난사간담당　역경순경간금도　임희임노
又曰「大事難事看擔當　逆境順境看襟度　臨喜臨怒

간함양　군행군지간식견
看涵養　群行群止看識見.」

● 해의 ●

　　크고 어려운 일을 당하여 처리하는 상황을 보면 그 사람 역량(力量)의 경중(輕重)을 능히 볼 수 있다. 또한 거슬리거나 순응하는 경계를 지내는 가운데 그 사람 가슴속 도량(度量)의 광협(廣狹)이 잘 드러난다.

　　기쁨이나 성내는 상황에서는 그 사람의 수양이 얼마나 심천(深淺)한가를 알 수 있다. 또한 여러 사람과 섞여서 활동하는 일거일동(一擧一動)을 보면 그 사람 식견의 정사(正邪)가 저절로 나타난다.

　　그러므로 겉으로는 군자같이 보이면서도 일이 주어지면 소인이 되는 사람이 있는가 하면 겉으로는 허술하게 보이지만 일에 다다르면 분명히 뛰어난 사람이 있다.

59 참음과 격분

또 말한다.

『「참음❶」과 「격분❷」 두 글자가 이에 재앙과 복락의 관문이니라.』

① 인(忍) : 인내(忍耐). 극제(克制).
② 격(激) : 격동(激動). 충동(衝動).

원문

又曰「忍激二字, 是禍福關.」

● 해의 ●

옛말에 "인지위덕(忍之爲德)"이라 하였다. 즉 '참는 것이 덕이 된다.'
는 의미이다. 어떠한 상황을 당해서 무조건 참으라는 것은 아니지만 아
무튼 참는 것이 재앙과 복락의 갈림길이 될 때가 훨씬 많은 법이다.

또 격동(激動)이나 충동(衝動)도 발산을 하는 것이 좋기는 하나 자제
(自制)할 능력이 없이 내뿜거나 터뜨리면 복락은 고사하고 재앙만 받
게 되므로 신중하게 행동하는 것이 좋다.

그러므로 인내(忍耐)와 격동을 잘 조절하여 활용하면 진취성(進就
性)을 가지면서도 무게 있는 인격을 갖추게 된다.

60 한몸에

또 말한다.

『한몸에 덕성을 일삼아 쓰면 다스려지는 것이요, 기운과 습
기를 일삼아 쓰면 어지러워지는 것이라, 시험 삼아서 종일 말
하는 것을 점검해 보면 몇 마디 흡족하고 좋았는가에 문득 수

양한 바를 보게 되나니라.」

우 왈　일 신　덕 성 용 사 즉 치　기 습 용 사 즉 란　시 점 검
又曰「一身 德性用事則治 氣習用事則亂. 試點檢

종 일 설 화　유 기 구 흡 호 적　편 견 소 양
終日說話 有幾句恰好的 便見所養.」

● 해의 ●

　　한 사람의 일신을 놓고 볼 때 덕성을 위주로 하여 다스려가면 그 사람은 안정을 얻게 될 것이다. 그러나 어떠한 기운이나 습성으로 기울어지면 결국 어지럽게 되고 만다.

　　이러한 상황을 점검하는데 있어서 자신이 종일토록 하는 말이 과연 먼저 자신이 흡족하게 여기고 또한 좋은 방향으로 이루어졌다면 그 사람은 틀림없이 내면에 많은 수양이 쌓인 결과이다. 그렇지 않았다면 가벼운 몸놀림이 되어 행하는 일이나 당하는 일에 분란(紛亂)만 일으키고 죄업(罪業)만 조성하게 된다.

61 부유할수록 베풀어야 한다

또 말한다.

『부유하면 능히 베푸는 것으로써 덕을 삼아야 하는 것이요, 가난하면 구함이 없는 것으로써 덕을 삼아야 하는 것이며, 귀하면 사람 아래가 되는 것으로써 덕을 삼아야 하는 것이요, 천

하면 권세를 잊는 것으로써 덕을 삼아야 하나니라.」

又曰「富以能施爲德 貧以無求爲德 貴以下人爲德

賤以忘勢爲德.」

● 해의 ●

사람이 부자일 경우에는 어떤 방면으로든지 남에게 베풀어 주는 것으로 덕목(德目)을 삼아야 칭송(稱頌)이 따른다. 또 가난하다고 하여 아무 데나 손을 내밀거나 굽히지 말고 당당하여 구차하게 구하지 않는 것으로 덕목을 삼아야 비굴(卑屈)하지 않게 된다.

귀할수록 자신을 낮추는 것으로 덕목을 삼아야 사람들에게 교만(驕慢)하게 비쳐지지 않게 된다. 그리고 천할수록 권력이나 세력에 아부하지 않는 것으로 덕목을 삼아야 자존(自尊)을 지킬 수 있게 된다.

사람은 이렇게 살아야 한다. 부자와 가난, 귀함과 천함이 원래 고착(固着)이 되어 있는 것은 아니기 때문에 부자는 베풀되 흔적이 없어야 하고 가난한 자는 받을지라도 비굴하지 않으며, 귀한 자는 신분을 낮추고 천한 자는 자존심에 손상이 가지 않도록 하여야 한다.

62 사람이 보지 않는 곳이라도

또 말한다.

『사람이 보지 않는 곳이라도**❶** 가히 귀신은 감복을 하는 것이니, 집안 가운데 아내와 자식이 싫어하지 않은 뒤라야 참다운 배움이요, 실다운 함양이라 이르나니라.』

| 주석 |

① 옥루지지(屋漏之地) : 방의 서북우(西北隅)로 집안에서 가장 깊숙하여 어두운 곳을 말한다. 사람이 보지 않는 곳을 이른다.

원문

우 왈　　옥 루 지 지　 가 복 귀 신　 실 가 지 중　 불 염 처 자　 연
又曰「屋漏之地 可服鬼神 室家之中 不厭妻子 然

후 위 지 진 학 실 양
後謂之眞學實養.」

● 해의 ●

《대학장구(大學章句)》에 "군자 필신기독야(君子 必愼其獨也)"라 하였다. 즉 '군자는 반드시 그 홀로일 때를 삼간다.' 는 의미이다.

대개 사람들이 여럿이 있을 때는 얌전을 떨다가도 혼자가 되면 제멋대로 하는 수가 있으니, 그러지 말라는 것이다. 즉 사람들이 보지 않는 곳에서 혼자가 될수록 조심하고 삼가면 귀신도 감복하게 된다.

따라서 날마다 한집의 공간에서 살아가는 자식이나 아내에게도 싫어하는 기색이 없도록 삼가고 조심하여야 한다. 이렇게 되어야 참으로 배우는 사람이요, 참으로 함양(涵養)이 쌓인 사람이라는 칭송을 받게 된다. 인증은 가장 가까운 데로부터 나오는 법이다.

63 말과 행동

또 말한다.

『말하고 행동하는데 아내와 자식, 하인 사이라도 삼갈 것이요, 몸과 마음을 밥 먹고 쉬며 일어나고 앉는 때라도 점검하면 이것이 공부하는 편안하고 정밀함이니라.』

원문

又曰「愼言動於妻子僕隷之間 檢身心於食息起居
之際 這功夫便密了.」

● 해의 ●

우리는 일상생활에서 늘 자신을 삼가고 점검하며 살아야 한다.

증자(曾子)는 "날마다 자신을 세 번 살핀다(一日三省吾身)."고 하였다. 어찌 세 번뿐일까마는 자기를 늘 살피고 점검하여 욕심이나 삿된 곳으로 끌리고 빠지지 않도록 늘 삼가고 조절하여야 한다.

외형적인 어떤 경계를 요리하여 매끄럽게 하는 것도 중요하지만 몸과 마음에 일어나는 갖가지 사념(思念)이나 행위를 살피고 대처하는 것이 참된 공부요 정밀한 공부이다. 인격의 형성은 거칠게 공부하여 이루어지는 것이 아니라 세밀하게 몸과 마음을 점검하는데서 진전이 있게 된다.

또 말한다.

『실한 곳❶을 다리로 밟아야 하는 것이요, 작은 곳에서 시작해야❷ 하나니라.』

| 주석 |

① 실처(實處) : 실한 곳. 헛되지 않는 자리.
② 하수(下手) : 1)실지 공부에 나아가는 것. 2)낮은 솜씨나 수. 또는 그런 솜씨나 수를 가진 사람. 3)일에 손대기 시작(始作)함. 4)손을 움직이어 사람을 죽임.

원문

又曰「實處著脚 小處下手.」

● 해의 ●

공부란 이론이 전부가 아니다. 이론을 잘 전개한다고 하여 그 사람이 공부를 다 이루었다고 단정할 수는 없다. 물론 확실한 논리가 중요하기는 하지만 행위가 따르지 않으면 반쪽의 논리나 마찬가지이다. 즉 학행합일(學行合一)이 되고 논행합치(論行合致)가 되어야 한다.

따라서 참다운 공부란 남이 알아주거나 남에게 보이기 위한 것이 아니라, 내가 실지로 그 경지를 밟아서 오르는 공부가 되어야 한다.

또한 아주 작고 세밀한 곳이라 하여 공부가 없는 것이 아니다. 장목(長木)도 조그만 씨에서 시작이 되었듯이, 공부도 작은 것에서 시작하여 키워가야 튼실한 뿌리가 내려 큰 공부를 이루게 된다.

또 말한다.

『천지 만물의 이치❶가 다 종용❷함으로 시작되어 급박하고 촉박하게 마침이라, 급박하고 촉박하다는 것은 다한 기운❸이요, 종용하다는 것은 첫 기운❹이라, 일이 종용하면 여미❺가 있고, 사람이 종용하면 여년❻이 있나니라.』

| 주석 |

① 천지만물지리(天地萬物之理) : 이치란 「규율(規律)」이라는 의미이다. 한비자(韓非子)의 해로(解老)에 '이치란 만물을 이루는 법이다(理者成物之文也).'라 하여 이치가 천지만물이 생존하는 규율이 된다고 하였다.

② 종용(從容 : 慫慂) : 1)조용한 모양. 말이나 또는 하는 것이 왁자지껄하지 않고 매우 얌전한 모양. 2)한가한 모양. 3)권유(勸誘)함.

③ 진기(盡氣) : 진이란 '끝내다. 완결 짓는다.'는 뜻이요, 기란 '호흡(呼吸), 기식(氣息)'의 뜻으로, 곧 진기란 '호흡이 종지(終止)된다.'는 의미이다.

④ 초기(初氣) : 초란 '개시(開始)한다. 일어난다.'는 뜻으로 곧 '호흡이 열린다.'는 의미이다.

⑤ 여미(餘味) : 무엇을 먹은 뒤에 입안에 남은 맛. 또는 미외지미(味外之味)라는 의미로 말 밖의 뜻(言外意)을 말한다.

⑥ 여년(餘年) : 죽을 때까지의 나머지 세월. 여령(餘齡). 여생(餘生).

원문

우 왈　　천 지 만 · 물 지 리　개 시 우 종 용　이 졸 우 급 촉　　급
又曰「天地萬物之理　皆始于從容　而卒于急促．急

촉 자 진 기 야　종 용 자 초 기 야　사 종 용 즉 유 여 미　인
促者 盡氣也 從容者 初氣也. 事從容則有餘味 人

종 용 즉 유 여 년
從容則有餘年.」

　　천지 만물이 처음 열리는 시점은 아주 조용한 가운데 이루어지는 것
이요, 마치는 때는 급박하고 촉박하다. 다시 말하면, 만물이 소생하는
봄은 오는지 모르게 오지만 거두는 가을은 사방이 요란하고 떠들썩하
다. 그러므로 우리는 무엇을 하든지 조용하고 여유가 있게 할 것이요,
들뜨고 급속하게 서둘러 해서는 안된다.

　　다시 말하면, 순리(順理)로는 할지언정 역리(逆理)로는 아니할 것이
요, 공리(公利)로는 할지언정 사리(私利)로는 아니할 것이요, 정견(正
見)으로는 할지언정 사견(邪見)으로는 아니하여 갖가지 부작용을 초
래하지는 말아야 한다.

66 심평기화

또 말한다.

『"마음은 평정하고, 기운은 화합한다."는 이 넉 자는 함양이
아니면 능히 하지 못하는 것이요, 공부란 다만 노화를 제압하
는데❶ 있는 것이니, 노화가 제압되면 뭇 물이 모두 밝아지고❷
만사가 다스려지는 것이라❸, 물은 밝고 불은 어두운 것으로❹

고요함은 물에 속하고 움직임은 불에 속하나니라.」

| 주석 |

① 정화(定火) : 정이란 '안정(安定), 평정(平定)'의 뜻이요, 화란 '노화(怒火), 화기(火氣)'의 뜻이다. 곧 정화란 '노화를 제압한다(制怒).'는 의미이다.
② 백물구조(百物俱照) : 조란 '지효(知曉), 양찰(亮察)'의 뜻으로 곧 '세계에 있는 사물을 모두 통찰(洞察)하게 된다.'는 의미이다.
③ 만사득리(萬事得理) : 이란 '치리(治理), 정치(整治)'의 뜻으로 곧 '만사가 모두 다스려진다.'는 의미이다.
④ 수명이화혼(水明而火昏) : 수는 명량(明亮)하고, 화는 혼암(昏暗)하다는 의미이다.

원문

又曰「心平氣和 此四字非涵養不能做 功夫只在個

定火. 火定則百物俱照 萬事得理. 水明而火昏 靜

屬水 動屬火也.」

● 해의 ●

　사람이 늘 마음이 평정하고 기운이 화평한 것은 깊은 수양이 없으면 어려운 일이다. 공부란 결국 노화(怒火)를 제압(制壓)하는 데서 시작되는 것이다.

　우리가 흔히 불은 밝은 것이라고 알고 있지만 사실은 어두운 것이다. 즉 우리가 속에서 화기(火氣)가 치밀어 오르면 마음이 어둡고 머리도 어두우며 눈도 어두워서 사물이 잘 보이지도 않고 분간하기도 어렵다. 반면에 수기(水氣)가 오르면 마음이 맑고 머리가 맑으며 눈이 맑아서 사물이 잘 보이고 구분도 잘 된다.

왜냐하면 물은 고요하여 밝음에 속하고 불은 움직여 흔들림에 속하기 때문이다.

67 악한 생각

고충헌[1]은 말한다.

『악한 생각은 제거하기 쉬워도 섞인 생각은 제거하기 어렵나니라.』

|주석|

① 고충헌(高忠憲, 1562-1626) : 고반룡(高攀龍)으로, 자는 존지(存之), 별호는 경일(景逸)이며 시호는 충헌(忠憲)이다. 명대의 대신으로 저술에는 《고자유서(高子遺書)》·《춘추의례(春秋儀禮)》 등이 있다.

고 충 헌 왈　　악 념 이 제　잡 념 난 제
高忠憲曰「惡念易除　雜念難除.」

● 해의 ●

악한 생각〔惡念〕이나 섞인 생각〔雜念〕은 결국 비슷한 말이다. 그러나 악한 생각이란 어떤 일에 모진 생각을 가진 것이기 때문에 이 모진 것만 제거하면 된다.

그러나 잡념은 이것저것이 섞여 가닥을 잡을 수 없다. 다시 말하면, 그 가닥의 실마리가 천 갈래 만 갈래여서 이런 생각의 실마리를 잡는 것이 옳은지, 아니면 저런 생각의 실마리를 잡는 것이 옳은지 쉽게 구분하기 쉽지 않다. 그러므로 이를 제거하기가 훨씬 어려운 것이다.

68 통제

진백사[1]는 말한다.

『고요함으로 능히 충동을 제어하고, 가라앉음으로 능히 들뜸을 제어하며, 너그러움으로 능히 편협을 다스리고, 느림으로 능히 조급함을 제어하여야 하느니라.』

| 주석 |

① 진백사(陳白沙, 1428-1500) : 곧 진헌장(陳獻章)으로, 자는 공보(公甫)요, 호는 석재(石齋)이다. 그가 백사리(白沙里)에 살았음으로 문인들이 「백사선생(白沙先生)」이라 불렀다. 명대의 이학가로 저술에는 《백사전집(白沙全集)》 등이 있다.

원문

진 백 사 왈　　정 능 제 동　　침 능 제 부　　관 능 치 편　　완 능 제
陳白沙曰 「靜能制動　沈能制浮　寬能治偏　緩能制

급
急.」

　일 있음이 움직임이라면 일 없음은 고요함이다. 일이란 외향적으로 나아가기 때문에 충동이 되고 대질림이 있게 되므로, 이러한 상황을 통제하는 데는 오직 고요함이 처방이 된다.

　또 들뜸이란 결국 안정이 되지 않는다는 의미인데 사람이 살면서 안정을 얻지 못하면 생각이 번다하고 마음이 산란하여 질정(質定)할 수가 없어서 하는 일을 그르치기 쉽다. 오직 가라앉힘을 통해서 생각과 마음의 안정을 얻어야 한다.

　또 편협하다는 것은 그만큼 시야(視野)가 좁다는 뜻이다. 세상과 더불어 살고 사람들과 보조를 맞추기 위해서는 관대(寬大)한 마음과 관대한 행동으로 관대하게 살아가는 것이 제일이다.

　또 사람이 조급하면 일을 엎어버리기 쉽다. 그래서 옛 선인은 "급할 경우 오히려 느림을 생각하라(急地尙思緩)."고 하였으니, 급할수록 느림을 통해서 순서(順序)와 차서(次序)를 얻는 것이 대인군자의 모습이다.

69　학도의 꺼림

추충개❶는 말한다.

『입으로는 성명❷의 이치를 말하면서 몸은 세간의 행위에 떨어진다면 이것은 도를 배우는데 꺼려할 바이니라.』

| 주석 |

　① 추충개(鄒忠介, 1551-1624) : 즉 추원표(鄒元標)로, 자는 이첨(爾瞻)이

요, 호는 남고(南皐)며 시호가 충개이다. 명대의 대신으로 동림당(東林黨) 수령의 한 사람이다. 저술로 《원학집(願學集)》이 있다.

② 성명(性命) : 1)《동의수세보원(東醫壽世保元)》, 1장에 나오는 말로 본시 《중용(中庸)》의 '천명지위성(天命之謂性)'에서 연유한 것임. 성명(性命)의 구조에서 천기(天機)는 지방(地方)·인륜(人倫)·세회(歲會)·천시(天時)로, 인사(人事)는 거처(居處)·당여(黨與)·교우(交友)·사무(事務)로, 성(性) 즉 지(知)는 턱·가슴·배꼽·배로, 명(命) 즉 행(行)은 머리·어깨·허리·볼기로 연관 지어 상호관련성을 설명한다. 지행(知行)이 쌓이면 도덕(道德)이요, 도덕이 이루어지면 그것이 인성(人性)이니, 도덕이 다름 아닌 지행이요, 성명이 다름 아닌 지행이다. 2) 인성(人性)과 천명(天命)을 아울러 이르는 말. 3) '목숨'이나 '생명(生命)'을 달리 이르는 말. 4) 사람의 천성(天性)과 천명(天命).

鄒忠介曰「口談性命理 身落世間行 此學道所忌也.」

● 해의 ●

언행불일치(言行不一致)를 경계하여야 한다. 언자언 행자행(言自言行自行), 곧 말은 말이요, 행은 행이 되어 언행일여(言行一如)를 이루지 못하면 사람들에게 신실(信實)을 받지 못하게 된다.

입으로는 성명(性命)의 철리(哲理)를 말하면서 몸은 세속에 들어가서 잡다한 일을 행하고 또 세속의 삶을 그리워한다면 도학을 공부하기란 어려운 것이다. 물론 도가와 세속이 둘은 아니지만 도를 배우는 입장에서는 어느 정도 속세를 잊고 피해 있는 기간을 통해서 심력(心力)을 쌓고 단련한 뒤에 세속에 나아가 교화하여야 한다. 그렇지 않으면 마침내 그늘에서 자라는 버섯의 신세가 되고 만다.

유염대[1]는 말한다.

『하나의 정성이 세워지면 모든 선이 따르게 되나니라.』

|주석|

① 유염대(劉念臺, 1578-1645) : 곧 유종주(劉宗周)로, 자는 기동(起東)이며, 호는 염대(念臺)이니 세상에서 「즙산선생(蕺山先生)」이라 불렀다. 명대의 대신이며 학자로 저술에는 《유자전서(劉子全書)》가 있다.

원문

유 염 대 왈　　일 성 립 이 만 선 종 지
劉念臺曰「一誠立而萬善從之.」

● 해의 ●

성이란 무엇일까? "진실무망(眞實無妄)·공평무사(公平無私)"이다. 즉 '참되고 신실하여 망령됨이 없고, 공변되고 평등하여 사사가 없는 것이다.'고 할 수 있다. 이러한 마음, 이러한 행동을 하면 세상의 뭇 선은 자연 따르게 되며 내가 곧 선을 실천하는 주역이 된다.

따라서 '유성유성물(有誠有成物)'이요, '무성무성물(無誠無成物)'임을 알아야 한다. 즉 '정성이 있으면 만물을 이루어냄이 있을 것이요, 정성이 없으면 만물을 이루어내지 못한다.'는 의미이다. 천성무식(天誠無息) 곧 하늘의 정성은 쉼이 없기 때문에 만물에게 '봄에는 내고 여름은 기르며 가을은 거두고 겨울은 갈무리는 것(春生夏長秋收冬藏).'임을 알아, 매사에 정성을 쉬지 않음으로써 자기의 목적하는 바를 이루어내어야 한다.

진세보[1]는 말한다.

『"멋대로 걸음이 가는 대로 갔다가[2] 하늘의 분부를 쫓아올지니라."하였는데 이것은 옛사람의 명언이라, 그러나 나는 일찍이 고쳐 말하기를 "진리의 행함을 따라 갔다가 하늘의 분부를 쫓아올지니라." 할지니, 이와 같이하면 이치가 바르고 문사가 순해져서 폐단이 없게 되는 것이라. '멋대로 걸음걸이라' 이르면 황당하여 점검하지 못할 근심이 있게 되나니라.』

| 주석 |

① 진세보(陳世寶) : 명대 대신으로 만력(萬曆)에 어사(御使)를 지냈다. 저술에 《고금류유(古今類腴)》가 있다.
② 신(信) : 멋대로 막 놀다.

원문

陳世寶曰「"信步行將去 從天分付來" 此古人名言

也. 然余嘗改之曰 "順理行將去 從天分付來" 如

此則理正辭順 爲無弊也. 謂之信步 則有荒唐不檢

之患.」

　사람은 혹 발길 닿는 대로, 또 마음 내키는 대로 가는지는 몰라도, 하늘의 분부가 내리면 조금도 지체함이 없이 돌아올 수밖에 없다.

　그러므로 우리가 평소에 하늘의 이치에 어긋남이 없이 살아가야 한다. 그래야 하늘 이치의 도움을 받아 마음이나 말이나 행동이 바르게 되어서 어떠한 폐단이 없이 삶을 엮어가게 된다. 아무리 잘 엮어갈지라도 분부가 있으면 곧바로 돌아와야 하는 것이다.

　그러므로 혹 가는 것은 멋대로가 될지 몰라도 하늘이 시키는 일은 절대로 거역을 하지 못하고 따를 수밖에 없다.

72 일체 현상은

옥화자[1]는 말한다.

『일체 현상은 다 능히 사람의 정신을 빼앗나니 오직 검박하고 자족함이라야 제어가 되나니라.』

| 주석 |

① 옥화자(玉華子) : 아마 명조(明朝)의 의사인 적량(翟良)인 것 같다.

원문

옥 화 자 왈　　만 상 개 능 탈 인 지 신　유 검 족 이 어 지
玉華子曰「萬象皆能奪人之神 惟儉足以御之.」

　사람은 정신을 지니고 산다. 만일에 정신, 곧 얼(魂)이 나가면 몸은 살아있어도 죽은 것이나 마찬가지이다.

　그런데 세상은 없는 것이 없이 화려하게 다 벌려 있으니 이런 상황에서 살아가는 사람들은 정신을 바짝 차리지 않으면 모든 현상의 물질에 거개가 정신을 빼앗기게 된다. 또한 산다고 하여도 남의 정신에 의하여 내가 사는 꼴이 되어 갈피를 잡을 수가 없고 어디에 장단을 맞출 수가 없게 되는 수가 있다.

　그러므로 오직 검박(儉朴)하고 자족(自足)할 줄을 알아야 한다. 외형적인 물질이 아무리 화려하여도 자신을 다잡아서 통제하면 물질에 끌림이 없이 오히려 때때로 부려 쓰게 될 것이다. 그러할 때 맑고 밝은 자기 정신으로 올곧게 살아갈 수 있다.

73 경사로움의 즐거움

《증언록》❶은 말한다.

『즐거움은 날마다 쉬는❷ 즐거움보다 더함이 없는 것이요, 근심은 많이 구하는 근심보다 더함이 없나니라.』

| 주석 |

① 증언록《贈言錄》: 작자를 알 수가 없는 책.
② 휴(休) : 1) 쉬다, 휴식(休息)하다. 2) 사직(辭職)하다. 3) 그만두다, 그치다. 4) 멈추다, 중지(中止)하다.

증 언 록 왈　낙 막 낙 우 일 휴　우 막 우 우 다 구
《贈言錄》曰「樂莫樂于日休　憂莫憂于多求.」

● 해의 ●

　　사람에게 있어서 말초신경을 자극하여 일시적으로 누리는 즐거움이나 기쁨은 영원할 수가 없다. 즉 지금은 혹 좋을지 몰라도 뒤에 꼭 어떤 탈을 남겨서 아름답지 못하게 끝을 맺기 때문이다.

　　그래서 사람에게 즐거움이라는 것은 날마다 쉬고, 놓고, 그만두고, 중지하고, 버리는 것으로 아름다움을 삼아야 한다.

　　다시 말하면, 이익도 놓고 욕심도 놓으며 결국에는 자기 몸마저도 놓아 버리고 쉬어야 한다. 또한 근심걱정이라는 것도 무엇인가 원인이 있어 생긴다.

　　그러므로 우리는 욕구(欲求)나 욕망(欲望)이 너무 지나쳐서 다 구하려 하나 채워지지 않을 때 걱정이 되고 괴로움이 되는 것임을 알아야 한다. 이를 벗어나려면 욕심으로 구하는 상황을 줄이고 놓아야 한다.

74　기상은 높고 넓어야 한다

왕도곤[1]은 말한다.

『기상은 높고 넓음이 요구되지만 가히 거칠어서는[2] 안 되는 것이요, 마음은 찬찬하고 주밀함[3]이 요구되지만 가히 자질구레해서는[4] 안 되는 것이며, 취미는 담박함[5]이 요구되지만 가히 마른 듯 적막해서는 안 되는 것이요, 절개를 지킴[6]은 엄하

고 밝음이 요구되지만 가히 격렬해서는 안 되나니라.」

| 주석 |

① 왕도곤(王道焜) : 자는 소평(昭平)으로 명대의 관리이다.
② 소광(疏狂) : 언행이 너무 거칠어 상규(常規)에 벗어나는 것.
③ 진밀(縝密) : 찬찬함. 촘촘함. 고움. 면밀함.
④ 쇄설(瑣屑) : 자질구레함. 잚.
⑤ 충담(冲淡) : 성질이 맑고 깨끗하며 욕심이 없음.
⑥ 조수(操守) : 절개. 절개를 지킴.

원문

왕 도 곤 왈　　기 상 요 고 광　　불 가 소 광　　심 사 요 진 밀　　불
王道焜曰「氣象要高曠 不可疏狂 心思要縝密 不

가 쇄 설　취 미 요 충 담　　불 가 고 적　　조 수 요 엄 명　　불 가 격
可瑣屑 趣味要冲淡 不可枯寂 操守要嚴明 不可激

렬
烈.」

● 해의 ●

　　사람이 세상에 살면서 기상은 고상(高尙)하고 광달(曠達)하게 가져야 한다. 그러나 너무 거칠어서 상규(常規)에 벗어날 경우에는 미치광이가 되기 쉽다.
　　또한 마음이나 생각은 근신(謹愼)하고 주밀(周密)하게 가져야 한다. 그러나 너무 자질구레하면 트인 사람이 되기 어렵다.
　　또한 취미는 충화(冲和)하고 담박(淡泊)하게 가져야 한다. 그러나 너무 고조(枯燥)하고 고적(孤寂)하면 설익은 샌님이 되기 쉽다.
　　또한 절개를 엄근(嚴謹)하고 명광(明光)하게 가져야 한다. 그러나 너무 격렬하면 주제 넘는 사람이 되어 자기 위를 못 보기 쉬운 것이다.

또 말한다.

『글을 읽으면 유독 능히 기질만 변화되는 것이 아니라 또한 능히 사람의 정신도 함양되는 것이니, 대개 몸과 마음을 추어 잡아 점점 이치로 향하고 일을 처리하며 만물에 응수하면 자연히 편안하고 온전하게 되나니라.』

원문

又曰「讀書不獨能變化氣質 且能養人精神 蓋收攝
身心 漸令向理 處事酬物 自然安穩.」

● **해의** ●

　사람이 글을 많이 읽는 것은 기질의 변화를 가져오기 위함이요 또한 정신의 수양에도 도움이 되자는 것이다. 물론 글을 읽지 않고도 기질 변화를 이루고 정신이 함양되면 금상첨화(錦上添花)이겠지만 대개는 글을 읽음으로써 수양의 방법을 터득하여 깊이 있는 수양을 쌓게 되는 것이다.

　이렇게 한 뒤에 몸과 마음을 거두고 추어 잡아서 진리로 향하고 일을 처리하며 만물을 아껴주고 보호하면, 만물 또한 유익을 주어서 길이 열리고 삶이 윤택하며 넉넉하여 자연히 평안하고 온전하게 된다.

76 사람이 하루를 살면서

진계유[1]는 말한다.

『사람이 하루를 살면서 혹 한 마디라도 선한 말을 듣고, 한 가지라도 선한 행을 보며, 하나라도 선한 일을 행한다면, 이 날은 바야흐로 헛되게 지낸 것이 아니니라.』

| 주석 |

① 진계유(陳繼儒, 1558~1639) : 자는 중순(仲醇)이요, 호는 미공(眉公)이며 또 미공(麋公)이라고도 한다. 화정(華亭 ; 今上海松江) 사람이다. 명대의 문학가요, 서화가(書畫家)이다. 29세 때에 유가의 의관(衣冠)을 태워버리고 곤산(昆山)의 남쪽에다 집을 짓고 저술만 하였다. 저술에는 《소창유기(小窻幽記)》·《미공전집(眉公全集)》·《만행당소품(晩香堂小品)》 등이 전한다.

원문

진계유왈 인생일일 혹문일선언 견일선행 행일
陳繼儒曰「人生一日 或聞一善言 見一善行 行一

선사 차일방불허도
善事 此日方不虛度.」

● 해의 ●

사람이 하루를 기준하여 볼 때 토굴이나 산속이나 밀폐된 공간에서 혼자 산다면 모르지만, 세상과 사람과 사물과 어울려 사는 데는 보고 듣고 행하는 것이 다행스러운 일이다. 때로 봐서는 안 될 것을 보기도 하고 들어서는 안 될 소리를 듣기도 하며, 해서는 안 될 일을 하는 것이 사람 삶의 여정이라 할 수 있다.

이에 하루에 한 마디라도 선한 말을 들어서 고개를 끄덕이고, 한 가지라도 선을 행하는 것을 보고 기뻐할 수 있으며, 내가 작든 크든 직접적으로 선한 일을 행한다면 결코 하루를 사는데 그 삶을 허송한 것이 아니라 참으로 가치 있게 보낸 것이다. 따라서 이러한 삶이 한 달을 잇고 일 년을 이으며 일생을 이어간다면 자연 나도 그러한 상황에 접합되어 그렇게 이루어지는 것이다.

77 군자의 세 가지 슬픔

하인[1]은 말한다.

『군자는 세 가지 슬픔이 있으니 이 생애에 배우지 못함이 가히 슬픈 것이요, 이에 오늘이 틈새로 지나가 버림이 가히 슬픈 것이며, 이에 몸으로 한 가지라도 실패함이 가히 슬픔이 되나니라.』

| 주석 |

① 하인(夏寅) : 생졸연대는 알 수 없다. 처음 자는 시정(時正)인데 뒤에 고쳐서 정부(正夫)라 하였다. 강소(江蘇) 화정(華亭) 사람으로 명대의 관리이다. 저술에 《우공상절(禹貢詳節)》·《하문명공집(夏文明公集)》·《기행집(記行集)》·《비유록(備遺錄)》 등이 있다.

夏寅曰「君子有三惜 此生不學可惜 此日閒過可惜

此身一敗可惜.」

해의

　　군자 일생을 통하여 아쉽다거나 슬퍼할만한 일이 별로 없다. 왜냐하면 근본적으로 이러한 일을 짓지 않고 만들지 않기 때문이다. 그러나 꼭 애석하게 여겨야 할 세 가지가 있다.

　　첫째는, 사람의 몸을 받아 이 세상에 와서 글은 조금 배웠다고 할지라도 끝을 맺지 못하고, 더욱 성인(聖人)의 학문으로 성인의 경지에 오르지 못함이 슬픈 것이다.

　　둘째는, 백구과극(白駒過隙) 즉 '흰 망아지가 틈새를 지난다.' 는 말처럼 무엇인가 하기는 하는데 결과도 없이 훌쩍 지나가 버리고 뒤에 생각하면 '이것은 좀 잘 할 것을' 되뇌는 후회가 슬픈 것이다.

　　셋째는, 이 몸이 이 세상을 위해 성공을 이루어 업적을 쌓고 이익을 주려 하여도 중도에 실패를 하여 오히려 세상에서 '물정을 모른다.' 는 웃음거리가 되는 것이 슬픈 것이다.

78 겸허와 인색

서관❶은 말한다.

『겸허란 있어도 차지하지 않는다❷는 뜻이니, 낮추고 굽히는

것을 가히 부끄럽게 여기면 천박이라 이르는 것이요, 검박이
란 거처에 지나치지 않는다[3]는 뜻이니, 비루하고 아끼는 것을
가히 부끄럽게 여기면 인색함이라 이르나니라.」

① 서관(徐官) : 자는 원무(元懋)로 명나라 오현(吳縣) 사람이다.
② 유이불거(有而不居) : 공명(功名)이나 이록(利祿)이 있을지라도 내가
  다 차지하지 않는다.
③ 지이불과(止而不過) : 일상의 거처(居處)에 분수를 넘지 않는다. 지(止)
  란 거처의 뜻.

원문

徐官曰「謙者 有而不居之意 而卑屈之可羞者 則

謂之賤. 儉者 止而不過之意 而鄙嗇之可恥者 則

謂之吝.」

● 해의 ●

　겸허하다는 것은 비굴한 것, 즉 몸을 낮추고 무릎을 꿇는(卑躬膝屈)
행위가 아니다.
　다시 말하면, 공명(功名)과 이록(利祿)이 있다 하더라도 겸허한 자세
로 수용하지 않고 차지하지 않는 것이다. 만일에 이러한 행위를 스스
로 부끄럽게 여긴다면 이것이 오히려 비천(卑賤)이다.
　또 검박하다는 것은 일상생활이나 거처나 수용 등에서 분수를 벗어
나 지나치게 취용(取用)하지 않고 누리지 않는 것뿐이다. 이렇게 하는

행위를 오히려 자신이 부끄럽게 여긴다면 이것이 바로 인색(吝嗇)이
다.
　그러므로 겸허한 사람이라야 검박을 달게 여길 수 있고, 검박한 사
람이라야 능히 겸허할 수 있는 것이다.

79 가수

　손종원[1]은 말한다.
　『범문정공[2]의 《황제부》에 "무후[3]는 담박하여 의지가 밝았
고, 왕증[4]은 따뜻하고 배부른데 뜻하지 않았네."라 하였으니,
이것이야말로 일가를 이룸[5]이니라.』

| 주석 |

① 손종원(孫鍾元, 1585~1675) : 즉 손기봉(孫奇逢)으로, 자는 계태(啓泰)
며 호는 종원인데 세상에서 「하봉선생(夏峰先生)」이라 불렀다. 직예보
정부용성현(直隸保定府容城縣 ; 今屬河北省) 사람이다. 명말청초(明末
清初)의 학자로 이옹(李顒)·황종희(黃宗羲)와 더불어 「청초삼대유(清
初三大儒)」라고 불린다. 치학(治學)에 육상산(陸象山)·왕양명(王陽
明)을 종주(宗主)로 하고 뒤에 또 정자(程子)·주자(朱子)를 믿기도 하
였다. 「심(心)」과 「이(理)」를 조화(調和)하는 학설로 청초(清初)의 이학
(理學)에 심대한 영향을 끼쳤다. 저술에 《독역대지(讀易大旨)》·《이학
전심찬요(理學傳心纂要)》·《성학록(聖學錄)》 등이 있다.

② 범문정공(范文正公, 989~1052) : 이름은 중엄(仲淹)이요, 자는 희문
(希文)으로 소주(蘇州) 사람이다. 북송의 정치가요 군사가(軍事家)며
문학가이다. 어려서 고빈(孤貧)하였으나 큰 뜻을 품고 항상 스스로 외

우기를 "선비는 마땅히 먼저 천하의 근심을 근심하고 뒤에 천하의 즐거움을 즐거워하여야 한다(士當先天下之憂而憂, 後天下之樂而樂)."고 하였다. 저술은 《범문정공문집(范文正公文集)》 등이 있다.

③ 무후(武侯 ; 諸葛亮, 181. 7. 23~234. 8. 28) : 자는 공명(孔明), 호는 와룡(臥龍), 삼국시대 촉(蜀)나라 승상(丞相). 삼국시대의 걸출한 정치가요 전략가이며, 발명가요 군사가이다. 융중(隆中)에 은거하고 있을 때 유비(劉備)의 삼고초려(三顧草廬)에 못 이겨 출사(出仕)한 후 유비로 하여금 촉나라를 건국케 하였다. 유비가 죽은 후 유조(遺詔)를 받들어 후주(後主)인 유선(劉禪)을 보필하다가 오장원(五丈原)에서 위(魏)의 사마의(司馬懿)와 대전 중에 죽었다. 그가 지은 《전출사표(前出師表)》는 명문이며 《후출사표(後出師表)》·《계자서(誡子書)》 등이 있다. 무향후(武鄕侯)에 봉하여졌고 시호는 충무후(忠武侯)이다.

④ 왕증(王曾, 977~1038) : 자는 효선(孝先)으로 청주익도(青州益都 ; 今山東益都) 사람으로 북송의 대신이다. 함평 5년(咸平五年 ; 1002)에 향시(鄕試)와 성시(省試)와 전시(殿試)에 으뜸으로 합격하니 「연중삼원(連中三元)」이라 하였다. 인종(仁宗) 때에 벼슬이 중서시랑(中書侍郞)이 되었고 기국공(沂國公)에 봉해졌으며 시호는 문정(文正)이다. 저술에는 《구역도(九域圖)》 3권, 《거란지(契丹志)》 1권. 《필록(筆錄)》 1권, 《왕문정공필록(王文正公筆錄)》 등이 있다.

⑤ 가수(家數) : 일가(一家)를 이룬 기술이나 학예. 또는 학예나 기술로 일가를 이룬 사람. 종파(宗派)의 뜻으로 쓰임.

손종원왈　범문정공　황제부　　무후담박명지　왕
孫鍾元曰「范文正公《黃虀賦》"武侯淡泊明志 王

증지비온포　　재시가수
曾志非溫飽" 纔是家數.」

● 해의 ●

아래 벼슬은 혹 알 수 없지만 위 벼슬은 부와 귀가 따르기 마련이다. 그래서 최고는 아니라 해도 품위를 유지하며 먹고 살 수는 있는 것이다.

　그러나 진정으로 국가를 위하고 백성을 생각하는 정치가는 절대로 호의호식(好衣好食)을 하지 않는다. 그 이유는 간단하다. 백성들이 잘 못 살고, 잘못 입고, 잘못 먹는데 어떻게 권력이 있고 벼슬이 있다 하여 자기 뜻대로 잘 먹고 잘 입고 잘살 수 있겠는가?

　마음이 열리고 뜻을 펴는 사람은 차마 그렇게 할 수 없는 것이요, 무식한 망나니 무리들이 별일을 다하고 꾸며서 백성들의 고혈(膏血)을 빨아먹는 불량정배(不良政輩)가 되는 것이다.

80 색에 빠지지 않는다

육부정[1]은 말한다.

『사람이 능히 항상 이 몸이 귀중한 줄을 알고, 항상 이 몸이 소중한 줄을 생각한다면 스스로 색에 빠지지 않느니라.』

| 주석 |

① 육부정(陸桴亭, 1611~1672) : 곧 육세의(陸世儀)로, 자는 도위(道威) 요, 자호가 부정이다. 강소태창(江蘇太倉 ; 今屬江蘇) 사람으로 학종(學宗)을 주정(朱程 ; 주자와 정자)으로 하고 왕양명의 「치양지(致良知)」설을 반대하였다. 문인들이 「존도선생(尊道先生)」이라 불렀다. 명말청초(明末淸初)의 학자이다.

육 부 정 왈　　　인 능 상 지 차 신 지 귀　상 념 차 신 지 중　즉 자
陸桴亭曰「人能常知此身之貴　常念此身之重　則自

불 음 우 색
不淫于色.」

● 해의 ●

　　사람에 있어서 식색(食色)은 본능이다. 본능은 본능이로되 잘못할 경우 몸을 짜개고 생명을 재촉하는 무서운 독(毒)이요, 도끼가 되는 것이다.

　　그래서 사람이 진정으로 자기의 신체를 고귀하고 중요하게 생각한다면 남자나 여자나 가릴 것 없이 과도(過度)한 색의 경계에 빠져 가패신망(家敗身亡)하지 말아야 한다. 그리하여 능히 가정을 지키고 자신을 추스르며 후손의 교육을 위하고 주위 민중을 위해 노력할 일이다. 따라서 정신을 정화하고 도덕을 함양하는데 시간을 투자하여 군자의 길로 나아갈지언정 지옥에 떨어져 고통받는 일은 짓지 말아야 한다.

81 절실히 알면

또 말한다.

『절실하면 앎이 파멸됨이 없을 것이요, 차마 일을 지나치지 못하나니라.』

우 왈 절 막 주 식 득 파 인 불 과 적 사
又曰「切莫做識得破 忍不過的事.」

● 해의 ●

　　대중과 함께하는 사람은 자신의 지식이나 능력을 가지고 보다 나은 방향으로 이끌고 보호할지언정 지식을 이용하여 사람을 패배시키고 핍박하게 하지 않는 법이다.

　　또한 사람들에게 어렵고 피할 수 없는 사정이 있을 경우 차마 지나치지 못하고 적극적으로 뛰어들어서 해결하려고 노력해야지 나 몰라라 팔짱 끼고 구경만 해서는 안된다.

　　그러므로 사람이 이 세상에 더불어 살면서 한 발씩만 양보하고 살아도 불미(不美)스런 상황은 벌어지지 않는다.

82 하루의 행한 일을

또 말한다.

『범문정공은 매양 저녁에 반드시 하루의 행한 일과 더불어 먹는 음식이 능히 서로 법도에 맞았는가 아닌가를 생각하여, 법도에 맞으면 기뻐하고 아니면 즐겨하지 아니하여, 다음날 반드시 잘못됨의 보완을 구하였으니, 이것이 가히 우리들 사람에게 마시고 먹는 법도가 될 만 하나니라.』

^{우왈} 又曰「^{범문정공매석필념일일소행지사 여소식지}范文正公每夕必念一日所行之事 與所食之

^{식능상준부 준즉흔연 부즉불락 명일필구보과}食能相準否. 準則欣然 否則不樂 明日必求補過.

^{차가위오인음식지법}此可爲吾人飮食之法.」

● 해의 ●

　　사람은 작은 일이든 큰 일이든 뒤를 돌아보는 연습을 많이 하여야 한다. 아무리 계획을 잘 세워서 일을 한다 해도, 뒤를 돌아보면 잘잘못이 있기 마련이니, 잘한 점은 계속 잘할 수 있는 귀감(龜鑑)을 삼고, 잘못한 점은 전감(前鑑)을 삼아서 다른 일을 하는 데 준칙(準則)을 세워야 한다.

　　범문정공처럼 밥 한번 먹는 것까지 잘하고 잘못한 점을 찾아 챙기고 살펴서 삶을 다듬어 명재상(名宰相)이 되었으니, 어찌 우리가 한때라도 방심하며 살 것인가? 우리도 이러한 점을 본받아 늘 챙기고 살펴 자신을 아름답게 가꾸어 군자의 위에 자기를 올려놓아야 할 것이다.

83 인생에

《좌우편》[1]은 말한다.

『인생에 일분을 덜어내고 줄이면 문득 일분을 초탈하는 것이요, 만일 사귀고 노넒에서 덜어내면 문득 요란하고 어지러움을 면할 것이라. 말에서 덜어내면 문득 허물이 적을 것이요,

생각에서 덜어내면 정신이 소모되지 않을 것이며, 총명에서 덜어내면 혼돈❷이라도 가히 완전할 것이니, 날마다 덜어냄을 구하지 않고 날마다 더하기를 구하는 사람은 참으로 이 삶을 질곡❸하는 것이니라.』

| 주석 |

① 좌우편(座右編) : 지은 사람을 알 수 없음.
② 혼돈(混沌) : 하늘과 땅이 열리기 이전 원기(元氣)의 상태. 사람의 혼후 (渾厚)한 천성(天性)을 비유하여 이르는 말.
③ 질곡(桎梏) : 가쇄(枷鎖). 즉 수갑(手匣)을 차고, 사람을 속박(束縛)함을 이름.

원문

《座右編》「人生減省一分 便超脫一分. 如交遊減
便免紛擾 言語減便寡愆尤 思慮減則精神不耗 聰
明減則混沌可完. 不求日減而求日增者 眞桎梏此
生耳.」

● 해의 ●

　다 가지려 하지 말고 덜고 내려놓으며 줄이고 살자. 어린아이가 무거운 짐을 지고 갈 수 없는 것처럼 자신의 삶에 맞추어 적당하게 짊어지고 세상을 살아가야지, 지나치면 반드시 질곡(桎梏), 즉 얽어 매여 꼼짝도 못하게 되는 경우가 생기게 마련이다.
　세상의 부귀공명에 대해서 구한다고 쉽게 구해지는 것이 아니니, 정당한 길을 밟아 얻어지는 것은 수용하려니와 욕심으로는 구하지 말자.

사실 많이 구해 쌓아놓았다 하여도 다 쓰지도 누리지도 못한다. 다 쓰지도 누리지도 못하고 세상을 떠난다면 억울한 일이 아닌가.

그러므로 수용할 만큼만 수용하고 가질 만큼만 가져서 분수를 넘어서지 말아야 한다.

84 신축은 나에게 있다

풍몽룡[1]은 말한다.

『바둑을 두는 사람[2]은 항상 다하지 않고 가히 더할 여지를 머물러 두나니, 펼치기도 하고 오므리기도 하는 것은 나에게 있나니라.』

| 주석 |

① 풍몽룡(馮夢龍, 1574~1646) : 자는 유룡(猶龍)이요, 또는 이룡(耳龍)이며 호는 상보(翔甫)이다. 또한 고소사노(姑蘇詞奴)·고곡산인(顧曲散人)·묵감재주인(墨憨齋主人)이라고도 하였다. 명말(明末)의 문학가로 저술이 매우 많다. 명대의 화본(話本)을 모아 이름 높은 《유세명언(喻世名言)》·《경세통언(警世通言)》·《성세항언(醒世恒言)》을 합하여 "삼언(三言)"이라 한다. 시조집(時調集)으로 《계지아(桂枝兒)》·《산가(山歌)》 등이 있고 《지낭(智囊)》·《고금담개(古今譚概)》 등이 있다.

② 거국내자(居局內者) : 바둑을 두는 사람. 국내(局內)란 바둑판 안을 말한다.

풍 몽 룡 왈　거 국 내 자　상 유 부 진 가 가 지 지　즉 신 축 재
馮夢龍曰「居局內者　常留不盡可加之地　則伸縮在

아
我.」

● 해의 ●

　　바둑의 승패(勝敗)란, 차지한 집이 많은가 적은가에 따라 결정된다. 즉 차지한 땅이 많으면 그 가운데서 늘리기도 하고 좁히기도 하며 나아가기도 하고 물러나기도 하는 것은 내 땅이기 때문에 얼마든지 가능한 것이다.

　　이와 같이 우리도 넓은 세상을 살면서 멀리 보고 넓게 생각하여 여유(餘裕)를 가지고 살지언정 눈앞만 보고 각박하게 살아서는 안된다.

　　사실 사람이 각박하다 하면 정말로 각박해지는 것이요, 넉넉하다 하면 정말로 넉넉해지는 것이다.

85　세속의 정이 농염한데 처하면

고도순[1]은 말한다.

『세속의 정이 농염하고 진한데 처하면 담박함으로 낮출 것이요, 세속의 정이 수고롭고 어지러운데 처하면 한가함으로 낮출 것이며, 세속의 정이 괴로운데 처하면 참음으로 낮출 것이요, 세속의 정이 끌리고 얽힘에 처하면 끊음으로 낮추어야 바야흐로 학식의 고매함[2]을 보게 되나니라.』

① 고도순(高道淳) : 생몰연대를 알 수 없다.
② 초월(超越) : 1) 고매(高邁)하다. 2) 어떤 한계나 표준을 넘음. 3) 인식·경험의 범위 밖에 존재함. 4) 가능한 경험의 영역(領域) 밖에 있음. 5) 의식(意識) 내용의 범위(範圍)에 속하지 않는 일.

원문

高道淳曰「俗情濃釀處淡得下 俗情勞擾處閑得下

俗情苦惱處耐得下 俗情牽纏處斬得下 方見學識超

越.」

● 해의 ●

　사람은 정(情)으로 얽히고 맺혀서 산다고 하여도 지나친 말이 아니다. 또 사람은 정이 막히고 틀어져서 떠나고 잃게 된다 하여도 역시 지나친 말이 아니다.

　그러나 세속적인 정이란 사람을 지치고, 괴롭고, 얽히고, 피로하게 만들기 쉽다. 지나치고 끌리면 자제(自制)할 필요가 있다.

　다시 말하면, 정에 대한 속도조절을 하여 한계를 넘어서지 않도록 하여야 뒤에 정으로 인한 탈이 없다.

　이렇게 넘어서고 조절할 수 있는 능력을 갖추었다면 살아가는데 학식이 훨씬 뛰어나고 고매하여 아름다운 삶이 펼쳐지게 된다. 정(情)을 학문(學問)으로 균조(均調)하자는 것이다.

86 시끄러운 장소에

전울종[1]은 《최락편》[2]에서 말한다.

『시끄러운 장소 가운데 사람들은 앞을 향하지만 나는 뒤에 떨어지고, 시비의 굴속에 사람들은 입을 쓰지만 나는 귀를 쓰나니라.』

| 주석 |

① 전울종(錢蔚宗) : 생몰연대를 알 수 없다.
② 최락편(最樂編) : 인생을 즐겁게 살기 위해 가져야 할 마음가짐을 적어 놓은 책.

원문

전울종 최 락 편 왈 열 료 장 중 인 향 전 아 락 후 시 비
錢蔚宗《最樂編》曰「熱鬧場中 人向前我落後 是非

와 리 인 용 구 아 용 이
窩裏 人用口我用耳.」

● 해의 ●

시끄러운 장소란 어떤 분란이 일어나서 대중들이 이끌림을 따라 갈 피를 잡지 못하고 우왕좌왕함을 말한다. 이러한 경우에 상황을 잘 파악하여 앞장서서 행동하여야 하지만 이런 기미가 보이지 않을 경우에는 차라리 뒤에서 사태를 냉철하게 직시(直視)하는 것이 좋다.

또한 옳으니 그르니 서로 따지고 언성을 높이는 경우에는 입만 가지고 떠들 일이 아니다. 귀를 기우려서 현장의 소리를 분명히 듣고 옳고 그름을 잘 판단하여 시비를 가릴 수 있다면 모르지만, 그렇지 않으면

차라리 귀로 듣기만 하고 입을 쓰지 않으면 시비에 휘말릴 염려는 없
게 된다.

87 물가에 살면

또 말한다.

『일찍이 옛 사람은 물가에 가까움을 사랑하였으나 헛되게 물
을 사용하는 것은 옳게 여기지 않았나니, 그것은 일단 잔인(殘
忍)하여 폭진●한 마음이 아니라야 바로 천지의 생기❷로 더불
어 서로 접하게 되나니라.』

| 주석 |

　① 폭진(暴殄) : 학대하고 없애버리는 것.
　② 천지생기(天地生機) : 천지 만물 생명의 근원을 말한다. 즉 《열자(列
　　　子)》 천서(天瑞)에 '만물은 다 기에서 나와서 다 기로 들어간다(萬物皆
　　　出於機 皆入於機).' 하였는데, 장담(張湛)의 주해에 '기란 모두 있어짐
　　　의 시작이다(機者 群有之始).'라 하여 만물이 나오는 곳이 바로 「기
　　　(機)」라고 하였다.

우왈　　상 애 고 인 근 하　불 긍 왕 사 수　기 일 단 불 인 폭 진
又曰「嘗愛古人近河　不肯枉使水　其一段不忍暴殄

지 심　직 여 천 지 생 기 상 접
之心　直與天地生機相接.」

사람이 물가를 가까이 하면서 살면 마음이 맑고 넓어져서 좋다. 날마다 맑은 물을 바라보면 저절로 마음이 씻겨 맑을 것이요, 끝없는 수평선을 바라보면 그만큼 마음이 넓어질 것이기 때문이다.

그러나 아무래도 물을 가까이 해서 사는 사람은 물을 더럽힐 수도 있고 쓰레기를 버릴 수도 있는 잔인성(殘忍性)이 자신도 모르는 사이에 몸과 행동에 배어서 함부로 하기 쉽다. 이것이 바로 사납고 모진 마음으로 형성이 되어 천지자연의 소산(所産)에 해를 끼칠 수 있다.

폭진천물(暴殄天物)이라 하였다. 즉 하늘의 조물(造物)을 학대하여 없애버린다는 의미이다. 우리의 삶은 천지만물과 이어져 있기 때문에 함부로 해서는 안 되고 그 은혜를 생각하여 경건하고 조심스런 마음으로 대하여야 한다.

88 몸을 세움에

정사초[1]는 말한다.

『옛사람은 자신의 품덕 수양[2]을 중요하게 여겼는데 지금 사람은 자신의 신체 보양[3]을 중요하게 여기나니라.』

| 주석 |

① 정사초(鄭思肖, 1241~1318) : 자는 억옹(憶翁)이요, 호는 소남(所南)이다. 송(宋)·원(元)의 시인이며 화가이다. 송나라가 망하자 이름을 '사초'라고 바꾸고 벼슬에 나아가지 아니하였다. 저술은 《정사초선생문집(鄭思肖先生文集)》 등이 있다.

② 입신(立身) : 자신의 품덕(品德)을 수양하는 것.

③ 양신(養身) : 자신의 신체를 보양하는 것.

정 사 초 왈　　고 인 중 입 신　　금 인 중 양 신
鄭思肖曰「古人重立身 今人重養身.」

● 해의 ●

　　옛날 사람들은 자신에게 원래 갊은 덕성(德性)을 기르는 수양을 중요하게 여겨서 행동거지(行動擧止)를 경건하게 하여 함부로 하지 않고, 오직 깊은 수양을 통해서 하늘땅 사이 세상에다 자신을 확실하게 심고 가꾸기에 노력하였다.

　　그러나 지금 사람들은 도덕적인 품성(稟性)을 기르기 보다는 맛있는 음식이나 좋은 곳을 놀러 다니는 관광을 통해서 몸을 잘 보양하여 얼굴에서 기름기가 흐르고 멋지게 사는 것을 위주로 하고 있다고 개탄한 것이다.

89 사치를 부끄럽게 여겼다

《경암진선집》[1]에서 말한다.

『옛날 사람은 사치를 부끄럽게 여겼는데, 지금 사람은 사치하지 않음을 부끄럽게 여기나니, 참으로 가히 부끄러움을 모르는 것이라 이르리라.』

|주석|

① 《경암진선집(擎庵進善集)》: 작자를 알 수 없다.

원문

《擎庵進善集》曰「古人以奢爲恥 今人以不奢爲恥
眞可謂不知恥.」

● 해의 ●

　흔히 소비(消費)를 미덕(美德)이라고 한다. 어느 정도는 소비를 하여
야 돈이 돌아 서로 살아가게 되는 것은 두말할 필요 없는 사실이다.
　그러나 너무 지나치지는 말자. 즉 분수를 벗어나는 사치는 하지 말
아야 한다. 사치를 하는 것은 음식이나 주거나 의복을 분수를 벗어나
서 과도하게 남용하는 것을 말한다. 옛날 사람은 이것을 부끄럽게 여
길 줄을 알았으나 지금 사람은 돈도 없고 권리도 없고 속에 든 것도 없
으면서 겉을 화려하게 꾸미고 다니며 있는 것처럼, 많은 것처럼 보이
려 하니 염치(廉恥)를 모르는 사람들이라고 질책을 한 것이다.

90　입조심 마음 조심

또 말한다.

『여럿이 살면 입을 닫을 것이요, 홀로 앉으면 마음을 막을지
니라.』

우왈 군거폐구 독좌방심
又曰「群居閉口 獨坐防心.」

● 해의 ●

결국 '입조심 · 마음 조심' 이다.

구시화복지문(口是禍福之門)이라 하였다. 즉 '입은 재앙과 복이 들고 나는 문이라' 는 것이다.

다시 말하면, 우리가 입을 잘 사용하면 무수한 복락이 들어오지만 잘못 사용하면 무수한 죄고가 나오게 된다. 특히 여럿이 사는 데에는 입조심을 첫째로 삼아야 시비에 휘말리지 않는다.

또 혼자 있을 경우 마음이 풀어져서 온갖 잡념이 일어나기 쉽다. 마음이 나오는 바를 잘 점검하여 좋은 마음은 놓아두고, 나쁜 마음이나 아닌 마음이나 삿된 마음이 나오면 바로 제거하고 씻어내야 항상 맑고 밝은 마음을 유지하고 살 수 있다.

91 마음은 망령된 생각이 없어야

또 말한다.

『마음은 망령된 생각이 없어야 하고, 발은 망령된 대로 달림이 없어야 하며, 사람은 망령된 사귐이 없어야 하고, 물건은 망령된 받음이 없어야 하나니라.』

우왈 심 무 망 사 족 무 망 주 인 무 망 교 물 무 망 수
又曰「心無妄思 足無妄走 人無妄交 物無妄受.」

● 해의 ●

마음에 망령된 생각들이 일어나면 자연 흐려진다. 마치 유리창에 김이 어리면 바깥이 안 보이는 것처럼 마음이 흐리면 모두가 잘 보이지 않는다.

또 발을 잘못 디디면 위험을 당하게 된다. 즉 바르지 못한 어떤 단체로 발을 한번 들여놓으면 빠져나오기도 어렵고 자칫 상해를 당할 염려도 있다.

'친구 따라 강남 간다.' 는 우리 속담처럼 부정(不正)한 사람과 사귀게 되면 나도 부정한 사람이 되기 쉽다. 즉 도둑과 사귀면 나도 도둑이 되기 쉽고, 군자와 사귀면 나도 군자가 되기 쉬운 것이다.

또 뇌물(賂物)을 받아서는 안 된다. 뇌물을 받아서 고위공직에서 물러나고 감옥에 가는 사람들이 얼마나 많은가. 결국 분수를 지켜서 받은 만큼만, 가진 만큼만 누리고 살아야 한다.

92 일이 뜻대로 되어질 때

또 말한다.

『일이 뜻대로 될 때를 당해서 모름지기 돌려야 하는 것이요, 말이 뜻대로 될 때를 당해서 모름지기 멈추어야 하나니라.』

우왈 사 당 쾌 의 시 수 전 언 당 쾌 의 시 수 주
又曰「事當快意時須轉 言當快意時須住.」

● 해의 ●

모든 일이 순조롭게 마음먹은 대로 된다면 얼마나 좋은가. 그런데 자칫 호사다마(好事多魔)로 해이(解弛)하는 마음이 고개를 들고 일어나면, 일의 진전을 이루기 어렵고 오히려 일을 그르치기 쉽다. 그러므로 이러한 때를 당하여 심기일전(心機一轉)의 자세를 가다듬어야 한다.

또 내 말 한마디에 모든 일이 이루어질 때 자칫 자만(自慢)하여 언하무인(言下無人)이 되기 쉽다. 이러한 때를 당해서 언변으로 모든 것을 처리하려 말고, 다시 한 번 멈추는 시간을 가져서 입을 잘 가다듬을 필요가 있다.

93 마음이 평정하면

정문야[1]는 말한다.

『마음이 평정(平靜)하면 기운이 온화한 것이요, 의지가 견강(堅强)하면 힘이 멈춰지게 되나니라.』

| 주석 |

① 정문야(鄭聞野) : 생몰연대를 알 수 없다.

정문야왈　심평즉기화　지견즉역정
鄭聞野曰「心平則氣和 志堅則力定.」

● 해의 ●

　　우리의 마음이 평정되면 기운도 따라서 자연히 온화하게 된다. 이러한 마음, 이러한 기운으로 살아간다면 대하는 모두를 거슬림이 없이 가슴에 안을 수 있다.

　　또 의지를 굳건하게 가져야 한다. 일이나 공부의 성공은 의지의 굳고 약함에 달려 있는 것이다. 그러므로 굳센 의지를 가지고 안으로 힘을 비축하고 길러서 머물렀다가 쏟아내면 세상에 이루지 못할 일이나 하지 못할 공부는 없을 것이다.

94 뜻에 발분하지 않으면

위환계[1]는 말한다.

『옛사람이 이르기를 "매양 생각하면 옛사람은 하나도 있지 않으니 어찌 생각에 언짢지 않으리오?" 하였거늘, 나는 말하기를 "도리어 생각하면 옛사람이 지금 오히려 있으니 어찌 뜻을 분발하지 않으리오?" 하니라.』

| 주석 |

① 위환계(魏環溪, 1617~1687) : 위상추(魏象樞)로, 자가 환계이며 또는

환극(環極)이요, 호를 용재(庸齋)라 하였다. 청조의 대신으로 정주이학
(程朱理學)에 밝았다. 저술에 《유종록(儒宗錄)》·《지언록(知言錄)》·
《한송당집(寒松堂集)》 등이 있다.

위 환 계 왈　　　 석 인 운　　　 매 상 고 인 무 일 재 자　　 하 념 불
魏環溪曰「昔人云 "每想古人無一在者 何念不

회　　 여 왈　　 환 상 고 인 지 금 상 재　　 하 지 불 분
灰?" 余曰 "還想古人至今尚在 何志不奮."」

● 해의 ●

　　물이 흐른다. 방금 내 눈앞을 지나서 흘러가버린다. 그 물은 다시 돌
아오지 않는다. 그러나 그 뒤를 바로 이어서 물이 흐르고 있다. 즉 한
없이 연결이 되어 있는 것이다.
　　사람이 죽어간다. 과거 사람이 지금은 없고 지금 사람도 미래에는
없다. 그렇지만 뒤를 이어서 사람은 이 세상에 왔다가 가고 갔다가 또
온다.
　　이렇게 볼 때 옛사람의 형태만 모를 뿐 정신이나 기운이나 얼(魂)은
더하거나 덜함이 없이 길이 이어진다. 굳이 과거와 현재를 따지고 또
미래를 따져서 무엇할 것인가?
　　그러므로 지금의 내가 과거의 나였고 과거의 내가 지금의 나이며,
지금의 내가 미래의 나이다.

95 위기지학

또 말한다.

『기림을 들으면 그것이 혹 없어질까 염려하고, 훼를 들으면 그것이 혹 있어질까 염려하는 이것이 자기를 위하는 배움이니라.』

원문

우 왈　문 예 려 기 혹 무　문 훼 려 기 혹 유　시 위 기 지 학
又曰「聞譽慮其或無 聞毀慮其或有 是爲己之學.」

● 해의 ●

　학문하는 데는 두 가지 방향이 있다. 하나는 남에게 보이기 위함이며, 다른 하나는 나를 다스리기 위함이다. 전자는 이를 통해 오직 입신출세(立身出世)하고 치부(致富)하며 만인(萬人)을 호령하는 데만 목적을 둔다. 후자는 학문을 통해 심신을 바르게 하고 안빈낙도(安貧樂道)의 길을 찾는 지남으로 삼는다.

　그러나 남에게 보이기 위한 학문은 부족하면 전전긍긍(戰戰兢兢)하고 넘치면 가패신망(家敗身亡)에 이르기 쉬우니 조심할 일이다. 이에 대하여 나를 다스리기 위한 학문은 부족하면 겸손하고 넘치면 여유로와 그 혜택이 자신 뿐만 아니라 가정과 사회국가에 미치게 된다.

정한서[1]는 말한다.

『사람이 자기만 귀중하게 보는 것은 바야흐로 능히 부끄러움
이 있는 것이니라.』

| 주석 |

① 정한서(程漢舒) : 생몰연대를 알 수가 없다.

원문

程漢舒曰「人看得己貴重 方能有恥.」

● 해의 ●

하늘로부터 품부(稟賦)한 만물은 모두 귀하고 중한 존재이다. 어느
것 하나 하찮다고 소홀히 다룰 수 없는 아주 귀중한 여천동체(與天同
體)인 것이다.

그래서 자기만, 혹은 사람만 특별한 존재인 것처럼 생각하고 처신하
려는 마음 그 자체를 부끄럽게 여길 줄을 알아서 늘 근신하고 공경하
는 마음으로 만물과 함께 어울려 살아야 한다.

다시 말하면, 만물의 영장(靈長)이 바로 사람이라 하여 주아(主我)에
만 빠지지 말고 만물을 포용하는 아름다운 덕을 발휘하자는 것이다.
만물의 영장이 된 덕목은 만물을 잘 보살피고 안아서 함께 살아가는
데 있다.

97 안을 살펴야

또 말한다.

『다른 사람이 착오(실패)에 처함을 보게 되면 때때로 마땅히 돌이켜보아 안을 살필지니라.』

우 왈 간 타 인 착 처 시 시 당 반 관 내 성
又曰「看他人錯處 時時當反觀內省.」

● 해의 ●

반면교사(反面敎師)라는 말이 있다. 즉 남의 잘못을 보다가 자기의 전정(前程)에 스승을 삼고 보감을 삼으라는 말이다.

우리는 자칫 남의 잘못을 보면 안타까워하기 보다는 고소하게 생각하고 흡족한 웃음을 짓는 경우가 있다. 이를 불쌍히 여김과 동시에 자신을 돌아보고 살피고 경계의 푯대로 삼는다면, 능히 무언의 교사가 되고 인도사(引導師)가 된다.

사람이 자신의 안을 살펴서 병들었는가, 때가 끼었는가, 욕심이 가렸는가 보고, 버리고 닦고 치유하여 가면 날마다 좋은 날, 즐거운 날이 전개될 것이다.

98 힘이 미치는 곳에

웅면암[1]은 말한다.

『힘이 미치는 곳이면 항상 좋은 일을 행할 것이요, 힘이 이르지 않는 곳이면 항상 좋은 마음을 가져야 하나니라.』

| 주석 |

① 웅면암(熊勉庵) : 곧 웅홍비(熊弘備)로, 호가 면암이다. 저서에는 《보선당거관격언(寶善堂居官格言)》 등이 있다.

원문

웅 면 암 왈　　역 도 처 상 행 호 사　　역 미 도 처 상 존 호 심
熊勉庵曰「力到處常行好事　力未到處常存好心.」

● 해의 ●

사람의 기운은 하늘과 땅, 그리고 세상 만물과 이어져서 많은 은혜를 입었으니 그 입은 은혜의 만분(萬分)의 하나라도 돌려주는 것이 도리(道理)이다. 이 도리를 행하는 방법이 바로 세상을 위해 남을 위해 일하는 봉공(奉公)이요 봉사(奉事)이다.

그래서 내가 직접 참여하게 되면 몸소 좋은 일을 해서 기쁨을 함께 나누고, 만일에 참여하기 어려울 경우에는 자기의 힘이 미치는 대로 물질을 베풀고 마음이 향하는 대로 염원하면 된다.

그러므로 좋은 일, 좋은 마음은 모두가 봉공이요 봉사이다. 이 봉공과 봉사는 남을 기쁘게 하였지만 결국은 나에게 몇 배의 기쁨으로 고스란히 돌아오게 된다.

99 절용과 과욕

또 말한다.

『삶을 다스림은 절용만 같음이 없으며, 생을 기름은 과욕만 같음이 없나니라.』

원문

又曰「治生莫若節用 養生莫若寡慾.」

● 해의 ●

옛말에 "큰 부자는 하늘에서 내고, 작은 부자는 부지런한 데서 나온다(大富由天 小富由勤)."고 하였다. 즉 큰 부자들이야 우리가 생각지 못하는 면이 있기 때문에 놓아두고, 밥을 굶지 않고 살 정도는 부지런하면 된다. 여기다 하나를 더 보탠다면 "용처불용(用處不用)" 즉 돈이나 물건을 꼭 써야 할 자리에는 쓰지만 어지간히 쓸 자리라도 쓰지 않는 절약(節約)이 있어야 한다.

또 육신은 생명이 사는 집이요, 생명을 담는 그릇이다. 그런데 이 집과 그릇이 탐욕을 부려 얼룩지면 보기가 흉할 뿐만 아니라 이 속에 사는 주인인들 어찌 평안하고 맑을 수가 있겠는가.

그러므로 생명이 사는 이 집을 깨끗하게 가꾸기 위해서는 탐욕을 부리지 않는 것이 제일이다.

사진신[1]은 말한다.

『부귀한 집안은 마땅히 배움이 두터워야 할 것이요, 총명한 사람은 응당 배움이 어리석은 듯해야 하나니라.』

| 주석 |

① 사진신(史搢臣) : 즉 사전(史典)으로, 자가 진신이다. 청대 양주(揚洲) 사람으로 저술에 《원체집(圓體集)》 등이 있다.

원문

史搢臣曰「富貴家宜學厚 聰明人宜學愚.」

● 해의 ●

살림이 넉넉한 가정에서는 공부하는데 아낌이 없이 투자한다. 그래서 공부를 잘 하는지도 모른다. 옛날에는 개천에서 용(龍) 난다고 하였는데 요새는 돈이 있어야 공부를 잘하므로 부자에게서 용이 나온다 하여도 지나친 말이 아니게 되었다.

또 총명한 사람은 자신의 총명을 가리고 감추어서 어리석은 듯이 배우고 처신하여 다 나타내지도 않고 다 쓰지도 않는다. 대지약우(大智若愚)라 하였다. 즉 큰 지혜는 어리석은 듯이 보인다는 말이다. 그래서 자기가 총명함이 없으면 결국 총명한 사람을 알아보지도 못하고 도리어 어리석다고 비난하게 되니 조심할 일이다.

또 말한다.

『가난하고 천할 때는 눈 가운데 부와 귀를 고착(固著)시켜 두지 않아야 다른 날 뜻을 얻어도 반드시 교만하지 않는 것이요, 부하고 귀할 때는 마음 가운데 가난하고 천함을 잊지 않아야 하루아침에 물러나 쉬더라도 반드시 원망하지 않게 되나니라.』

원문

又曰「貧賤時眼中不著富貴 他日得志必不驕 富貴
時意中不忘貧賤 一旦退休必不怨.」

● 해의 ●

사람이 대개 가난하고 천하면 부자나 귀한 사람에 대해서 욕을 하거나 시기하기 쉽다. 그러나 멋진 삶을 원하면 두 눈 속에 부귀를 또렷하게 새겨두지 말아야 한다. 이렇게 하여야 다른 날 자신이 성공을 하여 부귀를 누리게 되더라도 남에게 교만을 부리지 않을 수가 있기 때문이다.

또 사람이 부귀를 누리고 살더라도 마음 가운데 항상 빈천했던 심정을 잊지 말고 살아야 한다. 그래야 어느 날 갑자기 벼슬길에서 물러나 녹봉을 받음이 없이 쉬거나, 또는 어느 경우 불행이 닥쳐오더라도 서운하거나 원망함이 없이 아름답게 마칠 수가 있기 때문이다.

또 말한다.

『기호(嗜好)의 욕심은 무르녹으려 할 때 능히 베어 끊을 것이요, 성냄의 기운은 치성할 때 능히 살펴 거둔다면 모두 학문의 힘을 얻는 곳이 되나니라.』

원문

又曰「嗜慾正濃時能斬斷 怒氣正盛時能按納 皆學問得力處.」

● 해의 ●

욕심, 곧 욕망이란 한계와 기준이 없다. 그래서 많이 가질수록 욕심은 더하게 된다. 이렇게 더하려는 바이러스가 퍼지려 할 때 용단을 내어 딱 끊어야지 만일 한 번에 끊지 아니하면 새끼에 새끼를 칠 수밖에 없다.

또 성내는 기운이란 젊을수록 불처럼 활활 타오르기 쉽다. 이 타오르는 기운을 내리고 거둘 수 있다면 상당히 성숙한 사람이다.

이것이 학문의 힘이 더하여 축적되는 길이다. 학문의 힘이라야 기욕(嗜慾)과 노기(怒氣)를 능히 잠재울 수 있다.

또 말한다.

『덕업은 항상 사람들이 나보다 수승하다고 보면 부끄러움이 날로 더할 것이요, 경계는 항상 사람들이 나만 같지 못하다고 보면 원망이 날로 적어지나니라.』

원문

又曰「德業常看人勝于我者 則愧恥日增 境界常看
人不如我者 則怨尤日寡.」

● 해의 ●

　자기가 자신의 품덕(禀德)을 쌓아가는데 있어서 모든 사람들이 나보다는 낫다고 볼 때 나에게는 자연 부끄러운 마음이 생겨 분발심(奮發心)이 일어나 더 크게 노력하여 덕업을 쌓는데 매진하게 된다.

　또한 외적인 경계에 처한 조건은 사람들이 나보다는 못하다 생각할 때 나에게는 자긍심(自矜心)이 생긴다. 그래야 세상의 어떤 경계라도 욕심을 내는 마음이 자연 사라지고 세상에 대해서 원망하고 불평하는 언행(言行)이 적어지게 된다.

또 말한다.

『무릇 뜻한 대로 일이 되지 않음을 만나더라도 점검하여 가져다 그것을 더 심한 데에 비교하면 마음이 자연 서늘하고 상쾌하게 되나니라.』

원문

又曰「凡遇不得意事 試取其更甚者譬之 心地自然 凉爽.」

● 해의 ●

세상에 내가 뜻한 대로 되는 일이 얼마나 있는가. 아마 십 중 육칠을 넘으면 괜찮다고 보아야 할 것이다.

그러나 계획하여 추진하는 일이 여기에 미치지 못할 경우 자칫 낙담하거나 좌절하기 쉽다. 그러나 이보다 더 못하고, 이보다 더 심하고, 이보다 더 낮은 경우를 비교하여 노력하면 길이 열리게 된다. 열린 길로 나아가면 결국 성공을 거두게 되고 성공을 거두면 자연 마음도 상쾌하고 가벼워질 것이다.

그러므로 좌절하지 말고 각심(刻心)하면 다시 일어설 수 있다.

또 말한다.

『"모두 그것이 나에게 있다."고 하는 네 글자면 가히 써 위로 하늘을 원망하지 않고 아래로 사람을 허물하지 않으며[1], 또한 가히 써 우러러 하늘에 부끄럽지 않고 구부려 사람에 부끄럽지 않게[2] 되나니라.』

| 주석 |

① 상불원천 하불우인(上不怨天 下不尤人) : 《중용(中庸)》 14장에 있는 말로 "위로는 하늘을 원망하지 아니하고, 아래로는 사람을 허물하지 않는다."는 말이다.
② 앙불괴천 부불작인(仰不愧天 俯不怍人) : 한유(韓愈)의 〈여맹간상서서(與孟簡尙書書)〉에 나오는 말이다. 이는 "우러러 하늘에 부끄러움이 없고, 구부려 사람에게 부끄럽지 않다."는 뜻이다.

원문

又曰「"盡其在我" 四字 可以上不怨天 下不尤人
亦可以仰不愧天 俯不怍人.」

● 해의 ●

"네 덕이요 내 탓이다."라고 생각하면 무엇을 원망하고 누구를 미워하며 어디에 시기(猜忌)하는 마음을 내겠는가?

즉 인생에 실패를 하거나 성공을 하는 것은 모두 나에게 있는 것이지 세상이나 상황이나 저편에 있는 것이 아니다.

다시 말하면, 성공과 실패의 원인이 "모두 나에게 있다."고 하는 사람은 진취하려는 마음이 있기 때문이다. 그러므로 하늘도 사람도 시대적인 상황도 원망하지 않지만 그렇지 않은 사람은 원망의 굴레를 벗어나기가 대단히 어렵다.

따라서 자기의 부족을 탓하고 무능을 탓할 줄 아는 사람은 하늘을 우러러 한 점 부끄러움이 없다. 그러한 사람은 누구를 대하여도 부끄러움이 없이 떳떳할 수 있다.

106 사람이 듣지 않을지라도

또 말한다.

『다른 사람이 듣지 않게 하려면 말을 않는 것만 같지 못하고, 다른 사람이 알지 못하게 하려면 하지 않는 것만 같음이 없나니라.』

우왈　욕인물문　막약물언　욕인물지　막약물위
又曰「欲人勿聞 莫若勿言 欲人勿知 莫若勿爲.」

● 해의 ●

사람들이 내가 말하는 시시비비를 듣지 않는다 하여 함부로 말해서는 안 된다. 우리 속담에 '낮말은 새가 듣고 밤 말은 쥐가 듣는다(晝語雀聽 夜語鼠聽).' 하였으니, 차라리 말을 않는 것이 훨씬 나은 일이다.

또 사람들이 알지 못한다고 함부로 행동해서는 안 된다. '군자는 방구석도 두려워한다.' 하였으니, 하늘이 알고 땅이 아는 상황이라 처음부터 하지 않는 것이 상책이다.

다시 말하면, 말하고 듣지 않기를 바라고, 해놓고 모르기를 바라는 것은 손바닥으로 하늘을 가리는 것과 다를 바가 없는 일이다.

107 안계는 넓다

또 말한다.

『모두 앞서 가는 사람은 처지[1]의 걸음이 좁은 것이요, 뒤쪽을 향하여 보는 사람은 안계가 넓나니라.』

| 주석 |

① 지(地) : 처해 있는 형편. 처지.

원문

又曰「盡前行者地步窄 向後看者眼界寬.」

● 해의 ●

무슨 일이든지 처음으로 시작하는 사람, 즉 앞에서 개척을 하며 심혈(心血)을 다하는 사람은 지식과 경험, 충언(忠言)이나 보조(補助)가 부족하기 쉽다. 그러므로 어려움이 많고 경계가 많아 입지가 좁을 수밖에 없다.

그러나 뒤에서 보는 사람은 넓게 생각하고 넓게 볼 수가 있다. 즉 이미 가림이 없이 열어놓은 길이요, 막힘이 없어서 넓고 멀리 바라볼 수 있다.

그래서 서산휴정(西山休靜, 1520 – 1604) 선사는 이렇게 외우고 있다. "踏雪野中去(답설야중거) 不須胡亂行(불수호난행) 今日我行跡(금일아행적) 遂作後人程(수작후인정)" 즉 "눈 덮힌 들판을 걸어갈 때 / 모름지기 그 발걸음을 어지러이 걷지 말라 / 오늘 내가 걸어간 발자취 / 마침내 뒷사람의 이정표 되리라"는 뜻이다. 다시 새겨 볼 잠언이다.

108 믿음과 체통을 잃는다

왕낭천❶은 《언행회찬》에서 말한다.

『기쁠 때의 말은 믿음을 잃는 것이요, 성낼 때의 말은 체통을 잃는 것이니라.』

| 주석 |

① 왕낭천(王朗川): 즉 왕지부(王之鈇)로, 자가 좌장(左伏)이고, 호가 낭천이다. 청대의 학자이다. 저술에 《언행회찬(言行匯纂)》 등이 있다.

원문

왕 낭 천　　　언 행 회 찬　왈　　희 시 지 언 실 신　　노 시 지 언 실
王朗川《言行匯纂》曰「喜時之言失信　怒時之言失

체
體.」

● 해의 ●

　사람이 좋을 때는 웃기 마련이다. 남이 있든 없든 희죽거리며 잘 웃
는다. 그러나 자기가 좋다고 남의 세정은 아랑곳없이 웃어가면서 말
을 하게 되면 자칫 실없는 사람처럼 보여서 믿음을 잃어버리기 쉽다.
　또 스스로 성질을 이기지 못한 채로 밖으로 나타내어 말을 꺼내면
체통(體統)을 잃어버리게 된다. 물론 체통이나 체면에 구애되어 일을
그르치면 안되지만 사람이 살아가는데 최소한의 품위는 유지해야 사
람과 대면할 수 있는 것이다.

109　땅이 엷으면

장양원❶은 말한다.

『땅이 엷으면 무너지기 쉽고, 그릇이 엷으면 깨지기 쉬우며,
술이 두터우면 능히 오래 갈무리고, 옷 배가 두터우면 오래 입
어도 견디는 것이니, 간직한 마음의 두터움과 엷음에서 진실
로 장수와 요절, 재앙과 복락이 나누이게 되나니라.』

|주석|

① 장양원(張楊園, 1611~1674) : 즉 장이상(張履祥)으로, 자는 고부(考夫)
　　요, 호가 양원이다. 절강(浙江)의 동향(桐鄕) 사람으로 명말청초(明末
　　淸初)의 학자이다. 저술에 《독역필기(讀易筆記)》·《독사우기(讀史偶
　　記)》 등이 있다.

張楊園曰「土薄則易崩 器薄則易壞 酒醇厚則能久
장양원왈　　토박즉이붕　기박즉이괴　주순후즉능구

藏 布帛厚則堪久服. 存心厚薄 固壽夭禍福之分
장　포백후즉감구복　　존심후박　고수요화복지분

也.」
야

● 해의 ●

토대나 담장을 쌓음이 부실하면 얼마 지나지 않아 무너지기 마련이
다. 또 그릇이 너무 얇으면 깨어지기 쉽다. 진한 술은 오래 묵힐수록 더
좋아지고, 두텁게 만든 옷은 오래도록 입어도 떨어지지 않고 질기다.

이와 같이 우리가 마음을 후덕하게 쓰느냐, 야박하게 쓰느냐에 따라
수를 늘릴 수도 있고 줄일 수도 있으며, 우연한 재앙을 받을 수도 있고
복락을 누릴 수도 있다.

공자는 "인자수(仁者壽)"라고 하였으니, 어진 사람, 마음이 편안한
사람, 도를 알고 덕을 베푸는 사람들이 장수한다는 말이다.

이렇게 보면 저마다 타고난 운명도 중요하지만 현실에서 어떻게 마
음을 쓰느냐에 따라 요절이 장수로 이어질 수도 있고 재앙이 복락으
로 화할 수도 있다. 그러므로 내가 가진 내 마음을 내가 잘 써야 한다.

110 마음 가운데

윤소재 회일[1]은 말한다.

『마음[2] 가운데 일시에 고요한 기틀이 있으면 문득 일시에

생기❸가 있게 되나니라.」

| 주석 |

① 윤소재 회일(尹少宰 會一, ?~1748) : 곧 윤회일(尹會一)로, 자는 원부(元孚)요, 호는 건여(健餘)이며 청대의 학자요 관원이다.
② 방촌(方寸) : 1)사방 한 치의 넓이라는 뜻으로 '좁은 땅'을 뜻함. 2)마음이 한 치 사방의 심장에 깃들인다는 뜻으로 '가슴속', 곧 '마음'을 뜻함.
③ 생기(生機) : 곧 천지생기(天地生機)를 말하는 것으로 천지 만물 생명의 근원을 말한다. 즉《열자(列子)》천서(天瑞)에 '만물은 다 기에서 나와서 다 기로 들어간다(萬物皆出於機 皆入於機).' 하였는데, 장담(張湛)의 주해에 '기란 뭇 있음의 시작이다(機者 群有之始).' 라 하여 만물이 나오는 곳이 바로 "기(機)"라고 하였다.

원문

윤 소 재 　 회 일 왈 　 방 촌 중 유 일 시 정 기 　 편 유 일 시 생
尹少宰 會一曰 「方寸中有一時靜機　便有一時生

기
機.」

● 해의 ●

　　생기(生機)를 위주로 하여 생각해 볼 때, 우주적인 입장에서 보면 만물을 내는 근원은 결국 "무(無)요, 공(空)"이다. 즉 '없는 자리이요, 텅 빈 자리이다.' 또 "유생어무(有生於無)"이다. 즉 '있는 것(현상)은 없는 곳(본체)에서 나온다.' 는 뜻이니, 이렇게 만물을 내는 그 본체는 지극히 맑은 자리요, 지극히 고요한 자리로, 맑고 고요하지 않으면 만물을 낼 수가 없는 것이다.

　　다음으로 마음에서 보면 마음의 본래 자리는 역시 맑고 고요한 자리이다. 이 맑고 고요한 자리에서 일체의 생각이 바르게 나오는 것이다.

따라서 이 자리는 우주와 같은 바탕(同體)으로 무흠무여(無欠無餘)한
자리이다.

다시 말하면, 실지 없는 자리는 고요하다. 움직이면 흐트러진다. 고
요하여야 기운이 어리어서 만물을 생성(生成)하는 것이니 이것이 바
로 기(機)의 작용이다.

111 사람의 마음이 고요하면

최남유[1]는 말한다.

『사람 마음이 고요하면 뭇 일을 가히 해내 나니라.』

| 주석 |

① 최남유(崔南有) : 곧 최기(崔紀)로, 자가 남유, 호는 우촌(虞村)이요 또
정헌(定軒)이다. 청대의 대신이며 학자이다.

원문

崔南有曰「人心靜則萬事可做.」

● 해의 ●

사람이 실지로 일을 하는 데는 생동의 힘이 중요하지만 그 일을 계
획하고 설계하는 데는 고요하고 평안하여야 한다. 만일에 시끄러우면
마음이 안정을 얻지 못하고, 마음이 안정을 이루지 못하면 창의(創意)

곧 아이디어(idea)가 떠오르지 않아서 온전하게 기초를 계획하고 설계
할 수가 없다.

　그러므로 우리의 마음이 영정(寧靜)을 이루면 세상에 못할 일이 없
고 못 이룰 공(功)이 없다. 이를 알아서 자기 수양, 자기 정화(淨化)가
삶의 기초요, 일의 기반(基盤)임을 인식하여 자기 가꾸기에 노력하여
야 한다.

二

持家

[지가]

광형❶은 말한다.

『편안과 좋음의 사사로움❷이 움직임과 고요함❸에 나타나서는 안 되며, 정과 욕망의 감정이 몸가짐❹에 드러남❺이 없어야 하나니라.』

| 주석 |

① 광형(匡衡) : 자는 치규(稚圭)로, 한대의 대신이며 학자이다. 낙안후(樂安侯)에 봉해졌다. 광형은 특히 서한(西漢)의 경학가(經學家)로 시에 능하였고 원제(元帝) 때에 승상(丞相)에 이르렀다. 그는 집안이 몹시 가난하여 남의 집 창문에서 새어나오는 불빛으로 책을 읽었고 부유한 집안에 자청하여 머슴살이를 하면서 대가는 받지 않고 책을 볼 수 있도록 하여 달라고 하니, 주인이 감탄하여 공부할 수 있는 비용을 마련하여 주었다.

② 사(私) : 1) 사사로운 욕망. 2) 일 처리에서 안면이나 정실(情實)에 매여 공정하지 못하게 처리하는 일.

③ 동정(動靜) : 사람의 행함과 그침.

④ 의용(儀容) : 1) 몸을 가지는 태도(態度). 2) 예의(禮儀)에 맞는 차림새.

⑤ 개(介) : 표로(表露), 곧 드러나는 것.

원문

匡衡曰「晏好之私不形于動靜 情欲之感無介于儀容.」

　안(晏)은 일락(逸樂)의 의미요, 호(好)는 애호(愛好)의 의미이다. 이런 것들은 사사로운 욕망이기 때문에 행하고 그치는 상황, 곧 일상의 생활에 나타나서는 안 되고 오직 동정 간에 공변되고 바름이 나타나야 한다.

　또 정욕(情慾)이란 주로 희(喜)·노(怒)·애(哀)·락(樂)의 감정을 가리키는 것이니, 이러한 감정은 내면에서 녹이고 삭이며 조절을 해야지 거동이나 얼굴이나 몸에 드러내지 않아, 무게 중심이 잡혀 있는 안온(安穩)한 사람이 되어야 한다.

2 마원의 경계

마원[1]은 형의 아들을 경계하여 말한다.

『나는 너희가 남의 허물을 들었으면 부모의 이름을 들음같이 여겨서, 귀로는 가히 얻어들었을지라도 입으로 가히 말해서는 안 되나니라.』

| 주석 |

① 마원(馬援, 기원전 14－기원후 49) : 자는 문연(文淵). 동한(東漢)의 명장으로 복파장군(伏波將軍)이다.

원문

마 원 계 형 자 왈　　오 욕 여 조 문 인 과 실　　여 문 부 모 지 명
馬援戒兄子曰 「吾欲汝曹聞人過失　如聞父母之名

이 가 득 문 　구 불 가 언 야
耳可得聞 口不可言也.」

● 해의 ●

　마원이 자질(子姪)들에게 경계하는 말이다.

　남의 약점인 허물을 듣고 좋아서 동네방네 떠들고 다니지 말라. 혹
이러한 허물을 들었을 경우 마치 남들이 존경하는 마음도 없이 내 부
모의 이름을 함부로 부르면 듣기 싫어서 가만히 두고 싶지 않은 것처
럼 한쪽 귀로 듣고 바로 한쪽 귀로 흘려버릴 일이다. 더 나아가 입에다
올려서 이 사람 저 사람에게 이야기하고 다녀서는 절대로 안 되는 일
이다.

　사실 한 가문에 어진 한 사람만 있어도 자질들이 미혹의 나락으로
빠져들지 않는 것은 이러한 가르침 때문이다.

3 　장가를 들 때는

　우번●은 아우에게 글을 주어 말한다.

　『맏아들인 용은 마땅히 부인에게 장가를 듦에 멀리 조그만
성씨에서 구할지니 족히 자식을 낳으면 하늘의 복된 사람으로
귀한 족벌(族閥)에 있지는 않을지라, 지초는 뿌리가 없고❷ 예
천은 근원이 없나니라.❸』

① 우번(虞飜) : 자는 중상(仲翔). 삼국시대 동오(東吳)의 관리요, 학자이다.

② 지초무근(芝草無根) : 향기를 내는 난초는 뿌리가 없으나 향기를 풍긴다.

③ 예천무원(醴泉無源) : 단맛을 내는 예천은 근원이 없으나 단맛이 나온다.

원문

우번여제서왈　장자용당위취부　원구소성　족사생
虞飜與弟書曰「長子容當爲娶婦 遠求小姓 足使生

자　천지복인　부재귀족　지초무근　예천무원
子 天之福人 不在貴族 芝草無根 醴泉無源.」

● 해의 ●

옛날부터 "딸을 시집보낼 때는 우리 집보다 조금 나은 집으로 보내고, 아들을 장가들일 때는 우리 집보다 조금 못한 데서 며느리를 데려와야 한다"고 하였다.

일리가 있는 말이다. 즉 비슷한 사람끼리 만나야 서로 이해하고 등을 토닥거리며 살지, 월등하게 차이가 나면 서로 무시하고 기가 죽어 결국 가족 간에 불화(不和)를 이루고 형제간에 불목(不睦)하기 쉽다.

재산이나 권리나 명성을 보고 장가들고 시집가면 그 재산이나 권리나 명성으로 인하여 파국을 불러오기 마련이다. 이성적(理性的)인 애호(愛護)로 맺고, 동등한 조건으로 맺으며, 소중한 인연으로 맺어져야 오래오래 동고동락(同苦同樂) 하게 된다.

따라서 자식을 낳더라도 하늘이 복 있는 자식을 내려주면 잘 기르고 오순도순 살면 되지, 명문거족(名門巨族)이 되고 부귀영달(富貴榮達)만을 꿈꾸어서는 안된다.

난초는 뿌리가 없지만 향내를 풍기고, 예천은 근원이 없지만 단맛을 내는 것이니 지금 이 자리에서 아름다운 삶을 엮어 가면 될 일이다.

4 정사에 나가려면

문중자[1]는 말한다.

『하인들까지 은덕을 칭송해야 가히 써 정치에 나아갈지니라.[2]』

| 주석 |

① 문중자(文中子, 584~617) : 즉 왕통(王通)으로, 자는 중엄(仲淹)이다. 수조(隋朝)의 철학가이다. 제자들이 매우 많아서 「하분문하(河汾門下)」라 불리었다. 죽은 뒤에 제자들이 사적으로 문중자(文中子)라 칭하였다. 저술이 많았으나 흩어지고 지금은 《문중자(文中子)》 10권이 어록형식으로 전해지고 있다.

② 종(從) : 1) 나아가다. 2) 쫓다. 3) 따르다. 4) 다가서다. 5) 시중들다.

원문

文中子曰「僮僕稱恩 可以從政矣.」
문 중 자 왈　동 복 칭 은　가 이 종 정 의

● 해의 ●

특정한 어느 계층, 또는 특별한 어느 부류만을 위하는 것은 참된 정치가 아니다. 또 당리당략(黨利黨略)으로 척살(刺殺)을 일삼는 것도 참된 정치는 아니다.

그러면 어떤 것이 참된 정치일까? 그것은 가장 하층에 사는 빈민(貧民), 곧 가장 어렵게 사는 사람들이 환영을 하는 정치라야 참 정치라 할 수 있다.

다시 말하면, 비록 오늘 벌어 오늘 먹고사는 사람들이라도 정치를 좋아하고 정치하는 사람들을 존경하도록 해야 한다. 사실 백성이란 지극히 단순하여 은덕이 미치면 좋아하고, 그들의 자존심을 세워주고 그들의 괴로움을 어루만져주면 정치는 저절로 이루어진다.

이러한 정치를 할 수 있는 사람은 가장 하층(下層)이고 가까운 자기 집안의 하인들이 상하관계의 의례를 떠나서 정말로 존경하고 칭송하며 고마워하는 도량을 가지고 경륜을 쌓은 사람이라야 한다. 그래야 아랫사람의 세정, 곧 백성의 정서를 알아서 보살필 수 있기 때문이다.

5 집안을 다스리는데

유빈[1]은 말한다.

『집안을 다스리는 데는[2] 윤리를 바루어 안(內 : 여자)과 밖(外 : 남자)[3]의 구별을 근본으로 삼아 조상을 높이고 가족 간 화목을 우선으로 할 것이며, 힘써 배우고 몸 닦는 것을 중요하게 여기며 원예(園藝)를 가꾸고[4] 짐승 기르는 것을 떳떳하게 여겨야 하니라. 절약과 검박함으로 지키고, 사랑과 양보로 행사하며, 자기에 넉넉하여 남까지 건너지게 하고 예를 익히고 법을 두려워하면 가히 허물이 적을 것이요, 가히 고요함으로써 추어 잡으면 시끄러움이 앞에 없어지게 되나니라.』

① 유빈(柳玭, 773~819) : 당나라 때 대신으로 벼슬이 어사대부(御史大夫)에 이르렀다. 가율(家律)이 엄근(嚴謹)하여 "가법을 말하려면 세상에서 유씨를 일컬어야 한다(言家法者, 世稱柳氏)."는 기림이 있었다. 저서에는 《속정릉유사(續貞陵遺事)》가 있다.

② 위가(爲家) : 치가(治家), 곧 집안을 잘 다스리는 것.

③ 내외(內外) : 옛날부터 부처(夫妻)를 내외라 하였는데 남자는 바깥이요, 여자는 안이다(男爲外 女爲內).

④ 수예(樹藝) : 나무를 심어 가꾸는 것, 또는 채소를 심어 가꾸는 것이라고도 할 수 있다.

원문

柳玭曰「爲家以正倫理 別內外爲本 以尊祖睦族爲先 以勉學修身爲要 以樹藝牧畜爲常. 守以節儉 行以慈讓 足己而濟人 習禮而畏法 可以寡過 可以靜攝而無擾擾于前矣.」

● 해의 ●

집안을 잘 다스리는 방법을 세워준 것이다.

윤리는 말할 나위 없고 남녀도 차별을 두어서는 안 되지만 구별은 있어야 한다. 조상을 추모하고 온 집안이 화목을 이루며 부지런히 공부하고 마음을 수양하며 과일나무나 채소를 가꾸고 돼지나 소를 길러서 자급자족(自給自足)을 이루어야 한다.

항상 검박하여 서로 사랑하고 양보하며 자신의 의식을 풍족하게 함과 아울러 어려운 사람들을 구제하고 예의를 실천하고 국법을 지켜가면 안과 밖으로 허물이 없어진다. 또한 평안한 마음으로 모두를 감싸고 거두면 자연 집안의 분란(紛亂)이 저절로 사라짐과 동시에 아름다운 가정, 모범된 가정을 이루게 된다.

유빈의 집안이 이런 모습으로 살았다고 세상에 칭송이 자자하였다.

6 근검과 사오

또 말한다.

『내가 명문의 위❶가 되었던 가족들을 보니 선조들이 충효와 근검으로 말미암아 일으키고 세우지 아니함이 없었는데 자손들은 어리석고 경솔하며 사치하고 오만함으로 말미암아 넘어지고 떨어지지 아니함이 없었음이라. 일으키고 세우는 어려움은 하늘에 오르는 것과 같은 것이요, 넘어지고 떨어지는 쉬움은 터럭을 태우는 것과 같나니라.』

| 주석 |

① 우(右) : 상(上). 상위(上位). 숭상하다. 중히 여기다.

원문

又曰「余見名門右族　莫不由祖先忠孝勤儉以成立
之　莫不由子孫頑率奢傲以覆墜之　成立之難如升天

부 추 지 이 여 요 모
覆墜之易如燎毛.」

● **해의** ●

　　한 단체의 성쇠(盛衰)는 후진을 얼마나 잘 길렀느냐에 달렸고, 한 가문의 흥체(興替)는 후손을 얼마나 잘 가르쳤느냐에 달렸다 하여도 지나친 말이 아니다.

　　한 집안이 명문거족(名門巨族)이 되는 것이 선조들의 피땀 나는 노력으로 이뤄지지 아니함이 없고, 아울러 열문미족(劣門微族)이 되는 것은 자손들의 어리석고 사치함으로 말미암지 않음이 없다.

　　그러므로 무엇이든 일으켜 세우기는 어려워도 기울고 무너지게 하기는 쉽다. 후손으로서 가장 경계를 삼아야 할 부분은 선조들이 일으켜놓은 전통이나 살림을 나의 대에 이르러 다독이고 불리지는 못할망정 흩어지고 망하게 해서는 안 된다는 사실이다.

7 어린아이를 가르치는데

장횡거[1]는 말한다.

『어린아이를 가르치는 데는 먼저 안상[2]하고 공경함을 중요하게 여겨야 하나니라.』

| 주석 |

　① 장횡거(張橫渠, 1020~1077) : 곧 장재(張載)로, 자는 자후(子厚)이다.

미현횡거진(郿縣橫渠鎭) 사람으로 세상에서 「횡거선생(橫渠先生)」이라 불렀다. 북송의 철학가이다. 그는 《정몽(正蒙)》에서 "송나라 최초로 '기일원(氣一元)'의 철학사상을 전개하였다. 즉 우주의 만유(萬有)는 기(氣)의 집산(集散)에 따라 생멸·변화하는 것이며 이 기의 본체는 태허(太虛)로서, 태허가 곧 기라고 설파하였다." 저술에는 《경학이굴(經學理窟)》·《정몽(正蒙)》·《서명(西銘)》 등이 있다.

② 안상(安詳) : 찬찬하고 자세(仔細)함. 성질이 찬찬하고 자세하다.

장 횡 거 왈　　　교 소 아 선 요 안 상 공 경
張橫渠曰「敎小兒先要安詳恭敬.」

● 해의 ●

　집집마다 아이를 사랑과 정성을 다하여 키우고 있다. 그런데 최소한의 예의범절은 가르쳐야 한다. 이 예의범절만 가르쳐도 남에게 손가락질 받지 않고 살 수 있다. 아이의 기를 꺾는다 하여 송아지나 망아지처럼 놓아 먹여 기르니 후일에 의지할 데가 없이 홀로서기를 해야 할 시기에 당하면 자신만의 삶을 꾸려나가야 하는데 걱정이 안될 수 없다.

　장횡거는 어린아이를 가르치고 기르는데 있어서 안상(安詳)하고 공경(恭敬)하게 하라 하였다. 안상이란 '성질이 안존(安存)하고 자세하다.'는 뜻이요, 공경이란 '어른에게 공손하고 일에 조심하라.'는 뜻을 지니고 있다.

　이렇게 아이들에게 안상과 공경을 가르치면 품덕을 갖춘 아이로 성장하여 자신들의 삶을 안락하고 아름답게 가꾸어갈 것이다. 그런 인물이 사회나 국가에 이르면 자연 예의를 숭상하는 모범된 국가 사회가 이루어진다.

8 **어버이를 섬기는데**

사마온공은 말한다.

『나는 어버이를 섬기는데 남들보다 나음은 없었고 능히 속이지 않았을 뿐이니, 그것으로 임금을 섬김도 또한 그러하였나니라.』

원문

司馬溫公曰「某事親無以逾于人 能不欺而已 其事 君亦然.」

● **해의** ●

노인의 문제가 사실 심각하다. 마치 거대한 파도처럼 계속 밀려오고 있다. 내 부모지만 한 가정에서 모시기는 한계에 도달한 상황이다. 그러니 사회나 국가에서 모실 수밖에 없다. 따라서 부모도 노년에 이르면 가정과 자식을 떠날 생각을 젊어서부터 다져두어야 막상 옮겨갈 때 섭섭함이 덜할 것이다.

어버이를 섬김이 특별한 것이 아니요, 요란을 떨 일도 아니다. 일상에서 함께 살면서 속이고 거짓말하지 않으면 되는 것이다.

또한 임금을 섬김도 이 마음 이대로 옮겨가면 충성(忠誠)인 것이다.

9 효도의 네 가지 강령

또 말한다.

『효도의 큰 강령으로 네 가지가 있으니, 하나는 "덕을 세움이요" 둘은 "가업을 이음이며" 셋은 "몸을 보존함이요" 넷은 "뜻을 기름이라." 하니라.』

우왈　효지대강유사　일왈입덕　이왈승가　삼왈보
又曰「孝之大綱有四　一曰立德　二曰承家　三曰保

신　사왈양지
身　四曰養志.」

● 해의 ●

　　우리가 부모에게 효도를 한다는 것은 내가 효자가 된다는 의미요, 효자가 된다는 것은 현자(賢者)의 인품을 이룬다는 뜻이다. 사마온공은 여기에 네 조항을 들어서 설명을 하고 있다.

　　첫째는 '덕을 세움' 이라 하였다. 이는 내 자신이 우량한 품덕(品德)을 갖추어서 국가 사회를 이끌어가는 현인이 되라는 말이다.

　　둘째는 '가업을 이음' 이라 하였다. 이는 집안의 전통은 물론이지만 대대로 이어온 사업을 유지 발전시키자는 말이다.

　　셋째는 '몸을 보존함' 이라 하였다. 이는 섭생을 잘하여 몸이 아프거나 불의한 일을 저질러 부모에게 걱정을 끼쳐서는 안 된다는 말이다.

　　넷째는 '뜻을 기름' 이라 하였다. 이는 부모에게 순종함과 동시에 내가 뜻을 키우고 넓혀 성공을 거두어 부모의 이름 석 자를 영명(榮名)되게 하라는 말이다.

또 말한다.

『효도를 어떻게 다할 것인가? 때에 맞추는 것이 귀한 것이 되나니, 어버이의 나이는 날로 짧아지는데 내 마음을 다하지 못했다는 후회가 없도록 해야 하며, 자식의 힘은 날로 넉넉해지도록 해주면서 내 어버이에게는 미치지 못했다는 근심이 없도록 해야 하나니라.❶』

| 주석 |

① 불체(不逮) : 미치지 못한다(不及). 이르지 못한다(不到).

원문

「孝道何盡 及時爲貴. 毋使親年日短 而悔吾心之
효도하진　급시위귀　무사친년일단　이회오심지

未盡 毋使子力日裕 而傷吾親之不逮.」
미진　무사자력일유　이상오친지불체

● 해의 ●

옛말에 "수욕정이풍부지(樹欲靜而風不止)하고, 자욕양이부부재(子欲養而父不在)."라 하였다. 즉 '나무는 고요하려 하나 바람이 그쳐주지 않고, 자식은 봉양하려 하나 부모는 계셔주지 않는다.' 는 뜻이다.

자식은 대개 부모가 안 계시면 철이 든다고 하는데, 그러지 말고 부모가 계실 때 철이 들어서 성심성의로 효도를 다해야 한다. 즉 계실 때 잘해야 한다.

다시 말하면, 부모의 나이란 사는 입장에서 볼 때 날마다 줄어든다.

줄어든다는 것은 돌아가실 날이 가깝다는 말이다. 그러니 내가 마음을 다하여 효도를 못하였을 경우 후회하게 된다.

또한 제 자식의 재물은 날마다 유족해지도록 힘을 쏟고 보태주면서 정작 부모에 대한 효성을 다하지 못하면 돌아가신 뒤에 상처로 남고 후회로 남을 수밖에 없다.

11 소인을 가까이 말라

유충정은 말한다.

『자식이나 아우가 차라리 가히 세월을 마치도록 글을 읽지 않을지언정 가히 하루라도 소인을 가까이 해서는 안 되나니라.』

유 충 정 왈　자 제 영 가 종 세 부 독 서　불 가 일 일 근 소 인
劉忠定曰「子弟寧可終歲不讀書 不可一日近小人.」

● 해의 ●

우리가 글을 읽는 것은 지식을 갈무리하는 의미도 있지만, 품덕을 기르고 몸과 마음을 닦아 인격을 월등(越等)시키는데 더 큰 뜻이 있다.

그런데 이렇게 중요한 독서를 자식이나 아우나 족질들이 어떻게 하고 있는가? 죽을 때까지 못 해도 별 수 없는 일이지만 소인을 가까이 하는 것만은 절대로 안 된다. 소인이란 인격을 이루지 못한 하류로 가까이 하면 할수록 거머리처럼 달라붙고 또 염착(染着)이 되어서 자신

도 모르게 소인이 되니 경계할 바이다.

12 범충선공의 자제 경계

범충선공은 자제를 경계하여 말한다.

『사람이 비록 지극히 어리석으나 남을 책망하는 데는 밝은
것이요, 비록 총명이 있을지라도 자기를 용서하는 데는 어두
운 것이라. 너희들은 다만 일찍이 남을 책망하는 마음으로 자
신을 책망할 것이요, 자신을 용서하는 마음으로 남을 용서한
다면 성현의 지위에 이르지 못할까 걱정하지 않아도 되나니
라.』

원문

범충선공계자제왈　인수지우　책인즉명　수유총명
范忠宣公戒子弟曰「人雖至愚　責人則明　雖有聰明
서기즉혼　이조단상이책인지심책기　서기지심서
恕己則昏.　爾曹但嘗以責人之心責己　恕己之心恕
인　불환부도성현지위
人　不患不到聖賢地位.」

● 해의 ●

　성현의 지위, 곧 성현의 경계를 우리들이 쉽게 헤아릴 수 없다. 그러
나 이 글을 통해 보면 남을 책망하는 그 마음으로 자신을 책망하고, 자

신을 용서하는 마음으로 남을 용서하면 능히 그 경지에 다가갈 수 있다는 것이다.

그런데 문제는 총명한 사람이다. 마치 등잔불이 위로는 밝게 비추지만 몸통에 가려서 밑을 어둡게 하는 것처럼 자신이 총명하다는 어떤 관념(觀念)이나 집착(執着)에 고정이 되기 쉬워서 자기를 가리기 쉽다.

또한 총명한 사람은 지장(知障)의 그림자에 가리기 쉬워서 안으로 자신을 바라보는 것이 성글어 허물을 범할 수 있다. 그러므로 총명한 사람일수록 자신을 돌아보는데 소홀해서는 안 된다.

13 호문정이 아들에게 준 글

호문정은 여러 아들에게 글을 주어 말한다.

『뜻은 도를 밝히는데 세우면 썩 드문 문재(文才)❶는 저절로 기대 되나니라.』

| 주석 |

① 희문(希文) : 썩 드물게 볼 수 있는 문재(文才).

원문

호 문 정 여 제 자 서 왈　　입 지 이 명 도　희 문 자 기 대
胡文定與諸子書曰「立志以明道 希文自期待.」

우리가 글을 읽는 것은 부귀공명을 구함이 아니라 도에 뜻을 두어서 도를 깨닫고 이치를 밝히는데 있다. 사실 사람이 세상에 살면서 잘 입고 잘 먹고 잘 노는 것도 중요하다. 그러나 도덕을 알고 진리를 아는 것은 더욱 중요하며 나아가 미혹한 사람을 교화하는 것은 어떤 일보다도 보람되고 지자(知者)로서 해야 할 의무이다.

따라서 도를 밝히는 공부를 열심히 하다 보면 따로 문장을 배우고 다듬는 공부를 아니 하여도 문재(文才)가 저절로 갖추어지고 글을 쓰고 말을 하면 듣고 보는 사람들이 자연히 감동과 감흥(感興)을 받게 된다.

"적어중(積於中)이면 형어외(形於外)라" 하였다. 곧 "가운데가 쌓이면 밖으로 나타난다."는 말이니, 안에 도를 갈무리하면 저절로 아름다운 문재(文才)를 이루게 되는 것이다.

14 양지와 양능을 기르자

양대년❶은 말한다.

『어린아이의 학습이 기억하고 외우는 데만 그치지 않게 하고, 그 양지와 양능❷을 기름으로써 응당 먼저 들어왔던 말이 주견이 되어지나니라.』

| 주석 |

① 양대년(楊大年, 974~1020) : 곧 양억(楊億)으로, 자는 대년이며 북송의 문학가요, 사학가이다. 한림학사와 동부시랑 등을 지냈다. 저술에

는 《괄창(括蒼)》·《무이(武夷)》·《영명(穎明)》 등의 문집이 있고 또 《무이신집(武夷新集)》도 있다.

② 양지양능(良知良能) : 《맹자(孟子)》 진심상(盡心上)에 '사람이 배우지 않고도 능한 것이 양능이요, 생각지 않고도 아는 것이 양지이다(人之所不學而能者 其良能也, 所不慮而知者 其良知也).' 라 하였다.
다시 말하면, 양지양능이란 깊은 생각을 하지 않고도 알고, 배우지 않고도 행할 수 있는 능력(能力)이라는 뜻이다. 경험이나 교육에 의하지 않고 선천적(先天的)으로 사물을 알고 행할 수 있는 마음의 작용을 이르는 말이다.

양 대 년 왈   동 치 지 학   부 지 기 송   양 기 양 지 양 능   당
楊大年曰「童穉之學 不止記誦 養其良知良能 當
이 선 입 지 언 위 주
以先入之言爲主.」

● 해의 ●

교육을 백년대계(百年大計)라 한다.
또한 배움이란 반드시 시기가 있다. 그 시기를 놓치면 다시 돌아오기 어려우니 때가 주어졌을 때 부지런히 공부하여야 한다.
그런데 무엇을 배우느냐가 중요하다. 물론 지식을 갖추기 위한 기송사장(記誦辭章)도 중요하고 과학이나 기술도 중요하다. 그러나 인품을 배양하고 내면을 채울 수 있는 선현(先賢)들이 먼저 알고 우리를 향해 외쳤던 언행이나 사상, 그리고 철학, 또는 운심처사(運心處事)의 가르침이 사실은 그 기반이 된다. 이를 바탕으로 하여 천부(天賦)한 양지양능(良知良能)을 계발(啓發)시켜 나가는데 교육의 중점을 둔다면 먼 훗날 도덕의 인격을 제대로 갖춘 군자요, 현인으로 성장하게 될 것이다.
대개 어린아이들은 자기가 알아들을 수 있는 첫 마디를 주견(主見)이나 기억으로 삼기 때문에 어릴 때의 가르침이 그만큼 중요한 것이다.

여영공[1]은 말한다.

『효자가 어버이를 섬김에 모름지기 일마다 친히 몸소 할 것이요, 가히 사령[2]들에게 맡겨서는 안 되나니라.』

| 주석 |

① 여영공(呂榮公) : 생몰연대를 알 수 없음.
② 사령(使令) : 1) 각 관아(官衙)에서 심부름하던 사람. 2) 명령하여 사역(使役)함.

원문

呂榮公曰「孝子事親 須事事親躬 不可委之使令也.」

해의

지금은 대단히 바쁜 세상이다. 한가하게 앉아서 신선놀음 할 수 있는 시대가 아니다. 따라서 나를 낳아준 내 부모지만 따뜻한 밥 한 그릇, 또는 차 한 잔 드릴 시간이 없을 정도로 뛰어야 사는 세상이 되어버렸다.

이러한 때 핑계 같지만 내 부모를 내가 일일이 챙겨가며 시중을 들어드릴 시간적 여유가 없다. 사회구조가 그만큼 바뀌어서 사회복지기관에 위탁하여 모시는 것이 오히려 나을 수도 있다.

따라서 3년 시묘(侍墓)를 한다는 것은 호랑이 담배 먹던 옛날 이야기가 되어버리고 말았다.

그렇지만 자식으로서 평생토록 부모에 대한 효심만은 잊거나 변하여서는 안 될 것이니 이는 천륜(天倫)이기 때문이다.

16 **어진 부형과 엄한 사우**

또 말한다.

『인생이 안으로 어진 부모와 형제가 없고 밖으로 엄한 스승과 벗이 없으면 능히 이루는 자 드물 것이라. 뒤에 나와서 처음으로 배우는 데는 다만 모름지기 성정(性情)❶을 통하고 알아야 할 것이니 기상이 좋아졌을 때는 모든 일이 저절로 감당이 되는 것이라. 기상이란 말과 명령, 포용과 멈춤, 가벼움과 무거움, 빠름과 느림에서 족히 나타나는 것으로 군자와 소인도 여기에서 구분될 뿐만 아니라 또한 귀함과 천함, 장수와 요절도 말미암아 정해지느니라.』

| 주석 |

　① 기상(氣象) : 사람이 타고난 성정(性情), 곧 기질(氣質).

원문

又曰「人生內無賢父兄 外無嚴師友 而能有成者鮮
矣. 後生初學 只須理會氣象 氣象好時 百事自當.

기상자 사령용지 경중질서 족이견지의 불유군자
氣象者 詞令容止 輕重疾徐 足以見之矣 不惟君子

소인우차구분 역귀천수요지소유정야
小人于此區分 亦貴賤壽夭之所由定也.」

● 해의 ●

소를 길들일 때는 심한 채찍질까지도 서슴치 않는다. 이러한 과정을 통해서 길이 든 소는 논밭도 갈고 수레를 끄는데 지장이 없이 자기의 직분을 다한다.

사람도 어진 부모와 형제가 가르치고 엄한 스승이나 친우가 있어서 끌어야 한다. 그러면 자연적으로 기상을 펼치게 된다. 사람은 이 기상을 펼칠 수 있어야 성공을 거둘 수가 있다.

또한 이 기상을 펼치고 펼치지 못함에 따라 소인도 되고 군자도 되며 장수도 하고 요절도 하는 것이다.

사실 배움이라는 것도 따지고 보면 저마다 갈아 있는 기상을 끌어내어 펼쳐주는데 있다. 초학자일수록 엄한 스승을 사본(寫本)하여 열심히 배워가야 앞길에 어려움이 없이 뜻한 바를 펼치게 된다.

글씨를 쓰는데 체본(體本)을 벗어나면 줄 맞는 글씨가 되기 어려운 법이다.

17 두려운 사람

또 말한다.

『선배가 일찍이 말하기를 "후생은 재성[1]이 남을 뛰어넘은 사

람은 족히 두려울 게 없을 것이요, 오직 글을 읽고 생각을 찾
으며 연구하고 추구하는 자를 가히 두려워하여야 한다."고 하
였나니라.』

① 재성(才性) : 태어나면서 갖춘 재능(才能)과 소질(素質)을 말한다.

원문

又曰「前輩嘗說 後生才性過人者不足畏 惟讀書尋
思推究者爲可畏耳.」

● 해의 ●

사람의 재주에 우열은 있다. 자기의 재주가 보통 사람들보다 훨씬
뛰어난 사람은 자기의 재주를 믿고 좀처럼 사람을 두려워하지 않고
자만하여 제 위에는 사람이 없는 것으로 여기다가 자칫 나락(奈落)으
로 곤두박질치기 쉽다.

그러나 자기의 재주는 뒤로 하고 오직 성현의 경전을 꾸준히 읽고
무엇인가 깊이 사고하며 끊임없이 연구하여 추구하는 사람은 정말로
두려운 존재이다. 이러한 사람의 인품이나 지혜는 시간이 흐를수록
크게 다져지고 트여서 상대할 수 없는 지경에 이르게 된다.

18 은혜와 원수

또 말한다.

『"은혜와 원수가 분명하다"는 이 네 글자는 도가 있는 사람의 말이 아니요, "좋은 사람이 없다"는 세 글자도 덕 있는 사람의 말이 아니니, 후생들은 경계하여야 하나니라.』

又曰「"恩仇分明" 此四字 非有道者之言也 "無好人" 三字 非有德者之言也 後生戒之.」

● 해의 ●

　도가 있는 사람은 은인(恩人)과 원수(怨讐)를 다 포용하여 함께 나아갈 수 있어야 한다. 은인은 분명 은인이니까 가까이 하고, 원수는 분명 원수니까 멀리하여야 한다고 구분을 짓는 것은 참으로 도를 알고 깨달은 사람이라고 보기 어렵다.

　또 덕이 있는 사람은 세상에 좋고 나쁜 사람이 없다. 좋은 사람은 가까이 포용하고, 나쁜 사람은 멀리 내치며 그것도 모자라서 '좋은 사람은 없다' 고 잘라 말하는 것은 참다운 덕을 갖춘 사람이라고 인증하기 어렵다. 배우는 사람들은 마땅히 경계를 삼아서 공부하여야 한다.

19 소학을 배워라

주회암은 말한다.

『후생은 처음 배움에 이에 《소학》[1] 책을 보아야 할 것이니,
사람이 되어 가는데 본보기가 되나니라.』

| 주석 |

① 소학(小學) : 남송의 주희(朱熹, 곧 朱子 晦庵)가 편집한 책으로 내편
(內篇)과 외편(外篇)으로 되어 있다. 포괄적으로 보면 내편은 입교(立
敎)·명륜(明倫)·경신(敬身)·계고(稽古)로 되어 있고, 외편은 가언
(嘉言)·선행(善行)으로 편집되어 내편 4권과 외편 2권, 모두 6권으로
되어 있다.
이 소학은 주자가 제자 유자징(劉子澄)에게 소년들을 학습시켜 교화시
킬 수 있는 내용의 서적을 편집하게 하여 주자가 교열(校閱)하고 가필
(加筆)한 것이다. 1185년(남송 순희 12)에 착수하여 2년 뒤 완성하였
다. 책의 구성은, 내편은 태교에서부터 시작하여 교육의 과정과 목표
자세 등을 밝히고 있는 입교(立敎), 인륜의 중요성을 언급하면서 인간
의 오륜을 설명하고 있는 명륜(明倫), 학문하는 사람의 몸가짐과 마음
자세, 옷차림과 식사예절 등 몸과 언행을 공경히 다스리는 경신(敬身),
본받을 만한 옛 성현의 사적을 기록하여 놓은 계고(稽古) 등 4권으로
구분되어 있다. 따라서 내편에서는 유교사회의 도덕규범과 인간이 지
켜야 할 기본자세 등 기본적이고 필수적인 사항들만을 뽑아서 정리하
였다.
외편에서는, 한나라 이후 송나라까지 옛 성현들의 교훈을 인용하여 기
록한 가언(嘉言), 선인들의 착하고 올바른 행실만을 모아 정리한 선행
(善行)의 2개 항목으로 구분하여 소년들이 처신해야 할 행동거지와 기
본 도리를 밝혀 놓았다.

주 회 암 왈   후 생 초 학   차 간   소 학   서 시 주 인 저 양
朱晦庵曰「後生初學 且看《小學》書 是做人底樣

자
子.」

● 해의 ●

　　주자는 어린 사람들이 처음으로 배움에 들어가는데 있어서 《소학》을 읽으라고 하였다. 이는 사람을 다듬어가는 기본이요, 준칙(準則)이 되기 때문이다.

20 가정의 병폐

또 말한다.

『가정의 병폐는 음식과 토목과 쟁송과 놀고 즐김과 게으름이니, 하나라도 이것이 있으면 다 능히 집안이 부서지게 될 것이라. 그 다음으로 가난하고 각박하면서 응수[1]하는데 힘쓰고, 풍부하고 남는데 오히려 비루하고 인색함은, 사항은 비록 같지는 않을지라도 그 끝의 해로움은 언제나 다름이 없나니라.』

| 주석 |

① 주선(周旋) : 응수(應酬) ; 상대편의 말이나 일에 대하여 응하는 것. 응하여 수작(酬酌)하는 것.

又曰「居家之病 曰飮食 曰土木 曰爭訟 曰玩好 曰
惰慢 有一于此 皆能破家. 其次貧薄而務周旋 豐
餘而尚鄙嗇 事雖不同 其終之害 或無以異.」

● 해의 ●

　주자는 패가(敗家)하는 원인으로 다섯 가지를 들었다. 음식을 함부로 낭비하거나, 쓸데없는 집을 짓고 흙일을 하거나, 누구와 소송에 휘말리거나, 구하기 어려운 보석을 찾거나, 모든 일에 게으름을 피우는 것이니, 이런 일이 한 가지만 있어도 그 집안은 부서져 망하고 말 것이라 하였다. 또는 집안은 가난하여 재물이 없는데, 오가는 사람에게 후하게 응수(應酬)하며, 반면에 풍족하고 여유가 있는데 오히려 짠돌이같이 행동하는 것은 외형적인 사항으로 보아서는 비록 같지 않을지라도 꼭짓점에서 만나는 해악(害惡)은 조금도 다름이 없다.

　다시 말하면, 분수(分數)를 지키고 살지언정 허식(虛飾)을 부려서는 안 된다.

21 　남의 부모가 되어

장경부[1]는 말한다.

『남의 부모가 된 사람은 응당 몸을 닦아 그 자식이나 아우를 거느려야 하나니, 몸이 닦아지면 장차 말하지 않아도 위엄이 있고 명령하지 않아도 따르게 되나니라.」

| 주석 |

① 장경부(張敬夫, 1133~1180) : 곧 장식(張栻). 자는 경부(敬夫). 호는 남
  헌(南軒). 광한(廣漢 : 四川省) 출생. 형양(衡陽 : 湖南省)에서 살았다.
  송나라 때의 철학자. 호오봉(胡五峯)의 학문을 이어받아 성리학에 관
  한 지식이 깊었다. 경(敬) 문제에 관해서는 주자와 자주 논쟁을 벌여
  그 학문에 영향을 많이 주었다. 주(州)의 지사(知事)를 역임하고 이부
  랑(吏部郎)을 지냈다. 저술에 《남헌역설(南軒易說)》·《수사언인(洙泗
  言仁)》·《논어설(論語說)》·《맹자설(孟子說)》 등이 있다.

원문

장경부왈　위인부자　당수신이솔기자제　신수즉장
張敬夫曰「爲人父者　當修身以率其子弟　身修則將

유불언이위　불령이종자의
有不言而威　不令而從者矣.」

● 해의 ●

　자식을 둔 부모로서 자녀에게 재산이나 명예를 물려주어 살아갈 수
있도록 기초를 다져주는 것은 중요한 일이다. 그런데 부모가 심신을
잘 닦아서 맑은 마음을 지니고 바른 행동을 하면 자식들에게 무언(無
言)의 교육이 되고 무훈(無訓)의 규범(規範)이 되어 보고 듣고 자라면
서 솜에 물이 스미듯 스며서 군자의 인격을 갖추게 된다. 그렇게 되면
부모가 말하지 않더라도 저절로 위엄이 서고 저절로 따르게 된다.

　그러므로 자식에 대한 교육은 이신선지(以身先之), 즉 '몸으로 먼저
하는 것' 이 최상의 가르침이다.

황로직은 말한다.

『사대부의 자제로서 능히 충성과 신의와 효제와 우애를 안다면 이에 괜찮다 할 것이라, 그러나 가히 글 읽는 종자를 단절해서는 안될 것이니 재기가 있는 자라야 마땅히 이름이 세상에 나타나게 되나니라.』

원문

黃魯直曰「士大夫子弟 能知忠信孝友 斯可矣 然 不可令讀書種子斷絕. 有才氣者 出便當名世矣.」

● **해의** ●

　사대부의 자제라면 재산도 있고 권력도 따른다. 그들이 살아가는데 아쉬움이 없으므로 자연 노는데 재미를 붙이고 공부에는 관심을 두지 않을 경우가 있다.

　이러한 상황에서 나라에 대한 충성(忠誠)을 알고, 사람에 대한 신의(信義)를 알며, 어버이에 대한 효경(孝敬)을 알고, 형제나 벗에 대한 우애(友愛)를 안다면, 군자의 자질을 갖췄다고 할 수 있다.

　그러나 그들이 독서를 않는다면 문제가 아닐 수 없다. 독서란 성현을 배우고 본받는 교육이기 때문에 성경현전(聖經賢典)을 읽지 않으면 인격의 저하를 가져오게 된다.

　그렇지만 그들은 재기(才氣)가 있으므로 마음먹고 공부하면 세상에 머리를 드러내기는 식은 죽 먹기처럼 쉬울 것이다.

가문원회[1]는 자질을 가르쳐 말한다.

『옛사람은 두텁고 묵중하며 질박하고 정직하였음으로 이에 능히 공로를 세우고 사업을 세워서 유구한 복락을 누렸나니라.』

| 주석 |

① 가문원회(價文元回) : "價"는 "晁"의 잘못인 것 같다. 북송의 조회(晁回)로, 자는 명원(明遠)이며 시호는 문원(文元)이다. 벼슬이 공부상서(工部尙書)까지 올랐다.

원문

價文元回訓子侄曰「古人厚重朴直 乃能立功立事

享悠久福.」

● 해의 ●

　사람이 잘난 것도 좋지만 근본적으로 후덕(厚德)하고 장중(莊重)하며 질박하고 정직함을 내면에 쌓고 갖추어야 한다. 그래야 사람됨이 가볍지 아니하여 점잖고 무게 있는 인격을 이루게 된다.

　이러한 사람이 어떤 계기가 되어 공로를 세우고 사업을 일으키면 틀림없이 성공을 이룰 것이다. 그 이름 또한 청사(靑史)에 올라 유구한 세월을 통해서 한량없는 복락을 누리고 칭송을 받게 되며 뭇 사람들의 희망이 되고 표준이 될 것이다.

또 말한다.

『선비에 귀중한 바는 절행❶의 큼이 되는 것이라, 벼슬❷을 잃으면 때가 다시 올 수도 있지만, 절행을 잃으면 몸이 마치도록 얻어지지 않나니라.』

| 주석 |

① 절행(節行) : 절개(節槪), 곧 지조(志操)를 지키는 행위.
② 헌면(軒冕) : 경대부(卿大夫)의 헌거(軒車)와 면복(冕服)으로 벼슬과 녹봉(祿俸)을 말한다.

원문

又曰「士人所貴 節行爲大. 軒冕失之 有時復來 節
行失之 終身不可得.」

● 해의 ●

　선비로서 가장 귀중하게 여기는 것은 한번 세운 절개(節槪 : 志操)를 어떠한 상황, 어떠한 처지, 어떠한 위협, 어떠한 유혹 등 결국 생명이 버려진다 하더라도 끝까지 지키는 일이다.

　또한 백성을 다스리고 교화하는 높은 벼슬은 중요하지만 어느 경우 이것을 잃었다가 다시 나갈 수도 있다. 그러나 절행 곧 지조를 한번 잃어버리면 다시 얻을 수 없다. 사람의 삶에 절행과 지조가 어느 경우를 막론하고 생명보다 귀중하게 여기는 이유가 여기에 있다.

　다시 말하면, 지조를 가볍게 여긴 사람은 설령 많은 공로를 세웠다

할지라도 역사는 변절자(變節者)로 기록한다. 그러므로 선비는 현재
에서 어리석은 사람들이 뭐라고 하더라도 청사(靑史)에서 변절자로
기록이 되는 것을 가장 두렵게 여겨야 한다.

25 행실이 먼저요 문예가 뒤다

유충숙은 자제를 가르치는데 "먼저 행실이요, 뒤에 문예"[1]라
고 하면서 매양 말한다.
『선비란 마땅히 기도(器度)와 견식(見識)[2]이 우선 되어야 하
나니, 한번 "문인"이라 불려지게 되면 족히 보잘 것 없게 되나
니라.』

| 주석 |

① 선행실후문예(先行實後文藝) : 행실과 문예를 말하는 것으로 행실은
실지 경지를 밟는 것이요, 문예는 재능이나 기예(技藝)를 말한다.
② 기식(器識) : 기도(器度)와 견식(見識)을 말하는 것이니, 기도란 곧 내
면의 도량(度量)이요, 견식이란 견문과 지식, 또는 생각이나 의견을 말
한다.

원문

유충숙교자제　선행실후문예　매왈　　사당이기식위
劉忠肅教子弟　先行實後文藝　每日「士當以器識爲

선　일호위문인　무족관의
先　一號爲文人　無足觀矣.」

선비는 항상 행실을 먼저하고 문예를 뒤로 하여야 한다. 행실이란 실질적으로 함양(涵養)을 통해 인격의 내면을 살찌우는 것이라면, 문예는 재능이나 기예(技藝)로 미사여구(美辭麗句)를 짜 맞춰서 꾸미는 것이니 실지에 있어서는 행실이 먼저요, 문예가 뒤가 된다.

또한 갖추고 길러야 할 덕목은 기도(器度)와 견식(見識)이다. 기도란 내면의 도량(度量)이요, 견식은 외적인 견문과 지식으로 이것이 먼저 갖추어져야 인격의 기본이 선다.

그런데 인격의 기본도 서지 않은 입장에서 먼저 재주의 산물인 문인(文人)으로 한번 불리고 소문이 나게 되면 그 뒤에 도덕을 갖춘 군자가 되기 어렵다. 그래서 선비는 선행후문(先行後文)을 중요하게 여긴다.

26 효자의 어버이 섬김

나씨는 《훈세편》에서 말한다.

『효자가 어버이를 섬김에 가히 나의 어버이로 하여금 차갑고 담담한 마음을 내지 않게 할 것이요, 가히 나의 어버이로 하여금 번거롭고 고뇌하는 마음을 내지 않게 할 것이며, 가히 나의 어버이로 하여금 놀라고 두려운 마음을 내지 않게 할 것이요, 가히 나의 어버이로 하여금 걱정하고 고민하는 마음을 내지 않게 할 것이며, 가히 나의 어버이로 하여금 떠나리라는 말과 마음을 내지 않게 할 것이요, 가히 나의 어버이로 하여금 부끄럽고 한탄스러운 마음을 내지 않도록 하여야 하나니라.』

羅氏《訓世編》曰「孝子事親 不可使吾親生冷淡心
不可使吾親生煩惱心 不可使吾親生驚怖心 不可使
吾親生愁悶心 不可使吾親生離言心 不可使吾親生
愧恨心.」

●해의●

어버이를 모실 때에 음식이나 의복이나 거처를 맛있고 편안하게 해 드리는 것은 중요한 일이다. 그러나 사실은 내면의 마음을 평안하게 해 드리는 것을 무엇보다 우선으로 하고 중요하게 여겨야 한다.

그러한 의미에서 냉담(冷淡)한 마음과 번뇌(煩惱)하는 마음과 경포(驚怖)하는 마음과 수민(愁悶)하는 마음과 이언(離言)하는 마음과 괴한(愧恨)하는 마음은 대체로 내면으로부터 일어난다. 그러하니 자식은 어버이가 이러한 마음이 나오지 않도록 미리 신경을 쓰고 조처를 해서 기쁘고 즐겁게 살아가도록 하여야 한다.

27 어버이 섬기는 절목

허노재는 말한다.

『어버이를 섬기는 큰 절목❶은 스스로 몸을 봉양하는 것과 뜻(마음)을 봉양하는❷ 것과 친밀을 이루는 것과 공경을 이루는❸

것이니, 네 가지 섬김 가운데 친밀과 공경을 이룸이 더욱 급한 것이니라.」

│주석│

① 대절(大節) : 절목(節目). 관건(關鍵) 또는 대사(大事).
② 양체양지(養體養志) : 양체란 신체발부(身體髮膚)를 잘 보양(保養)하여 드리는 것이요, 양지란 부모의 뜻에 거슬리지 않고 순종하는 것이다.
③ 치애치경(致愛致敬) : 사랑과 공경을 끝까지 다하고 다 바치는 것을 말한다.

원문

許魯齋曰「事親大節 自是養體養志 致愛致敬 四事中 致愛敬尤急.」

● 해의 ●

　우리가 어버이를 모시는 큰 관건(關鍵)과 큰일은 무엇보다도 부모님의 육신에 어떤 이상이 발생되지 않도록 해 드리는 것이며, 다음으로 그 뜻에 거슬림이 없이 순종하는 것이다.

　다음으로 어버이를 대하여 어떤 이유나 핑계 없이 애호(愛護)를 끝까지 다하고 다 바치는 것을 말한다.

　그런데 이 네 가지 사항 가운데 오히려 친밀과 공경을 다하는 것이 급한 일이라 하였으니, 친밀과 공경이야말로 진정 어버이의 뜻을 거스르지 않고 마음이 기쁘고 즐겁도록 잘 모시는 참 효행의 길이 되기 때문이다.

28 이중상이 자손을 경계하여

이중상[1]은 자손을 경계하여 말한다.

『무릇 물건에 얻기 드문 것을 나만 홀로 가지면 반드시 갑자기 닥치는 재앙[2]이 있게 되나니라.』

|주석|

① 이중상(李仲常) : 곧 이병이(李秉彝)로 세상에서 「한사공(閑邪公)」이라 불렀다. 원대(元代)의 대신이며 학자이다. 벼슬이 공부상서(工部尙書)에 이르고 양절전운사(兩浙轉運使)에 올랐다.
② 기화(奇禍) : 갑자기 닥치는 의외의 재앙.

원문

이 중 상 계 자 손 왈　　범 물 지 한 득 자　아 독 유 지　필 유 기
李仲常戒子孫曰 「凡物之罕得者 我獨有之 必有奇

화
禍.」

● 해의 ●

세상에 보기 어렵고 얻기 어려운 물건, 즉 값나가는 보석이나 희귀한 물건을 나만 홀로 가지고 있으면 재앙을 당하기 쉽다. 보물은 누구나 좋아하고 욕심을 부리기 때문에 여러 사람들이 주시하고 있어서 기회만 닿으면 어떤 봉변을 나에게 가할지 모른다. 전혀 생각하지도 않는 상황에서 재앙을 입을 수도 있는 것이니 나만 가지는 것을 삼가야 한다.

이와 비슷한 이야기가 투금탄(投金灘)의 전설로 내려오고 있다.

이조년(李兆年)은 경기도 김포군 양서면 가양리(지금의 서울특별시

강서구 가양동) 한강 하류에 얽힌 「투금탄 전설」의 주인공이다. 그는 어린 시절부터 싹터 온 바르고 참된 모습에서 그의 인간 됨됨이가 발견된다.

이조년은 어느 날 형 억년과 함께 길을 가다가 금덩이를 줍게 되었다. 주은 금덩이를 나누어 가진 두 형제는 공암(孔巖)나루에서 배를 타고 한강을 건너가게 되었는데, 그때 이조년이 느닷없이 금덩이를 강물 속에 던져 버렸다. 놀란 형이 그 이유를 묻자, 이조년은 "황금을 보는 순간 형이 없었더라면 혼자서 저 황금을 다 차지할 수 있었을 텐데, 하는 못된 마음이 고개를 들었습니다. 그런고로 이 금덩이야말로 평소에 두터웠던 형제간의 우애를 깨뜨리도록 충동질시키는 요물이므로 미련 없이 던져 버렸습니다."라고 하였다. 이에 감복한 형도 자신이 가진 나머지 금덩이를 아낌없이 강에 던져 버렸는데 금덩이를 던진 강변 일대를 투금탄(投金灘)이라 부르게 되었다고 한다.

29 장씨의 아들 훈계

장씨는 아들인 별적인❶을 훈계하여 말한다.

『사람은 세 가지로 인품❷을 이룸이 있는데 두려워할 줄을 알아야 인품을 이룰 것이요, 부끄러워할 줄을 알아야 인품을 이룰 것이며, 어려워할 줄을 알아야 인품을 이룰 것이니, 그렇지 않으면 새나 짐승일 따름이니라.』

| 주석 |

① 별적인(別的因) : 원나라의 장령(將領)으로 원세조(元世祖) 때에 대장

군을 지낸 훌륭한 인물이다.

② 인(人) : 인품. 인격.

장 씨 훈 자 별 적 인 왈　　인 유 삼 성 인　지 외 구 성 인　　지 수
張氏訓子別的因曰「人有三成人　知畏懼成人　知羞

치 성 인　지 간 난 성 인　부 즉 금 수 이 이
恥成人　知艱難成人　否則禽獸而已.」

● 해의 ●

　미숙한 사람과 성숙한 사람이 있다. 미숙한 사람이 자기 스스로 자신을 보다 나은 사람으로 개조(改造)할 줄을 모르는 사람이라면, 성숙한 사람은 끊임없는 자기 개조를 통해서 늘 진화해 가는 사람 곧 인품을 다듬어 가는 사람이라고 할 수 있다.

　장씨는 이 길로 세 가지를 들었다.

　첫째는, 두려워할 줄 알아야 한다. 즉 하늘(眞理)이 두렵고, 성인(聖人)이 두려우며, 대중(大衆)이 두려운 것이다.

　둘째는, 부끄러워할 줄 알아야 한다. 즉 학문(學問)을 못 이룸이 부끄럽고, 인품(人品)을 못 이룸이 부끄러우며, 허물을 알고도 바로 고치지 못함이 부끄러운 것이다.

　셋째는, 어려워할 줄 알아야 한다. 선비(성현) 되는 길이 어렵고, 정의(正義) 실현이 어려우며, 민중의 교화가 어려운 것이다.

　이 세 가지를 잘 하면 사람의 인격을 갖추게 되고 잘못하면 금수에 가까운 인금(人禽)이요, 인수(人獸)가 된다.

왕문성[1]은 말한다.

『자제의 아름다운 자질[2]을 모름지기 숨겨서 깊고 두텁게 기를지니 하늘의 도는 모이지 않으면 발산시키지 않는 것이라, 꽃이 천 개의 잎이라도 열매가 없는 것은 꽃부리의 화려함이 너무 드러나서[3] 되어진 것이니라.』

| 주석 |

① 왕문성(王文成, 1472~1528) : 곧 왕수인(王守仁)이다. 자는 백안(伯安)으로 학자들이 「양명선생(陽明先生)」 또는 「왕양명(王陽明)」으로 불렀다. 시호는 문성공(文成公)이다. 명조의 대신으로 이학가(理學家)이며 「심학(心學)」을 제창하였다. 그는 "마음이 바로 이치이니 마음밖에 이치가 없고, 마음밖에 물이 없다(心卽理 心外無理 心外無物)."고 하였다. 저술은 《전습록(傳習錄)》·《왕문성공전집(王文成公全集)》 등이 있다.
② 미질(美質) : 선천적으로 양호한 자질.
③ 영화태로(英華太露) : 화목(花木)의 아름다움이 너무 지나치게 밖으로 드러나 버린 것.

원문

王文成曰「子弟美質 須令晦養深厚 天道不翕聚則 不能發散 花千葉者無實 爲英華太露也.」

● 해의 ●

자제에게 대성(大成)할 자질이 있으면 미리 숨겨서 기르고, 또한 깊

이를 갖추게 하며 두텁게 이루도록 하여야 한다. 즉 그 자제의 공부가
아직은 천단하여 하늘의 이치와 성인의 철리(哲理)에 합일이 안 되었
으니 더욱 은둔(隱遁)시켜서 공부하도록 하여야 한다.

따라서 조금이라도 성취된 점이 있을 경우 이를 드러내려 말고 더욱
갈무리하여, 그 얻음이 튼실하게 되도록 더 독려하여 장양(長養)을 시
켜야 한다.

하늘의 도는 모여서 발산시킨다. 만일 모이지 않았으면 모이기를 기
다렸다가 한 번에 터뜨리는 것처럼 자제도 함축(含蓄)을 하면 할수록
크게 열리게 된다.

꽃도 많이 피고 잎도 무성한 나무가 열매를 맺지 못하는 것은 꽃의
아름다움이 너무 밖으로 드러난데 원인이 있기 때문이다. 학문이나
재질(才質)도 너무 드러나면 결실하기 쉽지 않다.

31 남의 자식이 되어

여숙간은 말한다.

『남의 자식이 된 도리는 살아 섬김보다 큼이 없는 것이라. 백
년의 한계가 있는 어버이는 한번 가시면 돌아올 날이 없을 것
이니, 한때라도 마음을 다해야 곧 한때의 후회를 면하게 되나
니라.』

여 숙 간 왈　　　인 자 지 도　　　막 대 우 사 생　　　백 년 유 한 지 친
呂叔簡曰「人子之道　莫大于事生.　百年有限之親

一去不回之日 得盡一時心 卽免一時悔矣.」

● 해의 ●

　　어버이를 섬기는데 있어서 살아계신 지금이 중요하다. 돌아가신 뒤에 제사를 지내는 것은 하나의 형식을 치르는데 불과할지도 모른다. 즉 살아서 잘 섬기는 사람이라야 돌아가신 뒤에도 제사를 통해서나마 잘 섬기게 될 것이기 때문이다.

　　사람의 나이는 길어보았자 백 년 미만이다. 한 번 가버린 어버이는 다시 돌아올 수 없으므로 자식이 되어 조그만 후회라도 남기지 않으려면 살아계실 때 정성스러운 마음으로 잘 섬겨야 한다.

32 「열(悅)」이라는 글자

또 말한다.

『혈기는 기쁘고 즐거움에서 골라지고, 질병은 괴롭고 성냄에서 생기는 것이니 어버이를 장수하게 하는 길은 다른 게 없고 하나의 「기쁠 열」자에서 다하나니라.』

원문

又曰「血氣調于喜歡 疾病生于惱怒 壽親之道無他

一 "悅" 字盡之矣.」

　사람은 기쁘게 살아야 한다. 기쁘면 자연 웃게 되고 웃으면 자연 세포가 살아나서 노화가 방지되어 수명을 연장할 수 있다.

　반면에 속이 상하고 성질을 잘 부리면 질병이 생겨나게 되고 따라서 모든 세포가 파괴되기 때문에 장수를 누리기가 어렵다.

　그러므로 어버이로 하여금 장수하게 하는 방법은 고기반찬에 있는 것이 아니라 오직 「기쁘게 해드리는 것」이라고 하였다. 온 집안이 화목을 이루고 웃으며 산다면 무가의 보약과 같으므로 자연 수명도 늘고 건강도 잃음이 없이 잘 살아가게 되는 것이다.

33　군자의 가풍

또 말한다.

『규문의 일이 가히 전하여진[1] 뒤에 군자의 가풍 법도를 알게 되는 것이요, 가까이 익힌 사람[2]이 존경을 일으킨 뒤에 군자의 처신하는 법도를 알게 되나니라.』

| 주석 |

① 규문지사가전(閨門之事可傳) : 규문이란 옛날 내실(內室)을 말한 것이지만 결국 가문(家門)을 말한 것이다. 《신당서(新唐書)》 이경양전(李敬讓傳)에 보면 '규문에서는 오직 삼가야 한다(閨門唯謹).'고 하였다. 군자가 치가(治家)를 엄근(嚴謹)하게 하여 그 가풍(家風)이 전해져야 한다.

② 근습지인(近習之人) : 가까이서 익힌 사람. 가장 가까운 사람. 늘 대면하는 사람.

우 왈　　규 문 지 사 가 전　　이 후 지 군 자 지 가 법　근 습 지 인
又曰「閨門之事可傳 而後知君子之家法 近習之人

기 경　이 후 지 군 자 지 신 법
起敬 而後知君子之身法.」

● 해의 ●

　　남들이 볼 수도 없고 들을 수도 없는 집안의 사항, 또는 한 가문의
전통적인 가풍(家風)이나 가도(家度)는 밖으로 전해질 때 비로소 보고
듣고 알게 된다.

　　한 가문에서 가법(家法)에 흐트러짐이 없으면 군자가 치가(治家)에
힘썼음을 알 수 있다.

　　먼데 사람이나 어쩌다 만나는 사람은 다 좋은 사람일 수밖에 없다.
그러나 가장 가까운 사람, 그리고 늘 어울리는 사람이 존경하는 마음
을 가지고 좋은 사람이라고 평가를 하여야 참으로 좋은 사람이다. 이
러한 사람은 자신의 몸을 법도 있게 다스리는데 소홀하지 않는 사람
으로 곧 군자라야 가능한 일이다.

34 가색의 어려움

고충헌은 말한다.

『자제가 능히 심고 가꾸는 어려움과 시와 서의 재미와 명예
와 절개의 둑을 막을 줄 안다면 가히 어진 자제라 이르나니
라.』

고 충 헌 왈　자 제 능 지 가 색 지 간 난　시 서 지 자 미　명 절
高忠憲曰「子弟能知稼穡之艱難 詩書之滋味 名節

지 제 방　가 위 현 자 제 의
之堤防 可謂賢子弟矣.」

● 해의 ●

사람이 문자 공부만 할 경우 남의 세정을 알기 어렵다. 농부들이 농사를 짓는데 어려움이 있다는 사실을 알아야 쌀 한 톨, 콩 한 조각도 아낄 줄 아는 것과 같다.

시(詩)와 서(書)는 우리의 정신을 맑히는 역할을 충분히 한다. 그래서 이에 재미를 붙이면 마음이 가라앉고 차분해지며 인품을 이루어가게 된다.

명절이란 명예(名譽)와 절개(節槪)이다. 큰 저수지도 개미구멍에 의하여 무너지듯이 선비가 명예와 절개를 잊고 부귀영화를 탐하는 조그만 틈만 있어도 세파에 휘둘리기 쉽다. 선비의 생명과 같은 명절의 실추를 막기 위하여 둑을 튼튼히 쌓아야 한다.

이러하면 어진 자제가 되는데 손색이 없을 것이다.

35 귀자모의 아들 경계

귀자모[1]는 아들 봉세를 경계하여 말한다.

『사람이 능히 어진 이를 친근히 하면 평범한 재주[2]라도 타락에는 이르지 않게 되나니라.』

① 귀자모(歸子慕) : 자는 계사(季思). 명대의 학자로 학자들이 「청원학자
  (淸遠學者)」라고 불렀다.
② 하재(下才) : 자질(資質)이 평범한 사람.

원문

귀자모계자봉세왈 인능친근현자 수하재부지타
歸子慕戒子奉世曰 「人能親近賢者 雖下才不至墮
락
落.」

● 해의 ●

사람이 세상을 살면서 자기 능력만으로 살 수는 없는 일이다. 여러 사람과 어울리다 보면 지우(智愚)의 구별이 있기 마련이다. 그래서 지자(智者)는 우자(愚者)를 이끌고 돌보고 가르쳐주며, 우자는 지자를 보고 받들고 따르며 배워나가게 된다.

그런 의미에서 보통 사람이라도 어진 이를 가까이하여 늘 듣고 배우며 따라 행하면 자연 인격의 미숙이나 인생의 타락은 가져오지 않게 된다. 세상에 선생은 많지만 어진 스승을 가까이 할 수 있다는 것은 인생을 엮어 가는데 큰 영광이요 보람이며 값으로 따질 수 없는 보배가 되는 것임을 알아야 한다.

36 자소와 승인

안광충[1]은 《적길록》에서 말한다.

『 ‘어버이 마음은 사랑스러운 것이라’ 이르지 말지니, 나를 가히 스스로 용서해버릴 것이요 ‘세도가 각박하다’ 이르지 말지니, 내가 오히려 사람을 이기려 하나니라.』

| 주석 |

① 안광충(顔光衷) : 즉 안무유(顔茂猷)로, 자는 장기(壯其) 또 앙자(仰子)이며 광충이다. 저술에 《적길록(迪吉錄)》 등이 있다.

● 해의 ●

부모의 사랑이란 예뻐하는 것만을 이르는 것은 아니다. 때로 꾸지람도 하고 매를 드는 것도 사랑이다. 그런데 자식으로 잘못을 저질러 놓고 어버이는 인자하기 때문에 꾸짖지 않을 것이라 하면서 자기가 자신을 용서해버리는 수가 있다. 이러한 사람은 어떤 일에 대한 잘못이나 나쁜 습관을 고쳐가기가 매우 어렵다.

그런데 세상이 각박하여 내가 이렇게 되고 또한 이 모양으로 살게 되었으니 어떻게 세상을 믿고 사람을 의지하고 살 것인가 하면서, 정작 자기는 사람을 대하여 져주지 않고 승심(勝心)으로 기어이 이기기를 주장하고 있다면 어떻게 세도를 야박하다고 탓할 것인가?

온절효[1]는 말한다.

『삿되고 아첨을 멀리하도록 하는 것은 부잣집에서 자식을 가르치는 첫째가는 옳음이요, 부끄럽고 욕됨을 멀리하도록 하는 것은 가난한 집에서 자식을 가르치는 첫째가는 옳음이니라.』

| 주석 |

　① 온절효(溫節孝) : 명대의 학자인 온황(溫璜)의 어머니인 육씨(陸氏)이다.

원문

溫節孝曰「遠邪佞 是富家敎子第一義 遠恥辱 是
貧家敎子第一義.」

● 해의 ●

　부유하고 권력 있는 집에는 사람들이 많이 드나들기 마련이다. 드나드는 사람이 다 그런 것은 아니지만 대개 어떤 이득이나 대가를 얻으려는 소인들이거나 아첨하는 무리들이 따르게 된다. 이러한 사람들을 가까이 하여 염습(染濕)이 되는 것을 막아주는 것이 자녀를 가르치는 제일가는 조건이라 할 수 있다.

　다음으로 가난한 집안은 누구 하나 돌보아주는 사람들이 없기 때문에 부모에 대하여 원망하거나 세상이나 부유한 사람들의 하찮은 말에도 치욕으로 받아들이기 쉽다. 따라서 그러한 마음이 나지 않도록 잘 선도하는 것이 제일의 조건이 된다.

주방백[1]은 아들 조원[2]을 가르쳐 말한다.

『가난에 편안하고 글을 읽으며 예를 지키고 몸을 닦는 것이 최상이 되는 것이니, 하나의 「겸손할 겸」인 글자는 일생을 수용하여도 다하지 못할 것이요, 둘의 「부지런할 근·검소할 검」인 글자는 자손들이 누리며 쓰더라도 마쳐지지 아니 하나니라.』

| 주석 |

① 주방백(朱方伯) : 생몰연대를 알 수 없음.
② 조원(潮遠) : 청대 양주(揚州) 사람으로, 자는 탁월(卓月)이다. 저술에 《사본당좌우편(四本堂座右編)》이 있다.

원문

주방백훈자조원왈　안빈독서　수례수신위상　일
朱方伯訓子潮遠曰 「安貧讀書 守禮修身爲上. 一

개　겸　자 일생수용부진 양개　근검　자 자손향용
個 "謙" 字 一生受用不盡 兩個 "勤儉" 字 子孫享用

불료
不了.」

해의

비록 가난하더라도 자기의 분수(分數)에 편안할 줄을 알아야 몸에 욕됨이 없다. 또한 글을 읽어야 이치를 알아서 세상을 살아갈 방도를 세울 수 있다. 또한 예의를 지켜야 사람다운 행실이 되며 몸을 닦아야 성현의 지위에 오를 수 있으니, 자녀가 어려서부터 이러한 조건들을 익혀야 앞으로 삶에 빛나가지 않게 된다.

그리하여 일생에 「겸손할 겸」자 한자를 쓰고 써도 다 못쓸 것이며, 「부지런할 근·검소할 검」이 두 자를 자손들에게 물려주어 누리고 쓰게 하여도 마치지 못할 것이다. 역시 자녀들이 어려서부터 이를 익히도록 한다면 삶에 남을 시기하거나 부러워하는 일은 없도록 하여야 한다.

39 집안을 가르치는 도

육부정은 말한다.

『집안을 가르치는 도는 첫째 조종[1]을 공경하는 것으로써 근본을 삼아야 하나니, 조종을 공경함은 제사의 법도를 닦는데 있는 것이요, 제사의 법도가 서면 가정의 예의가 행해져서 모든 일이 일으켜지게 되나니라.』

| 주석 |

① 조종(祖宗) : 1)조상(祖上). 2)군주(君主)의 시조(始祖)와 중흥(中興)의 조(祖). 3)현대 이전의 대대(代代)의 군주의 총칭. 4)가장 근본적이며 주요한 것을 비유적으로 이르는 말.

원문

육 부 정 왈　교 가 지 도　제 일 이 경 조 종 위 본　경 조 종 재
陸桴亭曰「教家之道 第一以敬祖宗爲本 敬祖宗在

수 제 법　제 법 립　즉 가 례 행 이 백 사 거 의
修祭法 祭法立 則家禮行而百事擧矣.」

● 해의 ●

　　한 방울의 물이 흘러서 대해장강(大海長江)을 이루듯이 한집안도 멀리 할아버지로 인하여 한 가문의 조종(祖宗)을 이룬다. 따라서 조종에 공경을 다하는 것이 당연한 도리요 근본이다.

　　조종을 공경하고 받드는 방법은 바로 정성스럽게 제사를 지내는 것으로부터 시작된다. 이 제사의 법도가 바르게 서야 가정에서는 크고 작은 예법이 행하여져서 화목을 이루게 된다.

　　지금은 세상이 옛날처럼 제사는 받들지 못한다고 하더라도 예법(禮法)을 소홀히 해서는 안된다. 이러한 마음으로 조종을 돌아보고 이어 간다면 세상에서 그른 일은 저지르지 않을 뿐만 아니라 가문의 쇠망도 부르지 않고, 계획한 일도 절로 일으켜서 성공을 보게 될 것이다.

40 사대부의 집안에서는

또 말한다.

『사대부의 집안에서는 매양 가법[1] 말하기를 좋아하면서도 가례[2]는 말하지 않는 것이라, 법이란 사람으로 하여금 따르게 하고, 예란 사람으로 하여금 교화되게 하며, 법이란 사람으로 하여금 두려워하게 하고, 예란 사람으로 하여금 친근하게 하는 것이니, 다만 이것이 한 가문의 왕도와 패도의 분별[3]이 되

는 것이라. 겨울은 따뜻하게 하고 여름은 서늘하게 하며 저녁
에는 정해드리고 새벽에는 살펴드리는❹ 것은 부모를 모시는
소절이요, 능히 글을 읽고 몸(마음)을 닦아 성현 됨을 배워서
그 어버이로 하여금 성현의 어버이가 되도록 하는 것이 바야
흐로 효자의 본분을 다하는 것이라. 몸으로써 부모에게 효도
하는 것은 처자로 하여금 부모에게 효도하는 것만 같지 못한
것이라. 몸으로써 부모에게 효도함은 몸가짐을 다하지 못할
때가 있지만 처자로 하여금 부모에게 효도하도록 하는 것은
다시는 정성스럽지 못할 곳이❺ 없는 것이라. "공자가 말씀하시
기를 '부모는 그 순하신져!❻'"하였으니, 이 한 귀에 지극한❼
의미가 있나니라.』

| 주석 |

① 가법(家法) : 1) 한집안의 법도(法度). 또는 규율(規律), 가헌(家憲), 가
    령(家令). 2) 한집안에 대대(代代)로 내려오는 법식(法式).
② 가례(家禮) : 한집안의 예법(禮法). 즉 이 말은 본래 《주례(周禮)》의 가
    종인(家宗人) 조목에 보이는데, 조빙(朝聘)이나 회맹(會盟)과 같은 집
    단 사이의 행위규범이나, 조회(朝會)나 군례(軍禮)와 같은 집단의 공식
    적인 행위규범, 또는 향음주례(鄕飮酒禮)나 향사례(鄕射禮)와 같은 민
    간집단의 행위규범에 비해, 한 가족이나 그 구성원의 행위규범을 제시
    하고 있는 점에서 가장 일상적이고 보편적인 행위규범이라 할 수 있
    다. 물론 구체적인 내용은 유학적인 교양을 갖춘 사대부 계층의 행위
    규범을 근거로 하고 있지만, 가례의 내용이 관례(冠禮)·혼례(婚禮)·
    상례(喪禮)·제례(祭禮)로 이루어지고 있다는 점에서 가족 안에서 이
    루어지는 인간 삶의 중요한 마디들을 대상으로 하여, 모든 사람들의
    삶에 필요한 행위규범을 담고 있다고 할 수 있다.
③ 왕패지변(王霸之辨) : 유가에서는 도행(道行)과 인정(仁政)을 행하는

것을 왕도(王道)라 하고 힘과 위세(威勢)로 정치하는 것을 패도(覇道)라 한다. 둘 중에 하나는 부드럽고, 하나는 굳센 것(一柔一剛)으로 치가(治家)가 부동(不同)함을 말한 것이다.

④ 동온하청 혼정신성(冬溫夏淸 昏定晨省) ;《예기(禮記)》곡례상(曲禮上)에 '대범 사람의 자식이 된 예의는 겨울은 따뜻하게 해드리고, 여름은 서늘하게 해드리며, 저녁에는 정해드리고, 새벽에는 살펴드리는 것이라.' 하였다.

⑤ 치(致) : 정성스레 하다. 끝까지 다하다. 돌려 바치다. 도달하다.

⑥ 부모기순의호(父母其純矣乎) :《중용(中庸)》14장 주희(朱熹)의 주에 '부모는 그것을 편안하고 즐거워한다(父母其安樂之矣).' 하였으니, 부모는 시처(時處)를 가림이 없이 안락하도록 해드려야 한다는 의미이다.

⑦ 살(煞) : 지극하다. 비상(非常).

원문

又曰「士大夫家 每好言家法 不言家禮. 法使人遵
禮使人化 法使人畏 禮使人親 只此是一家王霸之
辨. 冬溫夏淸 昏定晨省 是事父母小節. 能讀書修
身 學爲聖賢 使其親爲聖賢之親 方盡得孝子之分
量. 以身孝父母 不若以妻子孝父母. 以身孝父母
容有不盡之時 以妻子孝父母 更無不到之處 "子曰
'父母其純矣乎'" 一句煞有意味.」

한 가정은 대개 부부(夫婦 ; 지아비와 지어미)나 조부모(祖父母 ; 할아버지와 할머니), 부자(父子 ; 부모와 자식)나 조손(祖孫 ; 할아버지와 손자)의 관계로 구성이 되고 방계(傍系)로 삼촌, 사촌 등으로 벌려져 있다.

이러한 집안의 구조에서 예법을 따지기보다는 가정의 일상적인 생활에서 시행이 되는 가법(家法)이 중요하다는 사실을 이야기한 것이다.

이에서는 도덕을 갖춘 사람이 됨과 동시에 어버이를 성현의 어버이가 되도록 해 드려야 한다는 점을 강조하여 자식이 공부에 소홀할 수 없도록 하였다.

어버이에게 효도를 하는 면에 있어서 내가 하는 것은 당연한 일이기 때문에 오히려 자기는 빠지고 아내나 자식으로 하여금 효도에 더 관심을 가지고 효도를 이어가도록 해야 한다. 그리하여 어느 곳이나 어느 때를 막론하고 부모로 하여금 안락을 누리도록 해야 효도를 다하는 것이 된다고 하였다.

부모에 대한 효도는 내가 장차 열매를 딸 수 있는 나무를 심는 것과 같다.

41 규문에서는

또 말한다.

『규문(가정) 가운데 가장 어려움은 이에 조심(공경)하는 것이라. 옛사람은 말한다. "지아비와 지어미가 서로 공경하기를 손님같이 해야 한다." 하였고, 또 말하기를 "규문의 안이 엄숙하기가 조정과 같아야 한다.” 하였으니, 이렇게 곳곳마다 능히 조심하면 곧 이것이 참 공부이요, 참 학문이니라.』

又曰「閨門之中 最難是敬 古人云 “夫婦相敬如賓”

又云 “閨門之內 肅若朝廷” 此處能敬 便是眞功夫

眞學問.」

● 해의 ●

한 가정이 서로 공경(恭敬)하고 정중(鄭重)한다는 것은 결코 쉬운 일이 아니다. 가장 가까운 지아비와 지어미 사이에 공경하고 정중하다면 온 집안은 자연 따라서 공경하고 정중하게 될 것이다.

따라서 우리가 공부를 하고 학문을 하는 것이 공맹(孔孟)을 알고 시서(詩書)를 아는 것이 중요하지만 경(敬)의 의미가 탁상(卓上)이나 공론(空論)에 흐르지 않도록 하여 실생활에 나타내고 활용하는 것이 참으로 경을 중히 여기는 공부요, 참으로 경을 실천하는 학문이다.

42 지초와 난초를 기름처럼

《자경편》에서 말한다.

『자제 기르기를 지초와 난초를 기르기와 같이 할 것이니 처음부터[1] 학식을 쌓게 하는 것은 북돋아 심는 것이요, 또 선을 쌓게 하는 것은 번성하고 윤택하게 하는 것이니라.」

|주석|

① 기(旣) : 처음부터.

《自警編》云「養子弟如養芝蘭 旣積學以培植之 又
積善以滋潤之.」

● 해의 ●

　　난 하나를 기르는데도 상당한 정성을 드려야 한다. 난 자체가 까다로워서 신경을 쓰지 않으면 의외의 방향으로 자라거나 엉뚱한 결과를 가져올 수 있기 때문이다.

　　이와 같이 가정에서 자제를 기르는 데 있어서 처음부터 좋은 스승을 만나고 친구를 만나 깊고 넓은 학문을 이루도록 하여야 한다. 또 선을 행하고 쌓아 널리 미쳐가도록 해서 자제가 장차 세상에 나와서 살아가는데 은연한 도움을 받도록, 또 기폭(起爆)할 수 있도록 하는 부모의 적덕(積德) 역할이 그만큼 중요하다.

또 말한다.

『어버이와 자식 사이는 작은 사랑에 빠져서는 안 되는 것이니 어릴 때부터 일률적으로 엄격하게 다스리며, 법리로 검속[1]을 한다면 자라서 못나고 어리석은 후회[2]는 없게 되나니라.』

| 주석 |

① 승지이리(繩之以理) : 법리(法理)의 약속을 말한다. 승(繩)이란 '검속(檢束) · 약속(約束)'의 뜻이다.
② 불초지회(不肖之悔) : 불초란 '못나고 어리석다.'는 뜻이요, 또 '불효(不孝)'의 뜻이다.

원문

又曰「父子之間 不可溺于小慈 自小律之以嚴 繩之以理 則長無不肖之悔.」

◉ 해의 ◉

부모는 자녀에 대해서 모질다 할 정도로 엄격하게 키울 필요가 있다. 자칫 사랑이라는 이름 아래 요구하는 대로 다 받아주고 들어주면 일시적으로는 좋을지 몰라도 훌쩍 커서 자기의 삶을 엮어갈 때 자력이 서 있지 않고 의타적이 되어 부모의 속을 썩이는 수가 있다. 때로는 엄정하게 하고 또한 약속을 철저하게 지키도록 기른다면, 효도는 둘째로 돌리더라도 우선 저 살기가 좋을 것이며 교우관계도 원만하여

서로 부딪치는 일이 없이 살아갈 수 있을 것이다. 어찌 다른 후회가 있
을 것인가?

44 군자를 친근하자

왕심재[1]는 말한다.

『자식을 가르치는데 다른 방법은 없는 것이니, 다만 날마다
군자를 친근해서 함육[2]되고 훈도[3]되기를 오래하다 보면 저절
로 달라지게 되나니라.』

| 주석 |

① 왕심재(王心齋, 1483~1540) : 즉 왕간(王艮)으로, 원명은 은(銀)이며
자는 여지(汝止)이요, 호는 심재이다. 명대의 철학가로 왕양명의 제자
이다. 저술에 《왕심재전집(王心齋全集)》 등이 있다.
② 함육(涵育) : 즉 함양(涵養)의 의미로 첫째, 서서히 양성(養成)함. 차차
길러 냄. 둘째, 학문(學問)과 식견(識見)을 넓혀서 심성(心性)을 닦아가
는 것을 말한다.
③ 훈도(薰陶) : 교화(敎化)하고 훈육(訓育)하는 것을 말한다.

원문

王心齋曰「敎子無他法 但令日親君子 涵育薰陶
久自別.」

자식을 가르치고 기르는데 특별한 방법이 있는 것은 아니다. 자동차가 정해진 길로만 갈 수는 없다. 앞에 장애물이 있으면 갓길로 갈 수도 있는 것이다.

이와 같이 하나의 독립된 인격을 가진 자녀도 정해진 길로만 가야 한다고 가르친다면 아마 속이 터져 뛰쳐나갈 것이다. 자식을 통해서 대리만족(代理滿足)을 취하려 하거나 어떤 도구(道具)로 여기는 집착(執着)은 접어야 한다. 그리하여 저 청청(靑靑)한 고송(古松)처럼 자유롭게 기르면 활발한 기상(氣象)을 갖추게 된다.

그러므로 부모 입장에서는 도를 갖추고 법이 있는 군자를 가까이 하도록 해서 학문을 배우고 실행을 본받도록 할 필요가 있다. 그럴 때 저절로 함육이 되고 훈도가 되어 세월이 흐르면 흐를수록 괄목(括目)하게 달라질 것이다.

45 사대부의 자식 가르침

손징군[1]은 말한다.

『사대부는 자제 가르침을 이에 제일 요긴한 일로 여겨야 하나니 어릴 때에 문득 마땅히 그 허영(虛榮)[2]의 생각을 담박하도록 할 것이요, 자제 가운데서 하나라도 어진 사람을 얻게 된다면 몇 귀한 사람을 얻음보다 수승하나니라.』

| 주석 |

① 손징군(孫徵君, 약 1584~약 1675) : 손기봉(孫奇逢)으로, 자는 계태(啓泰)요, 호는 종원(鍾元)이다. 명말청초(明末淸初)에 유학(儒學)의 명사

로서 명나라가 망한 뒤에 전후 11번을 불러도 벼슬에 나가지 않음으로
세상 사람들이 「징군(徵君)」이라 불렀다.
② 농화(濃華) : 부화(浮華)한 허영심(虛榮心)을 말한다.

손 징 군 왈　　사 대 부 교 자 제　　내 제 일 요 긴 사　　동 몽 시
孫徵君曰「士大夫敎子弟　乃第一要緊事　童蒙時

편 의 담 기 농 화 지 념　　자 제 중 득 일 현 인　　승 득 수 귀 인
便宜淡其濃華之念　子弟中得一賢人　勝得數貴人

야
也.」

● 해의 ●

　세상에 자식을 가르치고 기르는 것같이 중요한 일은 없다. 일 년의
농사는 금년에 잘못 지었어도 내년에 잘 지으면 되지만, 자식 농사는
한 번 잘못 지으면 일생을 두고 머리를 뜨겁게 할 수 있으니 어찌 요긴
한 일이 아니겠는가?

　그러므로 어릴 때부터 크게 경계를 삼아야 할 것은 허영에 들뜬 마
음이다. 즉 실상이 없는 외견상의 영예(榮譽)나 불필요한 겉치레에 들
떠서 사대부의 체통을 잃어버리게 되면 아름답지 못할 것이니, 허영
을 버리고 담박한 마음을 질박도록 길들여야 한다.

　누가 아는가? 자녀 중에 어진 사람 하나만 나와도 열 명, 백 명의 귀
인이라 한들 무엇이 부러울 게 있겠는가?

진덕언[1]은 말한다.

『지극한 즐거움은 글을 읽는 것만 같음이 없는 것이요, 지극히 중요함은 자녀를 가르치는 것만 같음이 없나니라.』

| 주석 |

① 진덕언(陳德言, 1525~1566) : 즉 진근(陳謹)으로, 자는 덕언이며 호는 환강(環江)이다. 명나라 가정연간(嘉靖年間)에 장원하여 벼슬이 한림편수(翰林編修)에 이르렀다.

원문

陳德言曰「至樂莫如讀書 至要莫如教子.」

● 해의 ●

　글을 읽는 것은 결국 성현이 되는데 뜻을 둔다는 뜻이다. 상식이나 지식을 늘리는 것도 중요하지만 도덕을 갖춘 군자가 되는데 마음을 두고 글을 배우고 익혀야 한다.

　더욱 중요한 것은 자식을 가르치는 일이다. 우리가 자식을 가르치고 기르는데 있어서 무언지교(無言之敎)와 무행지화(無行之化)가 있음을 알아야 한다.

　무언지교란 ‘말 없는 가르침’ 이라는 뜻으로 억압이나 명령이 없이 하는 상황을 지켜보았다가 잘못 되어질 때 비로소 한두 마디로 길을 바로잡아 주는 방법이다.

　무행지화란 ‘행함이 없는 됨’ 이라는 뜻으로 이것은 좋으니 실행하고 저것은 나쁘니 버려야 한다는 식이 아니라 부모가 행하는 바 행동을 본받아 저절로 습관화가 이루어지도록 한다는 의미이다.

47 성현의 말씀을

탕잠암[1]은 말한다.

『자제를 가르치는데 다만 그들로 하여금 글을 읽어 성현의 몇 귀 말씀이 가슴 가운데 있다면 때로 성현의 말씀을 빌려서 다른 행동이나 일에 비추어 열고 유도(誘導)되어 곧 쉽게 살펴지고 깨닫는 곳이 있게 되나니라.』

| 주석 |

① 탕잠암(湯潛庵, 1627~1687) : 즉 탕빈(湯斌)으로, 자는 공백(孔伯)이며 호가 잠암이요, 별호가 형현(荊峴)이며 말년에는 잠암(潛庵)이라 하였고 하남 휴주(睢州) 사람이다. 청대의 대신이며 학자로 15세 이전에 《좌전(左傳)》·《전국책(戰國策)》·《공양(公羊)》·《사기(史記)》·《한서(漢書)》 등을 다 읽었다. 특히 주학이론(朱學理論)을 실천하고 창도(倡導)한 사람으로 「이학명신(理學名臣)」이라 높임을 받았다. 저서에는 《탕자유서(湯子遺書)》가 있다.

원문

湯潛庵曰「敎子弟只是令他讀書 有聖賢幾句話在胸 中 時借聖賢言語 照他行事開導之 便易有省悟處.」

성현은 선지자(先知者)이요, 선각자(先覺者)이다. 그래서 미지(未知)의 세계를 미리 알고, 불확실한 미래를 미리 알아서 말씀이나 비결(秘訣)로 앞길을 열어 놓는다. 우리가 그 말씀을 가슴에 담아 놓았다가 어떤 사항이 닥쳤을 때 적당히 꺼내어 대조(對照)하고 시용(施用)하면 반드시 해결책이 될 것이다.

따라서 성현들이 알았던 깨달음의 경지를 쉽게 얻을 수도 있으니 자녀에게 재물을 물려주고 권력을 물려주는 것보다 성현의 말씀을 배우고 익혀서 가슴속에 간직하도록 해 주는 것이 훨씬 요긴하고 보람 있는 일이며 아름다운 삶을 엮어가는 가교(架橋)가 된다.

48 글 읽음과 사람 됨

육청헌[1]공은 자제에게 보여서 말한다.

『글을 읽는 것과 사람이 되는 것은 두 건의 일이 아니라 앞으로 읽은바 글을 글귀마다 미루고 짐작하여[2] 자기 신상에 오도록 하는 것이 곧 이에 사람이 되어가는 방법이리니, 바야흐로 능히 글을 읽는 사람이라 부르나니라.』

| 주석 |

① 육청헌(陸淸獻, 1630~1692) : 즉 육롱기(陸隴其)요, 자는 가서(稼書)이며 시호가 청헌공(淸獻公)이다. 청초의 학자로 정주(程朱) 계통이다. 저술에 《곤면록(困勉錄)》·《삼어당문집(三魚堂文集)》 등이 있다.
② 체첩(體貼) : 남의 마음을 미루어 짐작함.

육 청 헌 공 시 자 제 왈　　독 서 주 인　　불 시 양 건 사　　장 소
陸淸獻公示子弟曰「讀書做人　不是兩件事. 將所

독 지 서　귀 귀 체 첩 도 자 기 신 상 래　편 시 주 인 적 법　방
讀之書　句句體貼到自己身上來　便是做人的法　方

규 득 능 독 서 인
叫得能讀書人.」

● 해의 ●

　글을 읽은 사람이라야 인격의 성장을 가져올 수 있으니, 인품(人稟)
의 성장을 위해서는 성경현전(聖經賢典)을 많이 읽고 마음에 새겨야
한다.
　그리하여 읽은 글귀 하나하나를 가슴에 간직하여 몸으로 부딪치고
발로 밟아 나가는 것이 바로 품덕(品德)을 양비(養備)하여 가는 길이다.
　이러한 방법으로 글을 읽는 사람이라야 비로소 독서인(讀書人)이라
할 수 있다. 진정한 독서인은 성자적인 인격을 이룸에 있는 것으로며, 교
양이나 지식을 담고 쌓아두는데 있는 것은 아니다.

49 당상의 명과 실중의 말

웅면암은 《공덕례》에서 말한다.

『부모의 명령[1]은 응당 따를 것이요, 아내나 자식의 말[2]은 듣
지 말지니라.』

① 당상지명(堂上之命) : 부모의 명령을 말한다.
② 실중지언(室中之言) : 아내와 자식들의 말을 말한다.

원문

熊勉庵《功德例》曰「堂上之命宜遵 室中之言莫聽.」

● 해의 ●

　자식은 어버이의 말씀에 토 달지 말고 따라야 한다. 물론 부당하게 생각되는 바에 대해서는 의견을 개진할 수도 있지만 그렇지 않은 경우엔 받들어드리는 것이 자식의 도리이다.

　또한 아내나 자식의 말은 듣지 않을 것이 아니라 가볍게 듣지 말아야 한다. 한 집안의 한 식구이니 부당한 요구는 없겠지만 이런저런 말이 많고 요구조건도 많을 수 있으니 잘 경청을 하여 판단은 할지언정 액면 그대로 듣거나 믿지 말라는 뜻이다.

　요사이는 부모보다는 아내나 자식만이 우선시되고 있으니 잘 살펴볼 필요가 있다.

50 형제와 붕우

사진신은 《원체집》에서 말한다.

『형제간 골육의 이변[1]에 처하면 응당 침착할지언정[2] 정말로 격렬해서는 안 되는 것이요, 친우 사이에 교유의 잘못을 만나게 되면 응당 알맞고 적절하게❸ 할지언정 마땅히 우물쭈물하여서는❹ 안 되나니라.』

| 주석 |

① 변(變) : 이변. 변고. 재앙. 재난. 고치다. 움직이다. 변화.
② 종용(從容) : 침착(沈着)하고 덤비지 않음.
③ 개절(凱切) : 알맞고 적절한.
④ 함호(含糊) : 뚜렷한 태도(態度)를 밝히지 못하고 우물우물하며 결단(決斷)을 내리지 못함.

원문

史揖臣《願體集》曰「處兄弟骨肉之變　宜從容不宜

激烈　遇朋友交遊之失　宜凱切不宜含糊.」

● 해의 ●

　　우리가 세상에 존재하는 것은 한 부모로 인함이니, 형제가 그러하다. 형제 사이라면 화합과 화목으로 잘 살아가는 게 원칙이지만 때로는 싸울 수도 있고 때로는 의견의 이반(離反)을 가져올 수도 있다. 이럴 경우 침착하게 처리해야지 자기 고집이나 작은 이익을 취하여 우애를 상해서는 안된다.

　　또한 친구 사이에 실수가 있을 경우 서운하더라도 그때 알맞고 적절하게 처리하여야 한다. 일을 당하여 뚜렷한 태도를 밝히지 않거나 우물쭈물하여 결단을 내리지 못하면, 결국 우정에 금이 갈 수밖에 없다. 그리하여 삶의 동지를 잃어버린다면 얼마나 안타까운 일인가?

또 말한다.

『자제가 적은 나이일지라도 세상의 일과 글 읽는 것을 구분해서는 안 되는 것이요, 다만 글을 읽음으로써 세상의 온갖 일❶을 소통하게 해야 하나니라.』

| 주석 |

① 세무(世務) : 세상을 살아가는 온갖 잡다한 일.

원문

又曰「子弟少年 不當以世事分讀書 但令以讀書通世務.」

● 해의 ●

시대에 따르고 형편에 맞추어 글을 읽어야 한다. 어려서는 인격의 기초를 다지는데 중점을 두어서 독서를 하여야지, 앞으로 이익이나 출세를 전제로 하여 글을 읽는 것은 삼가야 한다.

다시 말하면, 세상의 추이를 따라 글을 읽으려 말고 글을 읽어서 세상을 살아가는 밝은 지혜를 갖추어야 한다. 지식인으로서 세상을 향도하는 책임을 가진다는 자세를 확고하게 세우기 위하여 글을 읽어야 한다는 말이다.

입신출세(立身出世)보다는 사람 되어 사는 것이 먼저요, 부귀공명(富貴功名)보다는 내면의 정화(淨化)가 먼저이다.

또 말한다.

『남의 아내는 마땅히 그 자식의 허물이 가려지는 것[1]을 막아야 할 것이요, 뒤의 아내는 마땅히 그 자식의 허물이 무고됨[2]을 막아야 하나니라.』

| 주석 |

① 폐자지과(蔽子之過) : 어린 자식의 잘못을 가리고 꾸며대는 것.
② 무자지과(誣子之過) : 어린 자식의 사실을 굽혀서 말하는 것.

원문

又曰「人之于妻也 宜防其蔽子之過 于後妻也 宜
防其誣子之過.」

● 해의 ●

전처와 후처, 곧 전부인과 후부인의 차이를 말하고 있다. 전처의 입장에서는 내가 낳고 기른 자식은 어떠한 잘못이 있을 경우 아버지가 알까봐 백방으로 숨기고 덮어서 드러나지 않게 하려고 한다. 그러나 그렇게 하여 이득될 게 없으므로 드러내어 꾸지람을 통해 고치도록 해야지 은폐시켜 주는 것은 바람직하지 않다.

후처의 입장에서는 전처의 자식에 대하여 자칫 투기(妬忌)나 질시(嫉視)가 발동하여 없는 사실까지 꾸미고 속여 알리려고 힘쓰기 쉽다. 그러지 말고 설사 어떤 잘못이 있다 하더라도 밖으로 드러나지 않도록 몸소 방패의 역할을 통해 막아주어야 한다.

또 말한다.

『부모가 자식을 가르침에 의당 점점 지식이 있어질 때에는 살아 움직이는 물체를 보고 반드시 상해하지 말도록 가르쳐 그 어진 마음을 기르게 할 것이요, 어른을 높이고 벗과 친근하도록 반드시 공경을 가르쳐 그 예의를 기를 것이며, 그렇다는 대답에 어그러지지[1] 않고 말과 웃음이 구차하지 않도록 해서 그 믿음을 기르도록 하여야 하나니라.』

| 주석 |

① 상(爽) : 어그러짐. 실수.

원문

又曰「父母敎子 當于稍有知識時 見生動之物 必
敎勿傷 以養其仁 尊長親朋 必敎恭敬 以養其禮 然
諾不爽 言笑不苟 以養其信.」

● 해의 ●

인(仁)과 예(禮)와 신(信)을 어려서부터 가르쳐 익히도록 하여야 한다.

인이란, 측은(惻隱)의 마음을 갖는 것으로 이런 마음을 갖고 자라면 불쌍한 것들에 대하여 그냥 지나치지 아니하고 힘닿는 대로 도움을 주게 된다.

또 예란, 사양(辭讓)의 마음을 갖는 것으로 이러한 마음을 갖고 자라면 이익을 당하여 혼자 독차지 아니 하고 고루 나누게 된다.

또 신이란, 성실(誠實)의 마음을 갖는 것으로 이러한 마음을 갖고 자라면 매사에 근면하고 착실한 삶을 꾸려가게 된다.

이렇게 인과 예와 성을 기초로 하여 인품 곧 인격을 세워가면 삶에 큰 어려움은 발생하지 않을 것이다.

54 좌우명

또 말한다.

『문안의 장난과 웃음과 성냄과 꾸짖음이 드물게 들리면 그 집안의 법도를 가히 아는 것이요, 좌우명으로 이름난 말씀과 격언이 많이 써졌으면 그 지취❶를 가히 생각하게 하나니라.』

| 주석 |

① 지취(志趣) : 의지(意志)와 취향(趣向).

원문
─────────────────────────────────────

우 왈　　문 내 한 문 희 소 노 매　기 가 범 가 지　좌 우 다 서 명
又曰「門內罕聞嬉笑怒罵 其家範可知 座右多書名

어 격 언　기 지 취 가 상
語格言 其志趣可想.」

사람은 장난도 하고 웃으며 살아야 한다. 그러나 그것이 지나치거나 성질을 부리고 꾸짖음이 너무 심하여 담을 넘어 길가까지 들리는 상황이 일어나지 않도록 하여야 한다. 그럴 때 그 집안에는 가법(家法)이 있고 가도(家度)가 살아 있게 될 것이다.

또한 좌우명(座右銘)으로 성현의 좋은 말씀이나 격언을 써 붙이고 늘 보며 깊이 생각하고 연마하면 어떨까? 그 사람의 취미가 고상하여 행동거지(行動擧止)에 어그러지거나 그름이 없게 될 것이다.

그리하여 집안이 가화(家和)를 이루고 성자의 언설을 준행(遵行)한다면 치가(治家)에 큰 어려움이 가시게 된다.

55 육상산의 3년 집안일

또 말한다.

『육상산[1]은 3년 동안 집안일을 주관하였는데[2] 스스로 학식에 전진이 있었다고 이르면서 이를 바르게 생각하였다가 베풀어서 정치를 하였으니 이것도 또한 정치를 하는 것이요, 온전히 이에 효도하고 우애를 절실하게 실천하는 것이라, 소금이나 쌀 만듦을 잡다하고 사소한 일[3]로 보아서는 안 되나니라.』

| 주석 |

① 육상산(陸象山, 1139~1193) : 곧 육구연(陸九淵). 자는 자정(子靜)이며 자호를 존재상산옹(存齋象山翁)이라 하였는데, 학자들이 「상산선생(象山先生)」이라 불렀다. 불교의 선종(禪宗)과 유교의 사맹학파(思孟

學派)적인 유심사상(唯心思想)을 결성하여 「심학사상(心學思想)」을 체계화 시켰다. 후세 명대의 왕수인(王守仁 ; 王陽明)과 병칭하여 「육왕학파(陸王學派)」라 불리어졌다. 저술에는 후인들이 편집한 《상산선생전집(象山先生全集)》 등이 있다.

② 당가(當家) : 집안일을 주장하여 맡게 되는 것을 말한다.

③ 세쇄(細碎) : 단단한 물체를 잘게 부서뜨림.

又曰 「陸象山當家三年 自謂于學有進 此正可想

施于有政 是亦爲政 全是孝友眞切處 莫作鹽米零

雜細碎觀也.」

● 해의 ●

치가(治家)를 잘 하면 정치도 잘할 수 있다. 가정을 가지런히 하는 제가(齊家)를 통해서 바로 치국(治國)을 할 수 있기 때문이다.

가정을 가지런히 한다는 것은 부모에게 효도하고 형제간에 우애하며 친구 간에 의리(義理) 있고 주어진 일에 성심(誠心)을 다하는데 있다. 정치에 나아가서도 집안의 행도(行道)를 그대로 옮겨다 애국(愛國)하고 애민(愛民)하며 치세(治世)하면 된다.

옛말에 "구충출효(求忠出孝)"라 하였다. 《후한서(後漢書)》 위표전(韋彪傳)에 "대범 나라는 어진 이를 간택하기에 힘써야 하는데 어진 이는 효행으로 으뜸을 삼아야 한다. 공자께선 '어버이에게 효도하기 때문에 충성을 임금에게 옮기는 것이니 이러므로 충신을 반드시 효자의 문에서 구한다(夫國以簡賢爲務 賢以孝行爲首. 孔子曰 '事親孝故忠可移于君 是以求忠臣必于孝子之門).'"고 하였다.

그러므로 정치하고 효우(孝友)하는 것을 일상의 잡무 처리하는 것처럼 쉽게 보아서는 안된다.

위숙자[1]는 말한다.

『사람이 집으로 은퇴[2] 할지라도 여러 세기[3]의 친척은 없는 것이라. 여러 세기를 통해 집안사람들이 갔다 왔다 변통[4]이 되면서 저절로 덕이 쇠퇴해지고 행실이 엷어지게 되나니라.』

| 주석 |

① 위숙자(魏叔子, 1624~1681) : 즉 위희(魏禧)로, 자는 숙자요, 또 자는 빙숙(氷叔)이며, 호는 유재(裕齋) 또 작정(勺庭)으로 작정선생(勺庭先生)이라 불리었다. 명(明)나라가 망한 뒤에 벼슬에 나아가지 아니하고 취미봉(翠微峰)에 은거하였다. 저명한 산문가(散文家)로 작품에 《강천일전(江天一傳)》·《유문병전(劉文炳傳)》·《주참군가전(朱參軍家傳)》·《구유병전(邱維屛傳)》·《대철추전(大鐵椎傳)》 등이 있고, 저서에 《위숙자문집(魏叔子文集)》·《시집(詩集)》·《일록(日錄)》·《좌전경세(左傳經世)》·《병모(兵謀)》·《병법(兵法)》·《병적(兵跡)》 등이 있다. 대개 청초(淸初)의 학자로 본다.
② 처(處) : 은퇴(隱退). 즉 한가하게 집안에 있는 것.
③ 수세(數世) : 1)여러 세대. 또는 여러 세기. 2)삼－사세(世), 또는 오－륙세.
④ 주선(周旋) : 1)일이 잘 되도록 이리저리 힘을 써서 변통(變通)해 주는 일. 2)제3국이 외부에서 분쟁 당사국간의 교섭(交涉)을 원조하는 일.

원문

魏叔子曰「人處家無數世親戚 數世通家人往返周
旋 自是德衰行薄.」

　사람이 세상이나 벼슬에서 물러나 집안에 박혀 한가하게 지내더라도 한 곳에서 몇 대가 모여 살지 않기 때문에 친척 관계가 세월이 흐를수록 소원해질 수밖에 없다.

　설사 몇 대를 함께 살아왔더라도 촌수가 멀어지거나 이사를 가고, 직장을 따라 거처를 옮기는 등, 많은 세월을 두고 반복하다 보면 친척 간에도 그 덕은 쇠퇴하여지기 쉽다. 이런 원리를 알아 소원해지지 않도록 하여야 한다.

57 선조의 덕택

왕랑천은 《언행회찬》에서 말한다.

『선조의 덕택[1]을 묻는다면 내가 누리는 것이 이것이니 마땅히 쌓기 어려웠음을 생각해야 할 것이요, 자손의 복을 묻는다면 내가 끼쳐줄 것이 이것이니 기울고 엎어버리기가 쉽다는 것을 생각해야 하나니라.』

| 주석 |

① 조종지택(祖宗之澤) : 선조들의 은택. 또는 덕택.

원문

王浪川《言行匯纂》曰「問祖宗之澤 吾享者是 當念
積累之難 問子孫之福 吾遺者是 要思傾覆之易.」

    지금 내가 누리고 있는 것은 가문의 형편에 따라 각각 다르다. 그러나 선조가 없었다면 지금의 내가 있었겠는가를 생각하면, 선조들이 뒤의 자손을 위하여 치가(治家)하고 치산(治産)하신 고생이나 어려움을 자연 알게 된다.

    또한 내가 자손에게 물려주는 것도 어떤 물질이나 권력의 복도 있겠지만 이보다는 한 가문의 가도(家道)나 전통(傳統)을 세워주는 것이 더 귀한 일이다. 후손들의 입장에서는 그 전통이 나의 대에 와서 끊어지고 쉬어버리지 않을까 염려하고 저어하면서 살아야 한다.

58 독서와 가색

장양원은 말한다.

『자제가 비록 시나 글을 익히지만❶ 가히 심고 가꾸는 일을 알게 하지 않을 수 없는 것이요, 비록 따비나 쟁기❷를 잡더라도 가히 시나 글의 뜻을 알게 하지 않을 수 없나니라.』

| 주석 |

  ① 이(肄) : 수습(修習). 연습(研習).
  ② 뇌사(耒耜) : 따비와 쟁기. 고대에 농사를 짓는데 필요한 기구.

원문

장 양 원 왈　　자 제 수 이 시 서　　불 가 부 지 가 색 지 사　수
張楊園曰「子弟雖肄詩書　不可不知稼穡之事　雖

병 뇌 사　불 가 부 지 시 서 지 의
秉耒耜 不可不知詩書之義.」

● **해의** ●

　　공부하는 선비라도 먹고 입는데 필요한 농경의 어려움을 알아야 훗날 농부의 고초를 덜어주려는 마음을 갖게 된다. 또한 농사를 짓게 되더라도 글을 읽는 심정을 가져야 한가롭고 넉넉하여 선비의 모습을 잃지 않고 살아가게 된다.

　　그리하여 농사와 공부, 공부와 농사를 둘로 보지 않고, 농사와 정치, 정치와 농사를 둘로 보지 않도록 가르쳐서 가정이나 사회 국가의 공동체에 속한 일원으로서 살아가도록 자제의 교육을 소홀히 할 수 없음을 일러주고 있다.

三
居官
[거관]

마료[1]는 말한다.

『백성은 실행을 따르는 것이요, 말을 따르지 아니 하나니라.』

|주석|

① 마료(馬廖) : 동한(東漢)의 명장(名將)이었던 마원(馬援)의 아들로, 자는 경평(敬平)이며 일찍이 순음후(順陰侯)에 봉해졌다.

원문

馬廖曰「百姓從行不從言.」

● 해의 ●

지금 민도(民度)는 높아지고 의식(意識)은 성숙되었다.

정치인들이 출사표를 내고 흔히 하는 말에 "백성이 주인이요, 정치하는 사람은 심부름꾼에 지나지 않는다."고 하면서 많은 공약(公約)을 늘어놓는다.

그러나 얼마 후에 그 사람이 그 자리에 앉았다 물러나는 것을 보면 그야말로 공약(空約)이나 공언(空言)으로 끝나는 경우가 허다하다.

다시 말하면, 자리를 얻기 위하여 실현가능하지 아니한 공약(公約)을 남발하였다가 그 자리를 얻은 뒤에는 지키지 않으면 공약(空約)이 되어버린다.

그래서 백성들은 그 사람이 공약(公約)으로 내세운 조항을 실행할 때 박수를 보내지만 공약(空約)이 되어버릴 경우 언짢아 할 것이요, 따라서 다음을 도모하기는 어렵게 된다.

준불의[1]는 말한다.

『관리가 되어 너무 굳세면 꺾이고 너무 부드러우면 중단하게 되나니, 위엄의 행위는 은혜를 베푼 뒤에야 공이 서고 이름이 드날려서 길이 하늘의 봉록으로 마치게[2] 되나니라.』

| 주석 |

① 준불의(雋不疑) : 자는 만천(曼倩)이며 서한(西漢)의 관리로 청주자사 (青州刺史)와 경조윤(京兆尹)을 지냈다.
② 영종천록(永終天祿) : 오래도록 조정의 봉록을 받게 된다는 말. 즉 관운(官運)이 융통되어진다는 말.

雋不疑曰「爲吏太剛則折 太裕則廢 威行施之以恩
然後樹功揚名 永終天祿.」

● 해의 ●

강유(剛柔)를 겸비하여 살기란 어렵다. 특히 조정의 봉록으로 연명하는 관리가 너무 세게 나가면 백성들이 불만하고 너무 부드럽게 나가면 일을 성사시키기 어렵다.

그러나 관리의 입장에서는 백성을 위주로 하여 행정을 펼쳐야 한다. 즉 위엄(威嚴)만 베풀면 너무 세다 하고 은혜만 베풀면 너무 부드럽다 하니 일을 따라 위엄과 은혜를 함께 베풀 때 공명(功名)이 서며, 공명이 서야 조정의 녹을 받아 관리로서의 일생을 잘 마치게 된다.

3 치민(治民)과 치승(治繩)

공수[1]는 말한다.

『어지러운 백성 다스리기를 어지러운 실타래를 다스림과 같이 할지니 가히 급하게 해서는 아니 되나니라.』

| 주석 |

① 공수(龔遂) : 자는 소경(少卿)으로, 서한의 관리로 일찍이 발해태수(渤海太守)를 지냈으며 뒤에 벼슬이 수형도위(水衡都尉)에까지 올랐다.

원문

공 수 왈　치 난 민 여 치 난 승　불 가 급 야
龔遂曰「治亂民如治亂繩　不可急也.」

● 해의 ●

실타래가 얽히면 풀기 어렵다. 특히 조급한 마음으로는 더욱 어려워진다.

백성도 이것저것으로 얽혀서 어지러운 상황이 되면 어디에서부터 손을 대야 할지 실마리를 찾기가 쉽지 않다.

얽힌 실타래를 풀어갈 때 조급한 마음을 버리고 차분하게 가닥을 찾는 것처럼, 백성을 다스리는 것도 이와 같아서 가장 급한 것을 먼저 처리하여 나간다면 자연스럽게 다스릴 수 있다.

4 율과 예

탁무❶는 말한다.

『율이란 중형(重刑)❷을 베푸는 것이요, 예란 인정을 따르는 것이니라.』

| 주석 |

① 탁무(卓茂) : 자는 자강(子康)이며 동한(東漢)의 남양원(南陽苑) 사람으로 대신이며 학자이다. 벼슬이 태부(太傅)에 이르렀다. 그는 시와 예는 물론 역산(曆算) 등을 익혀서 통유(通儒)로 불리었다. 성격이 관인(寬仁)하고 공애(恭愛)하여 향당(鄕黨)의 벗이라도 함께는 하지만 함부로 하지는 않았다.

② 대법(大法) : 중형(重刑)을 말한다.

원문

卓茂曰「律設大法 禮順人情.」

● 해의 ●

율법이란 중형(重刑)을 중점으로 하여 만들어졌다.

법률은 죄에 대한 형벌을 내린다는 의미도 있지만 예방(豫防)의 의미도 있다. 그러므로 중벌이 아닌 사소한 죄는 용서해 주어서 법의 은혜를 알도록 하여야 다음에 범하지 않게 된다.

예의는 인정(人情)을 넘어서서는 안 된다. 즉 예의라는 것이 사람의 정의(情誼)를 넘어서서 요원하거나 공허하다면 사람에게 아무 소용이 없어진다.

그러므로 예란 사람의 길을 밝힌 것이기 때문에 인간의 생활을 벗어나서는 성립될 수 없고, 인정을 여의고는 그 실행이 효과를 낼 수 없는 것이다.

5 세상은 덕으로 다스린다

제갈무후[1]는 말한다.

『세상을 다스리는 데는 큰 덕으로써 할 것이요, 작은 은혜로 해서는 아니 되나니라.』

| 주석 |

① 제갈무후(諸葛武侯, 181~234) : 자는 공명(孔明), 시호는 충무(忠武). 낭야군 양도현(琅句郡 陽都縣 : 山東省 沂水縣) 출생. 호족(豪族) 출신이었으나 어릴 때 아버지와 사별하여 형주(荊州 : 湖北省)에서 숙부 제갈현(諸葛玄)의 손에서 자랐다. 후한 말의 전란을 피하여 사관(仕官)하지 않았으나 명성이 높아 와룡선생(臥龍先生)이라 일컬어졌다. 207년(建安 12) 위(魏)의 조조(曹操)에게 쫓겨 형주에 와 있던 유비(劉備 : 玄德)로부터 '삼고초려(三顧草廬)'의 예로써 초빙되어 '천하삼분지계(天下三分之計)'를 진언(進言)하고 '군신수어지교(君臣水魚之交)'를 맺었다. 이듬해, 오(吳)의 손권(孫權)과 연합하여 남하하는 조조의 대군을 적벽(赤壁)의 싸움에서 대파하고, 형주·익주(益州)를 유비의

영유(領有)로 하였다. 그 후도 수많은 전공(戰功)을 세웠고, 221년(章武 1) 한(漢)의 멸망을 계기로 유비가 제위에 오르자 재상이 되었다. 유비가 죽은 후는 어린 후주(後主) 유선(劉禪)을 보필하여 재차 오(吳)와 연합, 위(魏)와 항쟁하였으며, 생산을 장려하여 민치(民治)를 꾀하고, 운남(雲南)으로 진출하여 개발을 도모하는 등 촉(蜀)의 경영에 힘썼으나 위(魏)와의 국력 차이는 어쩔 수 없어, 국세가 기울어 가는 가운데, 위의 장군 사마의(司馬懿)와 오장원(五丈原 : 陝西省 岐山縣)에서 대진 중에 병이 들어 죽었다. 위와 싸우기 위하여 출진할 때 올린 《전출사표(前出師表)》《후출사표(後出師表)》는 천고(千古)의 명문으로 이것을 읽고 울지 않는 이는 사람이 아니라고까지 일컬어졌다.

제 갈 무 후 왈　　치 세 이 대 덕　불 이 소 혜
諸葛武侯曰「治世以大德 不以小惠.」

◈ 해의 ◈

　천지의 덕은 만물을 하나도 버림이 없이 다 품어서 살려 준다.

　이와 같이 세상을 다스리는 것도 큰 덕을 갖춘 인품(人稟)으로 하는 것이지 정치나 권력으로 하는 것은 아니다.

　다시 말하면, 정치는 도정(道政)과 덕정(德政)으로 하여야 한다. 조그만 은혜를 베풀어서 생색을 내고 혜택을 입힌다고 떠들어대는 것은 그 사람의 자질이 의심될 뿐이다. 그것은 정도(政道)를 알지 못하는 모자란 사람이나 기회주의의 정객(政客)들이나 하는 수준 낮은 일이다.

　백성에게는 일시적으로 베풀어주는 작은 은혜보다는 자손 대대로 안심하고 살 수 있는 하늘 땅 같은 덕의 터전이 필요하다.

방응●은 말한다.

『일이 어렵더라도 사양하지 못하고, 죄의 형벌에서 도망치지 못하는 것이 신하의 절조이니라.』

| 주석 |

① 방응(方膺) : 생몰연대를 알 수 없다.

원문

방응왈　사불사난　죄부도형　신지절야
方膺曰「事不辭難　罪不逃刑　臣之節也.」

● 해의 ●

옛날처럼 군신(君臣)의 관계가 확실한 것은 아니지만 그래도 상사(上士)와 하사(下士)는 있기 마련이다. 그러므로 아랫사람의 입장에서 일을 맡았으면 모든 지식과 방법을 동원하여 어떠한 어려움이 있더라도 그 일을 풀어주어야 한다.

또한 죄를 짓지 않고 받는 형벌은 억울한 일이다. 그러나 죄를 지어서 받게 되는 형벌이라면 피할 수가 없기 때문에 자진해서 달게 받아들이는 것이 삶에 이로운 것이다.

호위❶는 무제❷를 대하여 말한다.

『'신은 아비와 같지 않사오니 아비는 청렴함을 사람들이 알까봐 저어하였지만, 신은 청렴을 사람들이 알아주지 못할까봐 두려워합니다.' 하니라.』

| 주석 |

① 호위(胡威) : 서진(西晉)의 관원으로 일찍이 진주태수(晉州太守)가 되었다. 그 아비인 호질(胡質)은 형주자사(荊州刺史)를 지냈는데 청렴(淸廉)하기로 이름이 날렸다. 그 뒤 호위는 벼슬이 더욱 올라 우장군(右將軍)이 되고 예주자사(豫州刺史)가 되었으면 입조(入朝)하여 상서(尚書)기 되고 봉거도위(奉車都尉)를 더하였다.
② 무제(武帝) : 진(晉)나라의 임금.

원문
____

호위대무제왈　신불여부　부청공인지　신청공인부지
胡威對武帝曰「臣不如父　父淸恐人知　臣淸恐人不知.」

● 해의 ●

　청렴이란 관로(官路)의 선칙(善則)으로 상생(相生)의 길이요, 뇌물(略物)은 사로(仕路)의 악칙(惡則)으로 상극(相剋)의 길이다.
　일벌백계(一罰百戒)라는 말이 있다. 즉 한 사람을 벌주어서 여러 사람이 경계하도록 한다는 말이다.
　반면에 일상백종(一賞百從)도 있다. 즉 한 사람을 상 주어 여러 사람이 따르도록 한다는 의미이다. 청렴을 숨기는 것도 좋지만 많이 드러내어 남의 본보기를 삼도록 하는 것은 더욱 좋은 일로 어느 시대를 막론하고 장려 되어야 할 아름다운 벼슬의 문화이다.

8 비방과 기림

문중자는 말한다.

『비방을 듣고 성내는 사람은 참소의 후림새❶가 되는 것이요,
아첨을 보고 기뻐하는 사람은 아첨의 매개가 되나니라.』

|주석|

① 와(囮) : '후림새 와' 자이다. 후림새란 다른 새를 꾀어드리기 위하여
매어두는 살아 있는 새를 말한다. 즉 매개(媒介)라는 의미로 사물의 발
생을 유인(誘因)한다는 뜻이다.

원문

文中子曰「聞謗而怒者 讒之囮也 見諛而喜者 佞
之媒也.」

● 해의 ●

자신을 비방한다는 소리를 듣고 버럭 화를 내는 사람은 자신이 비방
을 받게 된 원인은 밝히지 않으면서 비방한 그 사람을 찾아 갖은 방법
으로 회유하거나 유인(誘引)한다. 또는 관가에 고발하여 고초를 받도
록 하고, 아니면 갖은 협박으로 위협을 하는 것이 보통이다.

또 자기에게 아첨하는 것을 보고 기뻐하는 사람은 직접 아첨을 하거
나 받기를 좋아하는 사람이다. 이것이 매개가 되어 갖은 일을 다하다
가 아첨의 대상인 우두머리가 사라져버리면 하루아침에 초라한 신세
로 전락하여 자칫 뭇 사람의 질시를 받게 된다.

위정공[1]은 말한다.

『아울러 들으면 밝은 것이요, 치우쳐 들으면 어둡나니라.』

| 주석 |

① 위정공(魏鄭公, 580~643) : 곧 위징(魏徵)으로, 자는 현성(玄成). 거록군(鉅鹿郡) 곡양(曲陽) 사람이다. 위징은 어렸을 때 가족을 잃고 가난하여 출가해서 도사(道士)가 되었다. 617년 이밀(李密)의 부하가 되었으며, 그와 함께 당나라에 항복했다. 621년 이건성(李建成)의 태자세마(太子洗馬)가 되어 이세민(李世民 : 나중에 太宗)을 죽이라고 간언했다. 그러나 이세민은 즉위 후 그의 인물됨을 높이 평가하여 그에게 벌을 주지 않고 발탁하여 간의대부(諫議大夫)로 중용했다. 629년 비서감(祕書監)으로 조정에 들어가 비부도서(祕府圖書)를 교정하여 《군서치요(群書治要)》의 편찬을 주도했다. 636년 양(梁)·진(陳)·북제(北齊)·북주(北周)·수(隋)의 5개 왕조에 대한 역사편찬을 주도한 공으로 광록대부(光綠大夫)에 임명되었고 정국공(鄭國公)으로 봉해졌다.

원문

위 정 공 왈　겸 청 즉 명　편 청 즉 암
魏鄭公曰 「兼聽則明 偏聽則暗.」

● 해의 ●

　우리 속담에 '한 편 말만 듣고 송사 못한다.' 고 하였다. 한쪽의 사정만 듣고는 양편의 잘잘못을 해결하기 어렵다는 뜻으로, 어떤 일에 시비(是非)가 생길 경우 양쪽 말을 다 들어야 밝고 바른 판단이 가능한 법이다.

만일에 한편 말만 듣고 손들어주면 한쪽은 피해를 받을 수 있기 때문에 판단해야 할 위치에 있는 사람일수록 양편 말을 들어서 처리하여야 원만한 처리가 될 뿐만 아니라 시비가 한 번에 차단되는 효과가 따른다.

10 어짊과 용서

최인사[1]는 말한다.

『무릇 옥사를 다스리는 데는 응당 어짊과 용서를 근본으로 삼아야 하나니라.』

| 주석 |

① 최인사(崔人師) : 당초(唐初)의 대신. 벼슬이 중서시랑(中書侍郞)에 이르고 참지정사(參知政事)에 올랐다.

원문

최 인 사 왈　범 치 옥　당 이 인 서 위 본
崔人師曰「凡治獄　當以仁恕爲本.」

해의

비록 죄를 지어 감옥에 갇혔더라도 인본(人本)은 똑같다.

다시 말하면, 옥리(獄吏)의 입장에서 사람이 근본적으로 악하여 죄를 지은 것이 아니라 외적인 상황이 죄를 짓게 만든 것이라고 생각하여 어짊과 용서를 근본으로 삼아서 사람을 다루어야지, 법규에 근거해서 죄를 응징한다면 세상에 살아남을 사람이 얼마나 있겠는가?

그러므로 법을 다루는 법관이나 형벌을 다루는 옥관은 사람을 살리는데 근본을 두었을 때 억울하게 죄를 받는 사람이 없고, 따라서 형평성(衡平性)도 잃어버리지 않게 된다.

11 성인의 큰 덕을 밝히자

서유공❶은 말한다.

『과실❷은 사람인 신하의 작은 허물에서 나오는 것이니, 임금❸은 큰 덕을 내어 닦아 밝혀야 하나니라.❹』

| 주석 |

① 서유공(徐有功, ?~702) : 곧 서홍민(徐弘敏)으로, 자가 유공이며 당대의 대신이다. 특히 명망이 있는 사법심판관(司法審判官)이었다.
② 실(失) : 정치하는 사람의 과실(過失).
③ 성인(聖人) : 임금.
④ 호(好) : 정치를 닦아 밝히는 것.

원문

서 유 공 왈　　실 출 인 신 지 소 과　　호 생 성 인 지 대 덕
徐有功曰「失出人臣之小過 好生聖人之大德.」

● 해의 ●

일을 하다보면 누구인들 허물이 없겠는가? 허물임을 알고 고치면

되는 것이다.

이와 같이 신하가 되어 정치를 하다보면 작은 허물을 지을 수도 있는데, 그 작은 허물까지 낱낱이 밝히고 드러내면 붙어있기 어렵다.

그러므로 윗사람인 임금이 아랫사람인 신하들의 작은 허물은 눈감아 주어야 한다. 일일이 따지지 말고, 크게 어긋나거나 큰 죄악이 아니면 모른 체 넘어가 주는 아량이 있어야 한다.

따라서 최고위에 있는 사람은 성정덕치(聖政德治)를 발휘하여 그 정도(政道)를 잘 닦고 아울러 모든 허물을 포용하여 바른 사람이 되도록 이끌어야 하는 것이다.

12 큰 계획을 논함에

유안●은 말한다.

『큰 계획을 논하는 사람은 가히 작은 소모를 아까워하지 않나니라.』

| 주석 |

① 유안(劉晏, 715~780) : 자는 사안(士安)으로, 당대의 대신이며 이재(理財)에 매우 밝았다.

원문

유 안 왈　　논 대 계 자 　불 가 석 소 비
劉晏曰「論大計者 不可惜小費.」

● 해의 ●

　범이나 사자를 잡으려고 목적한 사냥꾼은 토끼나 노루가 앞에서 어른거려도 함부로 총을 쓰지 않는다.

　왜 그런가. 그 작은 것에 집착하고 재미를 붙이다보면 정작 사자나 범이 도망가거나 탄환이 떨어져서 눈앞의 사자나 호랑이를 보고도 잡을 수 없게 되기 때문이다.

　그러므로 큰 계획을 세워서 이루려는 사람은 작은 소모(消耗)나 소비(消費)에 대해 따지지 말고 대범스럽게 나아가야 한다. 세세하게 따지면 사람이 떠나고 사람이 떠나면 큰일이나 큰 계획을 이뤄내기 어렵다.

13 좋은 소식과 나쁜 소식

신원어[1]는 말한다.

『자식이 벼슬에 나갔는데 어떤 사람이 와서 이르기를 "가난하고 고달퍼서 능히 보존하지 못하였구나." 한다면 이것이 좋은 소식이요, 만일에 "재물이 충족하여 옷이나 말이 가볍고 살쪘구나[2]."라고 들린다면 이것이 나쁜 소식이니라.』

| 주석 |

① 신원어(辛元馭) : 당대(唐代)의 사관(史官)이다.
② 의마경비(衣馬輕肥) : 《논어(論語)》 옹야(雍也)에 '공서적(公西赤 ; 공자의 제자)이 제나라에 사신으로 갈 때에 살찐 말을 타고 가벼운 갓옷을 입었다(赤之適齊也 乘肥馬 衣輕裘).'에서 인용이 되었다.

신 원 어 왈　　아 자 종 관 자　　유 인 래 운　　빈 핍 불 능 존
辛元馭曰 「兒子從官者 有人來云 "貧乏不能存"

차 시 호 소 식　약 문　자 화 충 족　의 마 경 비　차 악 소 식
此是好消息 若聞 "貲貨充足 衣馬輕肥" 此惡消息.」

● 해의 ●

　　가난하고 참되게 살던 사람의 자식이 과거에 급제하여 벼슬길에 올랐다. 어떤 사람이 와서 말을 한다.

　　'이제 겨우 먹고 사는 가난은 면할 수 있겠습니다.' 한다면, 이것이 참으로 좋은 소식이다. 청렴결백한 관리이기 때문이다.

　　그러나 만일에 '재물도 충족하게 쌓을 수 있고, 살찐 말이 끄는 수레도 타고 가벼운 비단옷도 마음대로 입을 수 있겠습니다.' 한다면, 이것은 나쁜 소식이다. 혹 권력을 이용하여 간탐(慳貪)하는 것이 아닌가 염려되기 때문이다.

　　그러므로 벼슬길에 나간 사람이 정당하게 받는 급료는 옳지만 부정을 저지르거나 뇌물을 받아서 치부(致富)나 사욕(私慾)을 일삼는다면 차라리 처음부터 벼슬을 안 함이 옳다. 치부나 사욕의 끝은 엄청난 고통을 불러오는 것이 예나 지금이나 같다.

14 좋은 관리

구양공❶은 말한다.

『무릇 사람을 다스림에 관리의 재능 여부(與否)나 계획과 시행❷이 어떤가를 묻지 않아도 다만 백성들이 편안하다 일컬으

면 바로 어진 관리이니라.」

┃주석┃

① 구양공(歐陽公, 1007~1072) : 자는 영숙(永叔)이요, 호는 취옹(醉翁)이며 만호(晚號)를 육일거사(六一居士)라 하였다. 북송의 대신이요, 문학가며 사학가이다. 시호를 문충공(文忠公)이라 하였다. 저술에는《구양문충공집(歐陽文忠公集)》이 있다.
② 설시(設施) : 설은 계획(計劃)을 말하고, 시는 시행(施行)이나 실시(實施)를 말한다.

원문

구 양 공 왈　　범 치 인　　불 문 이 재 능 부　설 시 여 하　　단 민
歐陽公曰 「凡治人　不問吏才能否　設施如何　但民

칭 편　즉 시 양 리
稱便　即是良吏.」

● **해의** ●

　　물론 관리(官吏)라면 백성을 위해 일할 수 있는 재능이 있어야 한다. 즉 그 직책을 수행할 만한 능력이 있어야 한다는 말이다.

　　그러나 관리가 가진 능력만 앞세운다고 일이 이루어지는 것은 아니다. 오직 철저한 계획이 서야 하고 나아가 그 계획을 능히 시행할 수 있는 용단이 필요하고 이를 위해 부려쓸 사람도 필요하다.

　　그러므로 좋은 관리란 재능만을 내세울게 아니라 작은 재능이라도 백성들을 위하여 성실하게 일하는 봉사정신을 중시하여야 한다. 나아가 백성들로부터 신임을 받아야 비로소 어진 관리가 되는 것이다. 백성의 신뢰가 먼저다.

15 재상의 도

또 말한다.

『재상의 도[1]를 논함에 마땅히 무게와 평안함과 고요함을 가졌는가를 우선해야 하나니라.』

① 상도(相道) : 재상(宰相)의 도. 위정(爲政)의 도.

원문

又曰「論相道 當以持重安靜爲先.」

해의

적어도 재상이라면 무게 있음을 첫째로 여겨야 한다.

무게란 바로 경륜(經綸)으로 오랜 수양과 경험에 의해서 쌓인 위엄(威嚴)이다. 사람들이 함부로 범접(犯接)할 수 없는 기품(氣稟)이 근본적으로 갖추어져야 말이나 명령이 없더라도 부하들을 거느릴 수 있다.

다시 말하면, 재상의 자질은 학문이나 학덕과 함께 무게를 가지고, 몸과 마음을 가볍게 놀리지 않으며, 항상 편안하고 고요한 내면(內面)을 지녀서 사태(事態)나 사람을 꿰뚫는 예지(叡智)를 지녀야 한다.

정명도는 말한다.

『직책의 일을 가히 교묘하게 면하려 해서는 안 되나니라.』

정 명 도 왈　직 사 불 가 이 교 면
程明道曰「職事不可以巧免.」

• 해의 •

　　관리가 된 사람은 책임을 회피해서는 안 된다. 옳은 일이 되었든 그
른 일이 되었든 자기가 맡은 일은 끝까지 책임을 질줄 알아야 한다.
　　즉 옳은 일에 부당한 압력이 있으면 설득하여 돌파하고, 잘못되는
일에 재물이나 권력으로 무마(撫摩)시키려 하면 박차고 일어나서 능
히 저항할 수 있어야 한다.
　　다시 말하자면, 어떤 일에 결과가 좋으면 자긍(自肯)할 수도 있겠지
만, 결과가 좋지 않을 경우를 당하여 온갖 변명과 술수(術數)를 동원하
여 면하려 하면 안된다. 자기가 책임질 일은 어떠한 불이익을 받더라
도 당당하게 임하는 자세를 가져야 한다.

17 백성에게 다가서는 방법

　　유안례[1]가 백성에게 다가서는데 대하여[2] 묻자, 정명도 선생
은 말한다.

『백성으로 하여금 각각 그 실정을 통해서 얻도록❸ 할지니라.』

관리 거느리는 방법을 묻자 말한다.

『몸을 바르게 함으로써 사물을 바루어야❹ 하나니라.』

| 주석 |

① 유안례(劉安禮) : 자는 원소(元素)로 북종의 학자이다.

② 임민(臨民) : 백성을 다가서다. 또는 백성을 다스리다.

③ 수(輸) : 통보한다. 즉 실정(實情)을 낱낱이 알리고 보고한다.

④ 격물(格物) : 1)《대학》에서, 이상적인 정치를 하기 위한 첫 단계를 이르는 말. '격물(格物)', '치지(致知)', '성의(誠意)', '정심(正心)', '수신(修身)', '제가(齊家)', '치국(治國)', '평천하(平天下)'의 순서로 발전한다.

2)주자학에서, 사물의 이치를 연구하여 끝까지 따지고 파고들어 궁극에 도달함을 이르는 말.

3)양명학에서, 사물에 의지가 있다고 보아 그에 의하여 마음을 바로잡음을 이르는 말.

원문

又曰 劉安禮問臨民 先生曰「使民各得輸其情」問

御吏 曰「正己以格物.」

● 해의 ●

유안례란 사람이 명도 선생을 찾아가서 두 가지를 물었다. 하나는 백성을 다스리는 방법이며, 둘은 관리를 거느리는 방법이다.

이에 대한 명도선생의 가르침이다.

첫째, 백성을 다스림에 있어서는 모든 백성들이 일이 있든 없든 간에 자기들의 실정(實情), 곧 속마음을 서슴없이 털어놓을 수 있도록 세정을 알아주고 보살펴서 백성들이 다가서도록 선정(善政)과 덕치(德治)를 베풀어야 한다.

둘째, 관리를 거느리는 방법은 내 자신이 학덕(學德)을 갖추어 바르고 청렴(淸廉)하며 솔선(率先)하는 표상(表象)이 됨으로써 관리들이 기피하지 않고 자연적으로 다가오도록 하여야 한다.

18 정직과 충후

나종언[1]은 말한다.

『선비가 조정에 섬에 정직과 충후[2]를 근본으로 삼는 것이 중요한 것이니 정직하면 조정에서 허물과 실수가 없을 것이요, 충후하면 천하에서 탄식과 원망이 없나니라.』

| 주석 |

① 나종언(羅從彦, 1072~1135) : 자는 중소(仲素)로, 남사 검주 검포 사람이다(南沙劍州劍浦人). 학자들이 「예장선생(豫章先生)」이라 불렀다. 남송의 학자이다.

일찍이 송대 이학(理學)의 기초를 놓은 정명도(程明道)·정이천(程伊川)의 수전(首傳) 제자인 양시(楊時)가 말하기를 '종언과는 가히 도를 말할 만하다. 나의 제자가 1000여 사람이지만 종언에 미치지 못한다(惟從彦可與之言道, 吾弟子千餘人無及得從彦者).'고 하였다.

② 충후(忠厚) : 충직(忠直)하고 순후(淳厚)함. 충직하고 온순하며 인정이 두터운 풍모.

나 종 언 왈　　사 지 입 조　요 이 정 직 충 후 위 본　　정 직 즉
羅從彦曰「士之立朝 要以正直忠厚爲本. 正直則

조 정 무 과 실　충 후 즉 천 하 무 차 원
朝廷無過失 忠厚則天下無嗟怨.」

● 해의 ●

　　조정에서 일하는 선비의 덕목(德目)은 바로 정직(正直)과 충후(忠厚)로 이 둘이 가장 근본이다. 어떠한 경우를 당하여도 이 둘을 망각하면 조정에 설 선비의 자격이 사라진다.

　　따라서 선비가 정직하면 조정의 어떤 관직에 있어도 허물이나 실수가 나타나지 않을 것이요, 충직하고 온순하면 천하에서 탄식하고 원망하는 소리가 자연 사라져 들리지 않게 될 것이다.

　　이 두 가지만 잘 지킨다면 선비로서 벼슬살이 하는데 문제가 없을 뿐만 아니라 고을이나 나라도 잘 다스려져서 백성들의 삶이 자연히 윤택해진다.

19 정치를 하는데

여정헌공❶은 말한다.

『정치를 하는데 너무 과분한 것❷은 버려야 하나니 인재란 사실 얻기 어려운 것이라, 응당 그로 하여금 스스로 새로워지도록 할지언정 어찌 마땅히 그로 하여금 스스로 포기하게 하리요?』

| 주석 |

① 여정헌공(呂正獻公, 1018~1089) : 곧 여공저(呂公著)로, 자는 회숙(晦叔)이며 북송의 대신이다. 죽은 뒤에 중국공(中國公)에 봉하고 시호를 정헌(正獻)이라 하였다.

② 거기태심자(去其太甚者) :《도덕경》29장에 '이러하므로 성인은 과분한 것을 버린다(是以聖人去甚).'고 하였는데, 심(甚)이란 '과분(過分)하다.'는 의미이다.

원문

呂正獻公曰「爲政去其太甚者. 人才實難 當使之

自新 豈宜使之自棄?」

해의

정치를 하는 사람은 너무 과분(過分)한 상황, 곧 분수에 넘치는 상황을 늘 경계하여야 한다. 너무 익애적(溺愛的)이거나 향락적(享樂的)이거나 사치적(奢侈的)이거나 권위적(權威的)인 것들을 과감하게 버릴 줄 알아야 한다.

또한 인재란 키워 쓰는 것이지만 기성의 인재는 다시 얻기 어렵다. 그러므로 나에게 다가서지 않는다거나 정책의 노선이 다르다 하여 함부로 버리지 말아야 한다.

그리고 어떤 인재라도 스스로 깨어 새로워지도록 여건을 조성해줄지언정 자포자기(自暴自棄)하도록 방치해서는 안된다.

20 임금과 어버이 섬김은 같다

여본중[1]은 말한다.

『임금 섬기기를 어버이 섬김과 같이할 것이요, 관장 섬기기를 형 섬김과 같이할 것이며, 동료와 함께 하기를 집안사람 같이할 것이요, 뭇 관리 대하기를 노복과 같이할 것이며, 백성 사랑하기를 자손같이 할 것이요, 관청의 일을 집안일 같이 한 뒤에야 능히 나의 마음을 다했다고 하나니라.』

| 주석 |

① 여본중(呂本中, 1084~1145) : 원명은 대중(大中)으로, 자는 거인(居仁)이다. 세상에서 「동래선생(東萊先生)」이라 불렀다. 남송의 시인으로 저술에는 《동래선생시집(東萊先生詩集)》이 있다.

원문

呂本中曰「事君如事親 事官長如事兄 與同僚如家人 待群吏如奴僕 愛百姓如子孫 處官事如家事 然後能盡吾之心.」

● 해의 ●

나라의 봉록을 먹는 사람이 실천해야 할 덕목이다.

늘 섬기고 함께하며, 돌봐주고 챙기며, 허물없이 대하며, 사랑을 위

주로 하여 관리의 길을 걸어가면 크게 허물을 범하지 않고 나라와 백성을 위해 봉사하다가 아름답게 사로(仕路)를 마칠 수 있다.

그러나 이에 반하게 되면 오명(汚名)이 남아서 사로에 치명타가 되고 사회적으로도 매장되어 다시 일어설 기회를 잃게 된다.

그러므로 옛날 선비들은 벼슬길에서 자청하여 물러나는 것은 영광으로 알고, 떠밀려 억지로 물러나는 것을 일생의 치욕(恥辱)으로 여겼다.

21 관리의 경계할 점

또 말한다.

『마땅히 관리는 먼저 사납고 성냄을 경계할 것이요, 일에 옳지 않음이 있으면 응당 자세하게 살펴서 처리를 한다면 반드시 맞아지지 아니함이 없나니라.』

원문

又曰「當官先以暴怒爲戒 事有不可 當詳處之 必
無不中.」

● 해의 ●

관리가 된 사람은 민원인을 대하여 공연히 폭력을 행사하거나 성질 부리는 것을 먼저 경계하여야 한다.

어떠한 일에 불가함이 있더라도 법리적(法理的)인 논리만 펼 것이 아니라 상대를 헤아려서 자세하게 선후를 짚어주어 성실하게 이해시키면 해결의 길이 열릴 것이다.

다시 말하면, 관리가 초심을 잃지 않고 살면 자기의 맡은 위치에서 이루어내지 못할 일이 없다.

22 관리의 일처리

또 말한다.

『관리로서 일을 처리함에 당하여 무릇 착실하기에 힘써야 하나니라.』

우왈　당관처사　단무착실
又曰「當官處事 但務著實.」

● 해의 ●

관리로서 일을 처리할 경우를 당해서 책상머리에 앉아 머리나 법리로만 대응해서는 안된다. 실지 상황을 살펴서 확실하게 처리하기에 힘써야 일을 보려는 사람들이 불평불만 없이 요구하는 바를 모두 얻게 된다.

풍문(風聞)보다는 실견(實見)이 문제를 해결하는데 효과가 있는 법이다.

23 벼슬하는 사람은

범촉공[1]은 말한다.

『벼슬하는 사람은 널리 사람이 알아주기를 구해서는 안 되는 것이요, 은혜 받음이 많으면 조정에 서기가 어렵게 되나니라.』

| 주석 |

① 범촉공(范蜀公, 1007~1087) : 곧 범진(范鎭)으로, 자가 경인(景仁)이다. 북송의 대신이며 학자로 촉군공(蜀郡公)에 봉해졌고, 시호를 문충(文忠)이라 하였다.

원문

范蜀公曰「仕宦不可廣求人知 受恩多 難立朝矣.」

● 해의 ●

벼슬에 나아간 사람은 나라와 백성을 위한 봉사를 위주로 해야 한다. 만일에 인기에 편승하여 자신을 알아주기를 구하고 찾는다면 올바른 관리는 아니다.

사람이 벼슬에 나가서 윗사람을 의식하고 또 윗사람으로부터 은총(恩寵)을 많이 받는다면 자연 남들의 시기나 질투를 사게 되어 조정에 오래 있기 어려워진다.

그러므로 정당하게 오는 은혜는 막을 수는 없지만 부당하게 은총을 찾다가는 후환(後患)을 감수해야 할 때가 반드시 오는 것이다.

24 백성의 감화

주회암은 말한다.

『백성이 비록 많을지라도 필경은 하나의 마음인 것이니 매우 감화시키기가 쉽나니라.』

원문

주회암왈　민수중　필경일개심　심이감
朱晦庵曰「民雖衆　畢竟一個心　甚易感.」

● 해의 ●

나라에 백성이 비록 많고 또 처리할 사항이 많더라도 관리가 오직 백성을 사랑하는 한마음을 가지고 대하면 백성이 감화되어 나라를 다스리는데 어려움이 없어진다.

역지사지(易地思之)의 심경으로 백성편이 되어 처지를 알아주고 형편을 살펴줄 때 감동이 따른다.

요임금이나 순임금은 팔짱만 끼고 있어도 나라가 다스려졌다고 한다.

25 이름난 장수는 신중하다

또 말한다.

『옛날에 이름난 장수는 모두 신중하고 주밀하였으니 오한❶이나 주연❷은 종일토록 공경하고 삼가서❸ 항상 전진(戰陣)을 대하는 것처럼 여겼음이라, 크게 공명을 이루려면 더욱 삼가고 주밀하여야 할 것이요, 거칠고 노둔하고 소홀함❹으로 능히 이룸이 있었다는 것은 듣지 못하였나니라.」

| 주석 |

① 오한(吳漢, ?~44年) : 동한(東漢)의 무장(武將)으로, 자는 자안(子顏)이다. 한나라 광무제(光武帝)의 편장군(偏將軍)이요 공신(功臣)으로, 운대(雲臺)의 28장(將) 가운데 제2위에 해당되는 사람이다. 공손술(公孫述)과 싸웠는데 여덟 번 싸워 여덟 번 이기니(八戰八克), 이름이 천하에 드러났고 벼슬은 대사마(大司馬)에 이르렀다.

② 주연(朱然, 182~249) : 삼국시기 오나라 장령으로, 자는 의봉(義封)이며 효정(猇亭)의 싸움에서 육손(陸遜)과 합력하여 유비(劉備)를 대파하고 그 뒤 위국(魏國)의 군대를 맞아 6개월 동안 사수(死守)하니 위나라의 군대가 결국 물러갔다. 벼슬이 좌대사마(左大司馬)에 이르고 우군사(右軍師)와 대도독(大都督)에 이르렀다.

③ 흠흠(欽欽) : 대단히 공경하고 삼가는 모양.

④ 활략(闊略) : 소홀함. 눈감아줌. 조소(粗疏)함.

원문

又曰「古之名將 皆愼重周密 如吳漢朱然 終日欽

欽 常如對陣. 要做大功名底 越要謹密 未聞粗魯

闊略 而能有成者.」

사람이 세상을 살면서 아름다운 이름을 남기는 것은 결코 쉬운 일이 아니다. 자기 분야에서 역사에 이름을 올리기 위해서는 지혜와 용기와 과단(果斷)을 다하여야 한다.

아울러 항상 주밀하고 삼가며 평상시에 실전(實戰)에 임하듯이 마음과 생각과 행동을 가다듬어야 한다. 그런 다음 연마하고 계략을 세우고 힘껏 행하여 아름다운 결과를 얻어낼 때 역사의 한 장에 기록이 남게 되는 것이다.

그리고 시대나 사람보다는 역사의 평가가 훨씬 두렵고 무섭다는 사실을 깨달아서 선명(善名)은 남길지언정 악명(惡名)은 남기지 않아야 한다.

26 재앙과 의

여동래[1]는 말한다.

『벼슬에 당해서 크게 중요한 것은 올곧아서 재앙을 범하지 않는 것이요, 화평하여 의를 범하지 않는 것이니라.』

| 주석 |

① 여동래(呂東萊, 1137~1181) : 곧 여조겸(呂祖謙)으로, 자는 백공(伯恭)이다. 남송(南宋) 수주(壽州)의 안휘봉대(安徽鳳台) 사람이다. 대대로 벼슬을 한 집안으로 동래도 비서성(秘書省)의 비서랑(秘書郎)을 지냈다. 학자들이 「동래선생(東萊先生)」이라 불렀다. 남송의 철학가요 문학가이며 교육가이다. 주희(朱熹)와 장식(張栻)으로 더불어 이름을 나란히 하여 소위 「남송삼현(南宋三賢)」으로 불리었다. 더욱 유명한 것

은 여조겸이 주선하여 주희와 육구연(陸九淵)이 참가한 「아호지회(鵝湖之會)」의 학술회의이다. 금화학파(金華學派)의 대표로 절동학파(浙東學派)를 개원하였다. 「도덕일세사표(道德一世師表)」로 추앙을 받는다. 저술에 《좌전설(左傳說)》·《동래박의(東萊博議)》·《역대제도상설(歷代制度詳說)》·《송문감(宋文鑑)》·《동래시집(東萊詩集)》·《여씨가숙독서기(呂氏家塾讀書記)》 등이 있고 주자와 더불어 합편(合編)한 《근사록(近思錄)》이 있다.

여 동 래 왈　　당 관 대 요　직 불 범 화　화 불 범 의
呂東萊日「當官大要 直不犯禍 和不犯義.」

● 해의 ●

벼슬길에 오른 사람은 청렴하면서도 강직함을 귀하게 알아야 한다. 당대는 물론이지만 후세에까지 재앙이 되고 시비꺼리가 될 수 있는 상황을 만들어 놓아서는 안 된다.

또한 대중과 화합을 이루면서도 옳은 일, 옳은 방향의 원칙을 어기거나 방기(放棄)하지 말아야 한다.

다시 말하면, 올곧을수록 화근(禍根)을 멀리하여야 하고, 화합할수록 옳음을 지키고 실천을 하여야 한다.

27 선비란 욕심이 적다

또 말한다.

『선비란 능히 욕심이 적어서 맑고 담박함에 편안하며 부귀에

넘치는 바가 되지 아니해서 그것을 바깥 물건으로 보아야 하나니, 저절로 그러하면 나가든 물러가든 그 바름을 잃지 아니하나니라.』

우왈　사능과욕　안우청담　불위부귀소음　즉기시
又曰「士能寡慾　安于淸淡　不爲富貴所淫　則其視

외물야　자연진퇴불실기정
外物也　自然進退不失其正.」

● 해의 ●

　선비란, 첫째로 욕심이 담박하여야 한다. 즉 욕심을 부려서는 안되며 설사 욕심을 부릴 경계에 놓이더라도 선비의 명예와 자존심은 지켜야 한다.

　아울러 가난에 청안(淸安)하고 형세(形勢)에 담박하여 부귀가 오더라도 내 몸 밖의 물건으로 보아서 분수에 맞게 수용할 줄 알아야 한다. 어떠한 상황에 처하여도 진퇴(進退)에 관계가 없이 정의(正義)나 정직(正直)을 저버리지 아니할 때 선비로서의 꿋꿋한 인생을 엮어갈 수 있다.

28　청빈의 본성을 잃지 않는다

　이문정❶은 말한다.

　『벼슬을 해서 경대부나 재상에 이를지라도 청빈❷의 체성❸을 잃어서는 안 되는 것이라, 군자가 들어가는 데마다 자득하지 않음이 없는 것은 정말로 교만과 사치를 갈아내고 꺾어서 삶에 기절(氣節)이 변하고 길음에 본성이 옮겨지는 데까지❹ 이르지 않음에서이니라.』

| 주석 |

① 이문정(李文定, 1156~1225) : 곧 이번(李燔)으로, 자가 경자(敬子)이다. 남송의 남강군건창(南康軍建昌 ; 今江西永修西北) 사람으로 광종 소희원년(光宗紹熙元年 ; 1190)에 진사에 합격하여 악주양양부교수(岳州襄陽府敎授)가 되었고 이학자(理學)로 일찍이 주자를 따라 배웠으며, 주자가 죽은 뒤에 백록동서원(白鹿洞書院)의 당장(堂長)이 되었다. 죽은 뒤의 시호가 문정이다. 저서에는 《송사(宋史)》 430권이 전한다.
② 한소(寒素) : 가세(家世)가 청빈(淸貧)함을 말한다.
③ 체(體)란 본성(本性) 또는 본체(本體)의 의미이다.
④ 거이기 양이체(居移氣 養移體) : 기절(氣節)이 동요되고 본성(本性)을 잃어버림을 말한다.

원문

李文定曰「仕宦至卿相 不可失寒素體. 君子無入

不自得者 正以磨挫驕奢 不至居移氣 養移體也.」

◦ 해의 ◦

한문(寒門)의 출신으로 벼슬길에 올라 경대부나 재상의 높은 지위가 되더라도 청빈(淸貧)의 본심(本心)을 잊거나 잃어서는 안된다. 한미(寒微)하게 살던 초심(初心)을 잊지 말라는 말이다.

이러는 가운데 지위가 올라가고 부귀가 쌓이면 교만(驕慢)하고 사치

(奢侈)하기 쉽다. 초심의 기절(氣節)을 변하지 않고 한미한 집안의 본래 가졌던 마음을 잊어버리지 않는다면 사로(仕路)에 허물됨이 없이 잘 지켜나가게 되지만, 아닌 마음이나 주위의 아첨에 현혹되면 끝을 아름답게 마치기는 어려워진다.

29 충신은 청렴하다

진서산[1]은 말한다.

『충신은 반드시 청렴해야 하는 것이요, 청렴한 사람이라야 반드시 충성을 하나니라.』

| 주석 |

① 진서산(眞西山, 1178~1235) : 곧 진덕수(眞德秀)로, 자는 경원(景元)인데 뒤에 경희(景希)로 고쳤다. 학자들이 「서산선생(西山先生)」이라 불렀다. 남송의 대신이며 학자로 벼슬이 호부상서(戶部尙書)와 참지정사(參知政事)에까지 올랐다. 정주(程朱)의 학설을 따랐다. 저술에 《서산문집(西山文集)》·《대학연의(大學衍義)》·《심경(心經)》 등이 있다.

원문

진 서 산 왈　　충 신 필 염　염 자 필 충
眞西山曰「忠臣必廉　廉者必忠.」

　충신은 절대적으로 청렴(淸廉)하고 고결(高潔)하며 명백(明白)하여
야 한다. 이러한 사람이라야 나라에 충성하고 백성을 아낄 수 있다.
　이렇게 볼 때 청렴과 충성은 둘인 것 같지만 사실은 하나이다. 그리
하여 청렴하지 않으면 충성할 수 없고, 충성하지 않으면 청렴할 수 없
다. 이들은 철로의 두 선과 같으니 벼슬을 하는 사람은 역사라는 종이
위에 어떠한 이름이 적힐 것인가를 생각하면서 벼슬살이를 하여야 한
다.

30 평생에 세운 사업

또 말한다.

『예나 지금의 일을 회상하면 일찍이 근본 되는 바가 없지 않
았음이라. 제갈무후가 평생 세운 바 사업의 기특하고 훌륭하
였던 그 원인을 찾아본다면 "정성스러운 마음으로 열었고, 공
변된 도로 펼쳤으며, 대중의 생각을 모았고, 충성스러움과 이
로움을 넓게 하였을 따름이라." 대개 이 네 가지가 이에 무후
사업의 근본이지만 정성과 더불어 공변됨이 또한 그것의 근본
이었나니라.』

又曰「想古今事 未嘗無所本. 諸葛武侯 平生所立

事業奇偉 然求其所以 則開誠心 布公道 集衆思 廣

忠益而已. 蓋此四者 乃武侯事業之本 而誠之與公

又其本也.」

◦ 해의 ◦

《논어(論語)》학이(學而)에 "군자무본 본립이도생(君子務本 本立而道生)"이라 하였다. 즉 '군자는 근본에 힘쓰나니 근본이 서야 도가 나온다.' 는 뜻이다. 근본이 확립되어야 무슨 사업이든지 성공을 거두게 된다는 의미로, 근본이 확실하지 않으면 사업의 성공은 어렵다.

제갈공명은 네 가지를 세워서 사업을 이루어냈다. '끊임없는 정성의 마음, 개인보다는 공도를 위하는 마음, 개인의 생각도 좋지만 대중의 의견을 듣는 마음, 속으로부터 이익을 공유(共有)하려는 마음' 이 근본적으로 자리를 잡고 있었기 때문에 사업의 성공을 이루어낼 수 있었다.

이러한 가운데 근본의 근본이 되는 것은 결국 '성심(誠心)'과 '공심(公心)' 이다. 제갈무후는 성심과 공심으로 백성과 나라를 위하여 진력을 하였음으로 지금까지 칭송이 되고 있는 것이다.

진관[1]은 말한다.

『재앙은 질서가 붕괴되는 상황[2]이 깊어지는 것보다 더함이
없나니라.』

| 주석 |

① 진관(秦觀, 1049~1100) : 자는 소유(少遊)요, 또 자가 태허(太虛)이며,
   호를 회해거사(淮海居士)라 하였다. 북송의 문학가이다. 저술에 《회해
   집(淮海集)》이 있다.
② 궁치(窮治) : 질서가 붕괴된 상황을 말한다. 즉 동란(動亂)이라는 의미
   이다.

원문

진 관 왈　　화 막 심 우 궁 치
秦觀曰「禍莫深于窮治.」

● 해의 ●

　궁치(窮治)란, 국가의 근간이 되는 법이 무너지고 법이 무너짐에 따
라 질서가 붕괴되어 세상이 어지럽고 폭력이나 약탈이 자행되는 무법
(無法)의 상태를 말한다.

　이러한 상황이 된다면 얼마나 많은 혼잡이 야기 되겠는가. 이것이
바로 재앙이다.

　즉 국가의 질서가 무너짐에 따라 개인의 삶도 불안해진다. 불안하면
치산(治産)보다는 무법천지에 독점이 횡행할 것이다.

　이렇게 볼 때 정치를 한 번 잘못하게 되면 국가의 기강이요, 근간인
법이 무너지는 것은 시간문제이다.

왕백후는 말한다.

『연평선생❶은 다스리는 도를 논함에 "반드시 하늘의 이치를 밝히고, 사람의 마음을 바루며, 절개와 의리를 숭상하고, 염치를 엄숙하기를❷ 우선해야 한다"고 하였나니라.』

| 주석 |

① 연평선생(延平先生, 1093~1163) : 남송의 학자 이동(李侗)으로, 자가 원중(愿中)이다. 세상에서 「연평선생(延平先生)」이라 불렀다. 주자가 24세에 만나서 가르침을 받았으나 제자가 워낙 출중하여 스승의 이름이 묻혀버리게 되었다.

② 여(厲) : 엄숙(嚴肅)하다. 엄중(嚴重)하다.

원문

왕백후왈　연평선생논치도　필이명천리　정인심
王伯厚曰「延平先生論治道　必以明天理　正人心

숭절의　여염치위선
崇節義　厲廉恥爲先.」

● 해의 ●

나라를 다스리고 백성을 사랑하는 도리는 이 네 가지를 전제로 해야 한다는 말이다.

첫째, 하늘의 이치에 밝은 것으로 음양(陰陽)의 섭리(燮理)나 절후(節侯)의 변화를 잘 알아야 한다.

둘째, 사람의 마음을 바로잡는 것으로 백성들의 어렵고 괴로움을 알아서 해결해 주어야 한다.

셋째, 절의를 숭상하는 것으로 국법(國法)은 물론이지만 절개와 의리 지키는 사람을 숭배하고 도덕을 장려하여야 한다.

넷째, 청렴하고 부끄러워할 줄을 알아서 권세를 탐하거나 물질에 욕심을 부리는 일이 없도록 하여야 하는 것이다.

33 번다하면 어지럽다

또 말한다.

『고기를 삶음에 번다하게❶ 하면 부서지고, 백성을 다스림에 번다하게 하면 어지러워지므로 번쇄함을❷ 경계하여야 하는 것이라. 그릇을 오래 쓰지 아니하면 좀이 스는 것이요, 정치를 늘 학습하지❸ 않으면 무너지는 것이라, 그러므로 번거롭게 하는 살핌❹을 경계해야 하나니 정사가 번쇄함❺도 그른 것이요, 정사가 정사답지 않음도 그른 것이니라.』

| 주석 |

① 번(煩) : 번쇄(煩瑣)한 것. 많은(多) 것.
② 총좌(叢脞) : 번쇄(煩瑣)하다. 세쇄(細碎)하다.
③ 수(修) : 학습하다.
④ 누성(屢省) : 한두 번 일을 살피는 것으로 부지런하지 않음을 말하는 것이다.
⑤ 다사(多事) : 일이란 정사(政事)를 말하는 것으로, 다사란 정사가 너무 번쇄(煩瑣)하다는 뜻이다.

又曰「烹魚煩則碎 治民煩則亂 故以叢脞爲戒 器
우왈　팽어번즉쇄　치민번즉란　고이총좌위계　기

久不用則蠹 政不常修則壞 故以屢省爲戒. 多事非
구불용즉두　정불상수즉괴　고이루성위계　다사비

也 不事事非也.」
야 불사사비야

● 해의 ●

　　고기를 삶을 때 너무 번거롭게 하면 부서지기 쉽다. 마찬가지로 백성을 다스리는데 있어서 역시 너무 번거롭게 하면 난리를 부르게 된다. 그러기 때문에 법령이나 세금이나 사역(使役) 등을 번거롭게 하지 않는 것으로 요체(要諦)를 세워야 한다.

　　또한 그릇도 쓰지 않고 오래 묵혀두면 좀이 생긴다. 마찬가지로 정치도 시대와 인심에 맞추어서 늘 손질하지 않으면 폐단이 생기게 된다. 그러기 때문에 살피는데 게으름을 부리지 않는 것으로 요체를 삼아야 한다.

　　그리하여 정치의 일을 너무 살펴서 백성들을 꼼짝 못하게 하는 것도 병통이 되지만, 분명히 정치적으로 할 일인데도 미루거나 전가(轉嫁)시켜 하지 않는 것도 또한 잘못이다.

34 교화가 되어지도록

웅면암은 말한다.

『세금을 독촉하더라도 어지럽게 아니하며❶ 세금을 독촉하는

가운데 ‘어루만질 무(撫)’의 글자❷로 할 것이요, 형벌에 어긋
나지 않도록 하며❸ 형벌하는 가운데 교화가 맞아져야 하나니
라.』

| 주석 |

① 최과불요(催科不擾) : 백성들에게 세금독촉을 하더라도 백성의 가택을
　침범하거나 마음을 어지럽게해서는 안 된다는 것이다.
② 무자(撫字) : 자녀를 보호하고 사랑하여 키우듯이 관리는 백성을 호위
　하고 세정을 알아줌으로써 국가나 관리에 대한 믿음이 증장되도록 하
　여야 한다.
③ 형벌불차(刑罰不差) : 형벌을 시행하는데 있어서 빈부귀천을 막론하고
　차별을 두지 말고 평등하게 시행하여야 한다.

원문

웅　면　암　왈　　　최　과　불　요　　　최　과　중　무　자　　　형　벌　불　차　　　형　벌
熊勉庵曰 「催科不擾　催科中撫字　刑罰不差　刑罰

중　교　화
中敎化.」

해의

　일벌백계(一罰百戒)라 한다. 한 사람을 벌주어 여러 사람이 경계를
삼도록 한다는 의미이다.
　국가나 관리는 백성을 위해 봉사를 하는 것이지 군림하고 명령을 하
고 부려 쓰는 기관이나 사람들이 아니다. 즉 세금을 독촉하여 거두더
라도 백성들의 자존심을 지켜 주어서 자진하여 납부하도록 사랑으로
보호하고 유도하여야 한다.
　유전무죄 무전유죄(有錢無罪 無錢有罪)라 한다. 즉 돈이 있으면 지
은 죄도 없어져 버리고, 돈이 없으면 없는 죄도 새로 만들어 끼우는 것

을 말한다. 예나 지금이나 사법기관은 힘을 행사하므로 이와 같은 느낌이 들지 않도록 노력하여야 한다.

그러므로 지은 죄에 대한 형벌을 내리더라도 상하나 빈부나 귀천의 차별을 두지 말고 공평하게 시행하며, 형벌을 내리더라도 교화(敎化)를 위주로 하여 될 수 있으면 훈방하고 용서하여야 한다.

35 선배에게 들은 말

소백온❶은 말한다.

『평상시 선배에게 들었으니 말하기를 "무릇 처결하는 사람❷은 아직 곤장❸이 지나가지 않음에 마땅히 삼가라." 하였으니, 거기에 혹 입장을 세운 바가 있을까 저어하였음이니라.』

| 주석 |

① 소백온(邵伯溫, 1057~1134) : 조적(祖籍)은 범양(范陽)으로 낙양(洛陽) 사람이니 소옹(邵雍)의 아들이다. 자는 자문(子文)으로 북송의 학자이다. 저서에는 《소씨견문록(邵氏聞見錄)》 등이 있다.
② 결인(決人) : 범죄자를 심문하고 형벌을 내리는 사람.
③ 장책(杖責) : 곤장으로 때려 나무람.

원문

邵伯溫曰「常聞之先輩曰 "凡決人 有未經杖責者

宜謹之" 恐其或有所立.」

　　죄인을 심문하고 판결하는 책임을 가진 사람은 죄인에 대하여 법대로 처결하기 이전에 한 번 더 생각하고 삼가야 한다. 장책(杖責) 곧 형벌을 내리기 이전에 최대한 온정을 베풀어 감죄(減罪)하는 방향으로 나아가야 한다는 말이다.

　　그러나 숨기거나 받은 바가 있어서는 안 된다. 서로 짜고 지은 죄보다 형벌이 무겁거나 가볍거나 해서는 안 되며, 죄에 맞는 형량을 누구에게나 공평하게 부여할 때 사법의 권위가 서게 된다.

36 사람은 너그럽고 두터워야 한다

허노재는 말한다.

『사람은 너그럽고 두터워야 하고 포용은 도리어 가벼움과 무거움[1]이 엄격하여야 하나니, 가벼움과 무거움이 엄격하지 아니하면 일이 가히 세워지지 아니하여 사람들이 업신여기는 것이라. 위공[2]은 본디 관후하지만 조정의 큰일에 이르러서는 늠름하여 가히 침범할 수가 없으므로 당세에 명망의 신하가 된 것이니, 지금의 사람은 관후하면 범하여지기가 쉽고 위엄하면 포용이 적으니 사업[3]을 할 때에 다 병통이 있는 것이니라.』

| 주석 |

① 분한(分限) : 가볍고 무거움(輕重), 또는 한도(限度).
② 위공(魏公) : 자세한 것은 알 수 없으나 송대의 명신인 한기(韓琦)가 아

닌가 의심이 간다.

③ 사업(事業) : 건공입업(建功立業)으로 공을 세우고 업적 세움을 말한
다.

허 노 재 왈　　인 요 관 후　포 용 각 요 분 한 엄　분 한 불 엄
許魯齋曰「人要寬厚　包容却要分限嚴　分限不嚴

즉 사 불 가 립　인 득 이 모 지 의　위 공 소 관 후　급 지 조 정
則事不可立　人得而侮之矣. 魏公素寬厚　及至朝廷

대 사　늠 호 불 가 범 야　소 이 위 당 세 명 신　금 인 관 후 자
大事　凜乎不可犯也　所以爲當世名臣. 今人寬厚者

이 범　위 엄 자 소 용　우 사 업 지 제　개 유 병
易犯　威嚴者少容　于事業之際　皆有病.」

• 해의 •

　　사람의 마음 바탕은 너그럽고 두터워야 한다. 그래야 사람을 포용할
수 있다. 사람을 포용하면서도 가볍게 품어야 할 사람과 무겁게 품어
야 할 사람의 한계를 두어서 엄격하게 규율을 세워야 한다. 만일에 규
율이 엄격하지 않으면 사람들이 업신여기게 되고 만다.

　　위공이란 사람은 본디 바탕이 대단히 관후한 사람이지만 조정에 큰
일이 있으면 늠름하고 꿋꿋하여 빈틈이 없이 일을 처리하였다. 그러
므로 누가 감히 함부로 말하지 못하고, 시기나 질투하지 못하며, 원망
하지 아니하여 결국 당대의 명신이 되었다.

　　그러나 사람이 너무 관후하다 보면 침범을 받기가 쉽고 너무 엄격하
다보면 포용이 적을 수가 있다. 이러한 태도가 공을 세우고 사업을 이
루는데 불리(不利)하게 작용할 수도 있으니 늘 챙겨서 그러지 않도록
하여야 한다.

오초려❶는 말한다.

『고을은 백성에게 가장 가까운 곳이라, 정령(政令)의 복택(福澤)과 은혜가 가장 빨리 미치게 하는 데는 관리만❷ 같음이 없나니라.』

| 주석 |

① 오초려(吳草廬, 1249~1333) : 곧 오징(吳澄)으로, 자는 유청(幼淸)이다. 학자들이 「초려선생(草廬先生)」이라 불렀다. 원대의 이학가(理學家)로 저술에 《오문정공집(吳文正公集)》과 《초려정어(草廬精語)》 등이 있다.
② 현관(縣官) : 옛날 현의 우두머리인 '현령(縣令), 현감(縣監)'을 일컫던 말.

원문

吳草廬曰「縣之于民最近 令之福惠所及最速 莫是
官若也.」

● 해의 ●

한 고을에 있는 관청은 그만큼 백성들과 가깝다. 또한 관청에서 내리는 명령은 그만큼 백성들에게 복택(福澤)이나 은혜(恩惠)가 훨씬 빨리 미치게 되니 어디에 관청만한 게 있겠는가?

그러므로 관청의 책임자는 무슨 방면으로든지 백성에게 혜택이 돌아가는 정책을 세우고 베풀어야 한다. 만일 자신의 안일이나 인기를 위해서 불의(不宜)한 일을 하면 백성들이 용서하지 않게 되어 결국 그 자리를 오래 보전하지 못한다.

　백성과 가까운 만큼 혜택도 미치지만 비리(非理)도 드러나기가 쉽다. 정직함과 청렴으로 준칙(準則)을 삼아야 한다.

38 명망을 가까이 하면

방이근❶은 말한다.

『명망을 가까이❷ 하면 반드시 위엄을 세우려 할 것이요, 위엄을 세우려 하면 반드시 백성에게 재앙이 되나니라.』

| 주석 |

① 방이근(方以勤) : 생몰연대를 알 수 없다.
② 근명(近名) : 명망(名望)을 쫓고 따라가는 것.

원문

방 이 근 왈　　근 명 필 입 위　입 위 필 앙 민
方以勤曰「近名必立威　立威必殃民.」

● 해의 ●

　위정자(爲政者)가 명망(名望)을 좋아하고 인기를 탐하면 억지로라도 권위를 세우려 할 것이요, 권위를 세우려고 작정하면 백성을 동원하여 자기의 자랑이나 치적(治績)을 엿가락처럼 늘어놓게 될 것이다.

이것이 바로 백성에게는 괴로움으로 다가오게 된다.

　그러므로 명성이나 인기를 억지로 구하려 말고 백성의 심부름을 잘 하면 명예는 저절로 드러나게 된다. 백성의 입은 총알보다도 빨라 승강(乘降)을 자재할 수 있다.

39 정치를 하는데

설문청은 말한다.

『정치를 하는 데는 아래의 뜻을 통하는 것이 급함이 되나니라.』

설 문 청 왈　　위 정 통 하 정 위 급
薛文淸曰「爲政通下情爲急.」

● 해의 ●

　정치에는 민의(民意)를 반영하는 일이 급선무이다. 나라가 없으면 백성이 없고, 백성이 없으면 위정자(爲政者)도 없는 것이니, 정치를 하는 사람은 나라를 위하고 백성을 위해 최선을 다해야 한다.

　그 방법이 바로 아래 백성을 잘 돌보는 일이다. 백성의 고충을 들어주고 들은 뒤에는 잘 가려서 수용할 것은 수용하고, 고칠 것은 고치고, 버릴 것은 버리면 된다. 위신을 세우고 군림하려 하면 백성의 따가운 눈초리가 미친다.

　백성의 눈과 입은 호랑이나 사자보다 훨씬 무서운 것이다.

또 말한다.

『관리는 제일로 마땅히 안상(安詳)하고 온중(穩重)하여 아래서 우러러 보아야 하나니, 한 번 부당하다는 말을 발하면 지극히 부끄럽게 되나니라.』

원문

又曰「爲官最宜安重 下所瞻仰 一發言不當 殊愧之.」

● **해의** ●

정치를 함에 있어서 항상 안상(安詳)하고 온중(穩重)하여 자리에 걸맞게 처신하여야 한다. "열 사람의 눈이 보고, 열 사람의 손이 가리킨다(十目所視 十手所指)."는 말처럼 백성은 사방에서 눈을 뜨고 주시(注視)하고 있다. 그러므로 부당하다는 한 마디의 발언이 자칫 정치생명을 끊어놓을 수도 있다. 항상 삼가고 부끄러운 마음을 가지고 자신을 살펴서 어리석고 그른 자리에 놀지 않아야 한다.

백성을 위에서 내려다보지 말고 아래서 올려다보아야 하는 것이다.

41 관리의 세 가지 지킴

또 말한다.

『관리의 지킴은 가장 마땅히 바깥일을 간략하게 해야 하는 것이요, 사람을 영접함이 적어야 하는 것이며, 말을 삼가야 하는 것이니라.』

원문

우왈　수관최의간외사　소접인　근언어
又曰「守官最宜簡外事 少接人 謹言語.」

● **해의** ●

관리가 된 사람은 세 가지를 지켜야 한다.

첫째는, 바깥으로 나돌아다녀서는 안 된다. 관리가 되어 임무 밖의 일을 하고 또 관리의 본분을 넘어선 일을 하다 보면 사람들의 유혹(誘惑)이나 뇌물(賂物)에 걸려들어서 관로(官路)를 망칠 수가 있다.

둘째는, 사람 영접을 줄여야 한다. 별로 도움이 없고 공무시간을 빼앗는 사람은 접촉을 적게 해서 그 시간에 백성을 위하는 정책을 개발하고 펴나가야 한다.

셋째는, 입놀림을 조심하여야 한다. 백성을 다스리고 돌보는데 필요한 말 이외에는 입을 함부로 놀려 망령을 떨어서는 안된다. 또한 계발계획이나 극비 사항을 함부로 떠들고 다니면 패가망신을 면하기 어렵다.

또 말한다.

『바름으로 마음을 처하고, 청렴으로 자기를 조율하며, 충성으로 임금을 섬기고, 공손으로 어른을 섬기며, 믿음으로 사물을 접응하고, 너그러움으로 아래를 대하며, 조심함으로 일을 처리할지니, 이것이 벼슬살이를 하는 일곱 가지 요긴함이니라.』

원문

又曰「正以處心 廉以律己 忠以事君 恭以事長 信以接物 寬以待下 敬以處事 此居官之七要也.」

◉ 해의 ◉

벼슬살이 하는 사람이 갖추어야 할 일곱 가지 요긴한 사항이다. 벼슬에 있는 사람이라면 바름·청렴·충성·공손·믿음·너그러움·조심함이 몸에 배여야 한다. 이러한 심정, 이러한 행동, 이러한 처사로 살아가야 벼슬길에서 오점을 남기지 않고 제 몫을 다하였다고 할 수 있다. 그래야 역사에 부끄럽지 않게 기록이 되는 훌륭한 치적(治績)을 남기게 된다.

43 직분을 다하지 못함을 알면

또 말한다.

『벼슬살이에 항상 ‘능히 그 직분을 다하지 못한다’고 알면 사람을 넘어서 원대하게 되나니라.』

우 왈　거 관 상 지 불 능 진 기 직　즉 과 인 원 의
又曰「居官常知不能盡其職 則過人遠矣.」

● 해의 ●

　벼슬살이 하는 사람이 자기 직분을 다하고 있다고 자부하는 것은 큰 착각이 아닐 수 없다. 세상에 어떤 사람이 자기 직책을 다 수행할 수가 있단 말인가? 아무리 능력이 뛰어나다 하여도 다하지 못하는 바는 있기 마련이니 항상 조심하고 삼가는 자세가 절대적으로 필요한 이유가 여기에 있다.

　그러므로 벼슬살이를 하는 사람은 어떠한 직책을 수행하든지 ‘나는 사실 내가 맡은 일을 다하지 못하고 있다.’는 사실을 깊이 명심하여야 한다. 그래야 그 사람은 다른 사람에 비하여 한 발 앞서고 무리를 뛰어넘어서 원대(遠大)한 성공을 이루게 된다.

유충선[1]은 말한다.

『벼슬살이에는 몸을 바르게 하는 것으로 우선을 삼되, 다만 마땅히 이익을 경계할 뿐만 아니라 또한 응당 명망을 멀리하여야 하나니라.』

| 주석 |

① 유충선(劉忠宣, 1436~1516) : 곧 유대하(劉大夏)로, 자가 시옹(時雍)이며, 호가 동산(東山)으로 세상에서 「동산선생(東山先生)」이라 불렀다. 자호를 동산거사(東山居士)라 하였다. 명대의 대신으로 벼슬이 병부상서에 이르렀고 죽은 뒤에 시호를 충선이라 하였다.

원문

劉忠宣曰「居官以正己爲先 不獨當戒利 亦當遠名.」

● 해의 ●

벼슬살이 하는 사람은 자신의 몸을 바르게 하는 것이 무엇보다 중요하다. 내 몸이 바르면 일이 바르고, 일이 바르면 주위가 바르며, 주위가 바르면 치국치민(治國治民) 하기가 그만큼 쉬워진다.

따라서 몸을 바르게 하는데 경계로 삼아야 할 것은, 첫째, 이익을 쫓는 일로, 정당한 이익은 수용을 하지만 부정당한 이익에 대해서는 당연히 물리쳐야 한다. 둘째, 정당하게 드러나는 명망(名望)은 받아들이지만 부정당한 방법으로 명망이 드러나는 것은 경계하여야 한다.

왕문성은 말한다.

『용병이란 어떠한 계략(計略)인가? 다만 능이 이 마음에 부동을 기르는 것이 이에 계략이라, 대범 이기고 지는 결판은 진(전쟁)에 다다른 아래에서 방비가 되는 것이 아니라, 단지 이 마음이 움직이고 움직이지 않는 사이에 있나니라.』

원문

왕 문 성 왈　　용 병 하 술　단 능 양 득 차 심 부 동　 내 술 이
王文成曰「用兵何術　但能養得此心不動　乃術耳.

범 승 부 지 결　 부 대 임 진 지 하　 지 재 차 심 동 여 부 동 지
凡勝負之決　不待臨陣之下　只在此心動與不動之

간
間.」

● 해의 ●

　　싸움에서 제일 중요한 것은 「용병술(用兵術)」이다. 아무리 많은 군사를 가졌다 하여도 용병(用兵)에 능하지 못하면 짐승몰이와 같아서 우왕좌왕하다가 한순간에 부하를 잃고 만다. 그러나 용병에 능하면 적은 수로도 대군(大軍)을 물리칠 수 있다.

　　그런데 이보다 더 중요한 것이 바로 「마음의 부동(不動)」이다. 마음에 동요가 없는 것이다.

　　예를 들면, 어떤 장군이 싸움을 하는데 수적으로는 도저히 이길 수가 없었지만 전군에게 외형의 부동과 아울러 마음의 부동까지 시켜두었더니 적군이 볼 때 두터운 성곽처럼 보여서 활 한번 쏘지 못하고 물

러났다는 이야기가 있다.

전쟁의 승패는 실전(實戰)에서 결판이 나지만 마음의 동요에서 갈림이 생기기 마련이다. 모든 군사들의 부동심(不動心)이 승리를 부르는 중요한 조건이 되는 것이다.

46 정치를 하는 임무

양일청[1]은 말한다.

『지금 정치에 힘써야 할 것[2]은 일을 덞에 있고 일이 많음에 있지 않는 것이요, 법을 지킴에 있고 법을 변경하는데 있지 않는 것이며, 편안하고 고요한데 있고 시끄럽고 어지러운데 있지 않는 것이요, 너그럽고 간명한데 있고 번거롭고 가혹(苛酷)한데 있는 것이 아니니라.』

| 주석 |

① 양일청(楊一淸, 1454~1530) : 자는 응영(應寧)이요, 호는 수암(邃庵)이며 또 호가 석종(石淙)이다. 명대의 대신으로 벼슬이 무영전대학사(武英殿大學士)와 내각수보(內閣首輔)에 올랐다. 저술에 《관중주의(關中奏議)》와 《석종유고(石淙類稿)》 등이 있다.

② 무(務) : 임무(任務). 사무(事務). 사업(事業). 공작(工作) 등의 의미가 있다.

양 일 청 왈　　당 금 위 정 지 무　재 생 사 부 재 다 사　재 수 법
楊一淸曰「當今爲政之務　在省事不在多事　在守法

부 재 변 법　재 안 정 부 재 분 요　재 관 간 부 재 번 가
不在變法 在安靜不在紛擾 在寬簡不在煩苛.」

● 해의 ●

　　위정자가 정치를 함에 있어서 되어가는 정치는 일이 적은 것이요, 법을 지키는 것이요, 편안한 것이요,　너그러운 것이다. 반면에 안 되는 정치는 일이 많은 것이요, 법을 고치는 것이요, 시끄러운 것이요, 가혹한 것이다.

　　그러므로 되어가는 정치는 위정자가 먼저 솔선(率先)하여 수범(垂範)이 되고, 잘못 되어가는 정치는 백성에게 미루고 핑계만 대는데 있다.

　　사실 정치의 요체(要諦)는 백성에게 있지만 그 요체를 실현하는 것은 관리에게 있다. 관리가 수신을 잘하여 위덕을 갖추면 정치는 여반장(如反掌)으로 요순처럼 팔짱만 끼고 있어도 세상은 저절로 다스려진다.

47　정치와 세교

여숙간은 말한다.

『정치를 하는 것은 세상의 교화❶ 유지시킴을 주체로 삼아야 하나니라.』

① 세교(世敎) : 사화적인 정통사상을 말하는 것으로, 특히 공맹(孔孟)을 대표로 하는 유가의 정통학설을 말하는 것이다.

원문

여 숙 간 왈　위 정 이 유 지 세 교 위 주
呂叔簡曰「爲政以維持世敎爲主.」

● 해의 ●

중국은 말할 나위 없지만 우리나라의 조선도 공자(孔子)나 맹자(孟子)의 유교학설(儒敎學說)이 정치, 경제, 문화 등 모든 방면에 지대한 영향을 끼쳐서 이것이 바로 정통사상으로 굳어져 버렸다.

이렇게 되어진 상황에서 세상에 대한 교화는 굳어진 유교사상을 펼쳐 가는것 외에는 어떤 것도 용납되지 않았다.

그러나 법구폐생(法久弊生), 곧 법이 오래되면 각종 폐단(弊端)이 생겨 자연 시대에 맞지 않게 된다. 성현의 본의(本意)야 변함이 없지만 교화는 시대에 맞추어 새로운 정신이나 사상으로 창신(創新)해야 한다.

다시 말하면, 정치를 위한 정치가 아니라 백성을 위한 정치요, 교화를 위한 정치로 진로가 수정되어야 한다.

48 벼슬아치의 풍기

또 말한다.

『백성의 풍습(風習)을 개변(改變)하기는 쉬워도 사대부의 풍기(風氣)를 개변하기는 어려우며, 사대부의 풍기를 개변하기는 쉬워도 벼슬아치의 풍기를 개변하기는 어려운 것이니, 벼슬아치의 풍기가 개변되면 천하는 다스려지나니라.」

又曰「變民風易 變士風難 變士風易 變仕風難 仕
風變天下治矣.」

●해의●

　습성(習性)이 굳어지면 개변(改變)시키기가 대단히 어렵다. 오랜 세월을 두고 익혀온 습관을 당장에 고친다는 것은 결코 만만한 일이 아니다.
　개인은 개인대로, 백성은 백성대로, 사대부는 사대부대로, 벼슬아치는 벼슬아치대로 고집이 있고 관습(慣習)이 있어서 굳어버렸기 때문에 이를 풀어 녹이기 어렵다.
　그런데 이 가운데서 벼슬아치의 풍기(風氣)만 개변되면 천하는 저절로 다스려진다 하였으니, 공무원들의 집단이기(集團利己)를 부수기가 그만큼 어렵다는 말이다.

49 은혜란 망령된 베풂이 아니다

또 말한다.

『권위를 잘 쓰는 사람은 가볍게 성내지 않는 것이요, 은혜를
잘 쓰는 사람은 망령되게 베풀지 않나니라.』

원문

우 왈　　선 용 위 자 불 경 노　선 용 은 자 불 망 시
又曰「善用威者不輕怒 善用恩者不妄施.」

● 해의 ●

　권위(權威)를 자주 쓴다고 대중이 호응하지 않는다. 대중은 뭉쳐진
힘이 없으므로 일시적으로 복종하지만 조금 지나면 습관대로 돌아간
다.
　그러므로 참으로 권위를 활용할 줄 아는 사람은 어떤 일이든지 가벼
운 성냄을 줄인다.
　은혜를 베푸는 것도 뒤로 자신의 안위나 집단의 이익을 챙긴다면 역
시 큰 낭패를 당하게 된다. 그러므로 참으로 은혜를 아는 사람은 적은
도움으로 생색을 내지 않는다.

50 정치를 하는 도

또 말한다.

『정치를 하는 도는 어지럽히지 않으면 편안함이 되고, 취하
지 않으면 주게 되며, 해치지 않으면 이익이 되니, 일 없는 데
행하면 피폐함을 일으키고 부서짐을 일으키게 되나니라.』

우왈 위정지도 이불요위안 이불취위여 이불해
又曰 「爲政之道 以不擾爲安 以不取爲與 以不害

위리 이행소무사위흥폐기폐
爲利 以行所無事爲興廢起敝.」

● 해의 ●

서투른 정치는 백성을 상대로 하여 공연히 이것저것 주문하는데 나중에 보면 별스런 일이 아니어서 흐지부지 되는 수가 많다.

그러므로 백성을 흔들지 않으면 편안할 것이고, 지나치게 취해가지 않으면 주는 것이며, 해를 입히지 않으면 이익이 된다. 자기의 임기 중에 무엇을 한다고 이일저일 마구 벌이는 것은 결코 바람직하지 않으니 능력이 못 미치면 차라리 가만히 있는 것이 나을 수도 있다.

따라서 피폐한 것을 세우고 부서진 것을 일으키기 위해서는 백성의 힘과 도움과 호응이 필요하므로, 백성이 하자고 하면 하고, 말자고 하면 마는 것이 상책(上策)이다. 혼자서 억지를 부리는 것은 부신입화(負薪入火 : 섶을 지고 불로 들어간다)와 같아서 무모한 짓일 뿐 이득 되는 바가 없다.

51 삼대이전

또 말한다.

『삼대❶ 이전을 다스리는 데는 견식❷에 매이지❸ 않았던 것이요, 삼대 이후에 나아가서는 일가❹가 속되지 않았음으로 가히 나라를 담당❺ 하였나니라.』

| 주석 |

① 삼대(三代) : 하(夏), 은(殷), 주(周)의 성현.
② 견식(見識) : 문견(聞見)과 학식(學識).
③ 우(迂) : 매이다. 굽히다. 기세를 꺾다. 억제하다.
④ 가수(家數) : 일가를 이룬 기술이나 학예. 또는 종파(宗派).
⑤ 당국(當國) : 국가의 큰일을 관장하는 것.

원문

又曰「用三代以前見識而不迂 就三代以後家數而
不俗 可以當國矣.」

● **해의** ●

　하(夏)·은(殷)·주(周)의 삼대를 통치하였던 성현들은 견식(見識), 즉 보고 들음이 절대로 어느 쪽, 어느 편에도 매이거나 굽히지 아니하여 자유로운 도덕정치를 구현하였다. 그러므로 백성들이 살면서 정치하는 사람이 누구인지를 전혀 알 수 없었다.

　따라서 삼대 이후에는 삼대 성현의 정강(政綱)을 이어온 가수(家數) 곧 일가나 계파(系派)들은 국가를 다스림에 있어서 그 정강에 의거하여 정치를 하였다. 나라에 어떤 큰일이 있다 할지라도 무난하게 처리하여 넘어갔지만 개중에는 가수를 잃음으로 인하여 국가를 넘겨주었던 예도 얼마든지 있었다. 외형적인 정치가 어렵다고 생각말고 위정자의 덕성(德性)을 먼저 조고(照顧)하여 볼 필요가 있는 것이다.

또 말한다.

『작은 일로 소리와 안색을 동요시켜서 대인의 체통을 더럽힘[1]
이 없어야 하나니라.』

|주석|

① 설(褻) : 1) 더럽다. 2) 추잡하다. 3) 음란하다. 음탕하다. 4) 업신여기다.
   5) 깔보다. 무례하다. 6) 친압(親狎)하다.

원문

又曰「無以小事動聲色 褻大人之體.」
우 왈 　 무 이 소 사 동 성 색 　 설 대 인 지 체

● 해의 ●

별 일도 아닌데 소리를 지르고 얼굴색을 변하여 몽니를 부리는 것은
삼가해야 한다. 이는 벼슬길에 나아가 열심히 일하는 모든 관원들의
체면을 더럽히게 되니 삼가하여야 한다.

다시 말하면, 한 사람의 공무원은 전체의 공무원이요, 전체의 공무
원은 한 사람의 공무원이다. 그러므로 내가 잘못하면 결국 전체에 파
장이 미쳐가는 것이, 마치 호수에 나뭇잎 하나 떨어져서 일어난 파문
(波紋)이 호수 전체에 미치는 것과 다름이 없음을 알아서 처신을 잘 하
여야 한다.

또 말한다.

『수령은 백성들이 먼저 병듦을 알고 아픔을 알아서 아이와 여자 하나까지라도 따르게 해서 진실로 심장 같이 여길지니, 어떻게든 사랑하고 기르는 사업에 내쳐지지 않도록 할지니라.』

원문

又曰「守令于民 先有知疼知痛 如兒女一副眞心腸

甚麽愛養事業做不出.」

● **해의** ●

위국위민(爲國爲民)의 책임을 가진 관리는 먼저 백성들의 가렵고 병들고 배고프고 모자란 곳을 찾고 살펴서 구휼(救恤)하고 낫도록 늘 조치를 취하여야 한다.

백성들을 내 자녀처럼 보고 생각하여 마음과 친밀을 이어가며 아울러 어떠한 방법으로든지 백성을 사랑하고 기르는 그 사업이 관리의 역할이다. 백성 모두가 소외되는 마음이 들지 않도록 성숙된 정치를 펼쳐 골고루 잘 살도록 해주어야 한다. 이러한 사람이라야 참으로 정치를 하는 사람이요 참된 관리이다.

54 쾌활한 성정

또 말한다.

『벼슬살이하는데 하나의 쾌활한 성정이라야 자기를 어느 정도 편리하고 아름답게 다스릴 것이요, 좌우를 어느 정도 부담과 결점을 덜어줄 것이며, 뭇 백성을 어느 정도 수고로움과 소모를 감소시켜 주게 되나니라.』

원문

又曰「居官之一個快性 自家討了多少便宜 左右省
了多少負累 萬民省了多少勞費.」

해의

벼슬을 하는 사람은 부드러운 성정(性情)을 가지는 것도 중요하지만 강직(剛直)하면서도 쾌활한 성정이라야 한다. 이러한 성격이라야 과단성(果斷性)이나 용감성(勇敢性)을 그때와 그 일에 맞추어서 잘 쓸 수 있다.

벼슬아치가 이러한 성정을 가지고 있다면 자신을 다스리기 편할 것이요, 좌우에도 부담이 덜어져서 상대하기가 편안할 것이다. 그렇게 될 때 백성의 어려움을 덜어내면서 친근감으로 다가설 수 있게 될 것이다.

또 말한다.

『이익을 보면 앞으로 향하고, 해를 보면 뒤로 물러나며, 공동의 공을 오로지 자기의 아름다움이라 하고, 공동의 허물을 남의 죄라고 내버려두니 이것은 소인의 일상적인 태도요, 대장부의 부끄러운 행동이니라.』

원문

又曰「見利向前 見害退後 同功專美于己 同過委罪于人 此小人恒態 而丈夫之羞行也.」

● 해의 ●

소인의 일반적인 행태란 이익을 보면 죽어라고 달려 나가 차지하려 하고, 해가 될 것 같으면 뒤로 꽁무니를 빼고 달아난다. 함께 지은 공덕인데 자기에게 돌리고, 역시 함께 지은 허물인데 자기는 빠지고 남에게 그 죄를 돌려서 덮어씌우려고 한다.

그러나 대장부라면 이러한 상태를 만들지도 않지만 오히려 대단히 부끄럽게 여겨서 절대로 행하지 않는다. 어떠한 손해를 감수하고라도 바로 잡기에 노력하는 것이다.

또 말한다.

『감정이란 가히 통함이 있는 것으로 원래 있는 것[1]을 지나치게 제재하고 누름이 없어야 하나니, 작은 은혜에서 원망이 나오는 것이요, 일이란 그치게 함에 있는 것으로 원래 없는 것[2]을 망령되게 증설하여 많은 사태의 문을 엶이 없어야 하나니라.』

| 주석 |

① 구유자(舊有者) : 원래부터 근본적으로 있었던 것.
② 구무자(舊無者) : 원래부터 근본적으로 없었던 것.

원문

又曰「情有可通 莫于舊有者過裁抑 以生寡恩之怨
事在得已 莫于舊無者妄增設 以開多事之門.」

● 해의 ●

　　인간의 감정이란 다 통하게 되어 있다. 상황에 맞추어 활용하면 되지만 지나치게 억제하면 원망을 부르게 된다.
　　또한 일이라는 것도 원래는 없었다. 원래 없었던 것을 우리가 살아가면서 만들고 또 더하여 엄청나게 많아졌다. 일이 많다보니 자연 시비(是非)와 이해(利害)가 따르게 되어 결국 바람 잘 날이 없게 된다.
　　그러므로 감정은 소통을 시켜서 서로 통할 수 있어야 하고, 일은 될 수 있으면 줄여서 처리하여야 한다.

57 오점은 속죄하지 못한다

또 말한다.

『한 사람이 감옥에 들어가면 중등 사람[1]의 살림은 부서짐이 나타나는 것이요, 한 번이라도 무거운 형벌을 받으면 몸이 죽도록까지 오점을 속죄할 수 없나니라.』

| 주석 |

① 중인(中人) : 중등 정도 되는 사람의 집.

又曰「一人入獄 中人之産立破 一受重刑 終身之
玷莫贖.」

● 해의 ●

중산층(中産層) 사람이 감옥에 들어가면, 이 사람의 살림은 말할 것도 없이 파산된다.

또한 사람이 살면서 큰 잘못을 저질러 중형을 받아 오점(汚點)을 남기게 되면 아무리 속죄(贖罪)시키려 하여도 마멸(磨滅)되기가 어렵다.

그러므로 나라에서는 중산층(中産層) 정도의 살림이라면 큰 죄를 범하지 않은 이상 관후(寬厚)를 베풀어 주어야 한다. 개인도 죄를 짓지 않도록 제도장치를 잘 마련하고 설사 형벌을 받더라도 탄력 있게 운용하여 속죄할 수 있는 길을 터놓아야 한다.

또 말한다.

『부와 귀는 이에 성공과 실패, 재앙과 복락의 큰 관문이니 가히 삼가지 않을 수 없나니라.』

원문

又曰「富貴者 乃成敗禍福之大關 不可不愼.」

● 해의 ●

정당한 부귀를 얻어 정당하게 누리면 이것이 바로 성공이요, 행복이다.

그러나 부정한 방법이나 탐욕(貪慾)으로 구하려 하면 결국은 실패와 재앙으로 되돌아와, 작은 성공과 복락도 온전히 누리지 못하고 허망하게 삶을 마감하게 된다.

복은 눈도 발도 없지만 삼가는 집으로 들어오고, 재앙은 눈도 발도 없지만 삼가지 않는 집으로 들어오는 것이다.

59 식인과 식물은 같다

추충개는 말한다.

『사람 심음을 나무 심듯 할 것이니, 소나무나 잣나무를 심는 사람이 있고, 복숭아나 오얏을 심는 사람도 있는데 복숭아나 오얏은 가히 기쁨이 되고, 소나무 잣나무는 가히 재목이 되나니라.』

추 충 개 왈　　　식 인 유 식 물　　　유 식 송 백 자　　유 식 도 리 자
鄒忠介曰「植人猶植物. 有植松柏者 有植桃李者

도 리 가 열　　송 백 가 재
桃李可悦 松柏可材.」

● 해의 ●

　사람은 기르고 가르치는 것이 문제이다. 선천적으로 가지고 온 선성(善性)을 지키며 살아가겠지만 후천적으로 어떻게 기르고 가르치느냐에 따라 얼마든지 달라지고 변할 수 있기 때문이다.

　그래서 사람을 가꾸고 기르기를 나무나 꽃을 가꾸듯이 하라는 것이다. 즉 복숭아나 오얏을 잘 가꾸면 아름다운 꽃이 피고 열매가 열려 기쁨을 주고, 소나무나 잣나무를 잘 가꾸면 튼실한 재목을 안겨 주게 된다. 마찬가지로 사람을 잘 가꾸면 현자(賢者)의 인품을 갖추어서 한 가문은 물론 세상의 빛이 되고 길이 된다.

60 묵묵한 화해

또 말한다.

『오늘날 세계는 능히 말하는 사람은 다음이 되고, 오직 묵묵

히 화해시킴❶이 위가 되는 것이라. 드러나고 명망이 있는 자❷
는 명예의 뿌리로 쫓아 생각을 일으키고, 숨어서 세상을 건지
려는 사람은 창생을 쫓아 생각을 일으키나니라.」

① 묵묵조정(默默調停) : 소리나 얼굴을 동요하지 않고 다툼을 화해시키
  는 것을 말한다.
② 현이유명자(顯而有名者) : 현귀(顯貴)하여 명망(名望)이 있는 사람을
  말한다.

원문

又曰「今日世界 能言者爲次 惟默默調停爲上 顯
而有名者 從名根起念 隱而濟世者 從蒼生起念.」

● 해의 ●

　사람에게 있어서 말은 대단히 중요하다. 즉 말 한마디에 의해서 어
떤 문제가 풀리기도 하고 얽히기도 하지만, 결국 말이란 시비를 불러
들이고 이해를 불러들여서 편을 가르기 쉽다. 그러므로 화해의 다음
이 될 수밖에 없다.
　묵묵함이란 내공(內功)의 힘이요, 수양의 저력이다. 말을 하지 않더
라도 문제가 저절로 잘 조화되고 화해되므로 무엇보다 중요하다.
　현귀(顯貴)하여 명망이 있는 사람은 명예를 좋아하는 사람들이 쫓아
따르지만, 숨어서 세상을 건지고자 하는 사람은 결국 창생, 곧 모든 백
성이 알아보고 쫓아 배우고 본받게 된다.

또 말한다.

『인은 가히 지나칠지라도 의는 가히 지나쳐서는 안 되나니라.』

원문

又曰「仁可過也 義不可過也.」
우왈 인가과야 의불가과야

• 해의 •

인(仁)이란 곧 자비(慈悲)요, 은혜(恩惠)며 사랑이다. 이것은 누구에게나 지나칠 정도로 주어도 넘침이 없다.

의(義)란 정의(正義)로, 대의를 좇아 맺어지면 변함이 없는 의리가 된다. 그러나 어떤 감정이 작용하여 맺어지면 불미스런 결과를 가져올 수 있다. 그러므로 과의비의(過義非義)를 경계하여야 한다.

과도(過度)한 의는 만용(蠻勇)을 불러서 세상에 물의를 일으키기 쉬운 것이니 삼가하여야 한다.

62 송사

구경산❶은 말한다.

『백성이 마음의 송사보다 입으로 하는 송사가 심한 것이요,

백성이 하늘에 하소연하기보다 관청에 하소연하는 것이 심함
이 되나니라.」

| 주석 |

① 구경산(邱瓊山, 1418~1495) : 곧 구준(邱濬)으로, 자가 중심(仲深)이
　다. 본성(本姓)이 구(丘)인데 청나라 때 공자의 이름인 구(丘)를 피하여
　구(邱)로 고쳤다. 광동(廣東) 경산(瓊山) 사람으로 세상에서 「경산선생
　(瓊山先生)」이라 불렀다. 명대의 대신이며 학자이다. 저술에 《대학연
　의보(大學衍義補)》·《세사정강(世史正綱)》·《경대회고(瓊臺會稿)》 등
　이 있다.

원문

구 경 산 왈　　민 송 우 심　심 송 우 구 야　민 송 우 천　심 송
邱瓊山曰「民訟于心 甚訟于口也 民訟于天 甚訟

우 관 야
于官也.」

● **해의** ●

　송(訟)이란 '송사하고, 호소하며, 죄나 시비곡절을 다투고, 말이나
글로 하소연한다.' 는 뜻이다.

　그러므로 송은 결국 마음에서 일어나서 입에 이르러 말을 통해 심해
져서 온갖 불상(不祥)을 불러오게 된다.

　또한 백성을 송사하는 것은 오직 하늘만이 할 수 있는 일인데 관청
에서 나서서 시비곡절(是非曲折)을 따지기 때문에 유권무죄 무권유죄
(有權無罪 無權有罪)의 현상이 벌어지게 된다. 이것은 관청의 심한 행
패이다.

또 말한다.

『형벌의 감옥은 그 내보낼 것을 찾되 부득이한 연후에 가둘 것이요, 그 살리기를 찾되 부득이한 연후에 죽일 것이니, 나에게 있어서 정성스러운 마음만 있으면 다른 사람에게 있어서 원한을 끼침이 없게 되나니라.』

원문

又曰「刑獄者 求其出而不得然後入之 求其生而不得然後死之 在我有誠心 則在人無遺恨矣.」

● 해의 ●

　사람 재판하는 책임을 맡은 관리는 죄를 지은 사람이라고 하더라도 먼저 구출할 수 있는 방법을 모색하여야 한다. 그래도 도저히 안될 때 옥에 가두어 형벌을 받도록 하여야 한다. 또한 사형에 처할 사람이라도 살릴 수 있는 방법을 백방으로 찾아보아야 한다.

　이러한 일을 자신의 양심(良心)에 비추어서 추호도 거리낌 없이 행하면 후세 사람들이 잘못하였다는 원망을 보내지 않을 것이다. 그러나 어떤 이해나 감정을 가지고 처리하면 두고두고 시비에서 벗어나기 어렵게 된다.

64 어지럽히지 않으면 넉넉하다

또 말한다.

『후세에 농사를 꼭 권장하지 않을지라도 능히 어지럽히지 않
으면 넉넉 하나니라.』

又曰「後世農不必勸也 能無擾之足矣.」

● 해의 ●

농사를 짓는 것은 삶 곧 생명과 연관이 있다. 그러므로 국가나 관리
가 권장하고 독촉하지 않아도 가족이 먹고 세금을 내고 남을 정도로
열심히 일하기 마련이다.

국가나 관리가 학정(虐政)을 하고 취렴(聚斂)을 하여 백성의 삶을 흔
들고 어지럽히지만 않으면 열심히 농사지어 처자식도 배부르게 먹여
살리고 남은 곡식으로 세금도 내고 기민(饑民)도 주어 어울려서 아무
런 문제없이 넉넉하고 만족스럽게 살아가게 된다. 다만 못된 관리들
이 착취(搾取)하게 되면 농민들이 난리를 일으키기도 하고 불상사를
만들어내기도 하니 조심할 일이다.

육수성[1]은 말한다.

『작록과 지위란 권세의 명분[2]이요. 관을 지키는 것은 직책의 본분[3]이라, 사대부는 권세의 명분을 마땅히 거짓으로 보아야 할 것이요, 그 직책의 본분을 의당 참으로 보아야 하나니라.』

| 주석 |

① 육수성(陸樹聲) : 자는 여길(與吉)이요, 호는 평천(平泉)이다. 명대의 대신이며 학자이다. 벼슬은 예부상서(禮部尙書)까지 올랐다.
② 세분(勢分) : 권세의 명분.
③ 직분(職分) : 수직(守職)의 본분.

원문

陸樹聲曰「祿位者 勢分也 官守者 職分也. 士大夫
之視勢分也宜假 其視職分也宜眞.」

● 해의 ●

녹을 많이 받는 것은 지위가 높다는 것이요, 지위가 높다는 것은 그만한 권력이 있다는 것이다. 이것이 곧 권세(權勢)의 명분(名分)이다. 벼슬하는 사람이 자리를 지켜 최선을 다하는 것은 직책(職責)의 본분(本分)이며 의무이다.

그러므로 사대부는 권세란 결국 헛된 것임을 알아야 한다. 또 보아 권세를 쫓아 눈치를 보거나 때에 따라 변절(變節)하여 허둥대지 말고,

직책의 참된 본분을 잘 지킴으로써 후세에 이름이 전하고 청사에 기록되어 뭇 사람의 추앙을 받아야 한다.

66 벼슬살이의 삼자 부절

장초진[1]은 말한다.

『청렴과 삼감과 부지런함은 벼슬살이하는데 세 글자 부절(符節)이라, 그러나 반드시 어짊으로써 근본을 삼아야 하나니라.』

| 주석 |

① 장초진(蔣楚珍) : 곧 장명옥(蔣鳴玉)으로, 호가 중완(中完)이며, 자가 초진이다. 명대의 학자이다.

원문

蔣楚珍曰「淸, 愼, 勤, 居官三字符也 然必以仁爲本.」

● 해의 ●

벼슬살이를 하는 데 세 글자의 부절이 있으니 「청(淸)·신(愼)·근(勤)」이다. 즉 청이란 청렴(淸廉)을 말하는 것으로, 욕심 부리지 않음을 이르는 것이요, 신은 근신(謹愼)을 말하는 것으로, 마음이나 몸가짐을 방정(方正)하게 하는 것이며, 근은 근정(勤政)을 말하는 것으로, 정치를 하는데 게으름을 피우지 않는 것이다. 이 세 가지를 간직하고 지키면 벼슬살이 하는 데 큰 문제는 없다.

그러나 이 세 가지의 근간은 반드시 「어짊(仁)」에 바탕을 두고 또 근본으로 삼아서 밟아 나아가야 그야말로 금상첨화(錦上添花)가 된다.

67 백성과 관리

또 말한다.

『백성을 편안케 하는 것은 어떤 것인가? 백성에게 요구함이 없으면 백성은 편안한 것이요, 관리를 살피는 것은 어떤 것인가? 관리에게 요구함이 없으면 관리는 편안한 것이니라.』

원문

又曰「安民者何? 無求于民則民安矣 察吏者何?
無求于吏則吏安矣.」

• 해의 •

백성을 편안하게 살린다고 별스런 정책을 마련하고 실천사항을 정하여 여기에 들어가는 비용을 충당하기 위해 온갖 것을 요구하면 백성은 괴롭다. 국가적인 의무와 책임, 공공성을 가진 사항 이외에는 요구하지 않는 것이 백성을 오히려 편안하게 하는 길이다.

또한 관리도 요구가 많고 살핌이 너무 지나치면 간섭이 되고 감시가 되어 편안하지 못하다. 일을 주고 맡겨서 최선을 다할 수 있도록 여건을 마련하여 주되 여기에 부응이 안 될 경우나 비리가 있을 때 감찰하여 바로잡으면 관리가 편안하게 자기의 일에 성심(誠心)을 가지고 해나가게 된다.

68 나라를 걱정하는 마음

《진미공집》에서 말한다.

『사대부는 마땅히 나라를 걱정하는 마음이 있어야 하는 것이요, 응당 나라를 걱정하는 말이 있어서는 안 되나니라.』

원문

《陳眉公集》曰「士大夫當有憂國之心 不當有憂國之語.」

● 해의 ●

마음이 있어야 말이 나온다. 그러나 말만을 앞세우면 실천하기 어렵다.

나라를 걱정하고 근심하는 것은 깊은 마음속으로 하여야지 미사여구(美辭麗句)를 늘어놓아 꾸미는 것은 들을 때는 좋아도 결국 실이 없기 때문에 공허한 메아리에 지나지 않는다.

그러므로 정치하는 사람은 마음속으로 깊이 고민해야 좋은 정책이
나 실현방법이 나온다. 정치란 행동으로 보여주어야지 말로 하는 것
은 아니다.

69 임사와 건언

또 말한다.

『일을 맡은 사람은 마땅히 몸을 이로움과 해로움의 밖에 두
어야 할 것이요, 말을 건의하는[1] 사람은 응당 몸을 이로움과
해로움의 가운데에 세워야 하나니라.』

| 주석 |

① 건언(建言) : 건의(建議)를 제출하는 것을 말한다.

우왈　　임사자　당치신이해지외　건언자　당설신이
又曰「任事者　當置身利害之外　建言者　當設身利

해지중
害之中.」

● 해의 ●

장기나 바둑을 두는데 있어서 당사자보다는 좌우 사람들이 수를 더
잘 본다. 이는 다름이 아니라 승부에 관계가 없이 두루 보기 때문이다.

이와 같이 직접 일을 맡은 사람은 자신을 이로움과 해로움의 밖에다 두고 바라보아야 이해에 매이거나 걸리지 않고 정확하게 처리할 수 있다.

또한 어떤 일을 건의하는 책임을 맡은 사람은 외형만 보고 판단하여서는 안된다. 직접 그 속에 들어가서 이해의 양편을 들여다보고 시비를 가려서 진단한 뒤의 정확한 판단에 의해서 건의가 나오도록 하여야 한다.

70 용인과 활인

또 말한다.

『아직 전쟁을 행하지 않을 때에는 온전한 빈 마음으로 사람을 쓰는 것이 중요한 것이요, 이미 전쟁을 행할 때에는 온전한 실지 마음으로 사람을 살려내는 것이 중요하나니라.』

又日「未用兵時 全要虛心用人 旣用兵時 全要實

心活人.」

● 해의 ●

전쟁에서 사람이 죽고 나라가 망하는 것은 흔히 있는 일이다. 그러므로 책임을 가진 사람은 어떻게 하면 싸우거나 사람을 죽이지 않고 전쟁에 이기고 나라를 지킬 수 있는가 방법을 강구하여야 한다.

작전을 써야 할 시기, 즉 전쟁을 하기 전에는 텅 빈 마음으로 적재적소에 사람을 배치하여 잘 활용하고, 막상 전쟁이 일어날 경우에는 나라도 지키고 사람도 살리는 방향으로 작전을 짜야 하기 때문에 고심하지 않을 수 없다.

그래서 '집안이 가난하면 어진 아내가 생각나는 것이요, 나라가 어지러우면 어진 재상이 생각나는 것이라(家貧思賢妻 國亂思良相).'고 하였다. 한 나라는 어진 사람이 많으면 많을수록 국기(國基)가 튼실하게 되는 것이다.

71 청렴과 공평

또 말한다.

『한나라 사람은 관리를 골라 뽑는데 말하기를 "청렴과 공평❶"이라 하였으니, 공평하면 능력❷이 그 가운데 있는 것이지만 청렴의 능력을 후세에 완숙한 경세의 방법이라 논하지는 않았나니라.』

| 주석 |

① 염평(廉平) : 청렴(淸廉)과 공평(公平).
② 능(能) : 능력(能力). 재능(才能).

우왈　한인취리　왈염평　평즉능재기중의　염능자
又曰「漢人取吏　曰廉平　平則能在其中矣.　廉能者

후세불숙경술지논야
後世不熟經術之論也.」

● 해의 ●

　　한(漢)나라 사람은 관리를 선발하는데 있어서 기준을 「청렴(淸廉)」과 「공평(公平)」에 두었다고 한다. 즉 벼슬살이를 하려는 사람들이 실력이 엇비슷하면 청렴하고 공평한 사람을 먼저 뽑았다는 이야기이다.

　　따라서 사람이 정말로 공평하면 사실 재능(才能)의 실력이란 그 가운데 있는 것이니 선발의 기준이 되지 않을 수 없다.

　　또한 일반적으로 생각할 때 청렴의 능력만이 경세(經世)의 최고 기준이요, 노하우(knowhow)가 된다고 할 수 있는데, 후세 사람들은 심각하게 논의하지 않았었다.

　　왜 그러했을까? 아마 그것은 평능(平能), 곧 공평의 능력을 더 우위에 둔 것이 아니겠는가?

72 나를 바라봄이 많다

왕문록[1]은 말한다.

『관직을 지키고 있는 자는 반드시 사람이 나를 바라보는 무리가 많다는 것을 생각하여 가히 부지런하지 않아서는 안 되나니라.』

① 왕문록(王文祿) : 자는 세염(世廉)으로 명대 학자이다. 저술에 《염구(廉矩)》·《문맥(文脈)》 등이 있다.

원문

王文祿曰「有官守者 必念人之望我者衆 不可不勤.」

● 해의 ●

관직에 있는 사람은 도처에서 나를 주시하고 있다는 생각을 늘 놓아서는 안 된다. 즉 공인(公人)은 어느 곳 어느 때든지 나를 지켜보는 사람이 있기 때문에 일거수일투족(一擧手一投足)을 조심하여야 한다. 그렇게 맡은 일에 대해서 부지런하여 직분을 다하여야 진정한 공복(公僕)이라 할 수 있다.

다시 말하면, 나는 저 사람을 모르지만 저 사람은 나를 안다. 그러므로 행동거지(行動擧止)를 삼가지 않고 잘 못하였다가는 벼슬하는 길에 지장을 초래할 수도 있는 것이다.

73 형벌은 살림에 있다

진명경❶은 말한다.

『사람을 논함에는 마땅히 허물이 있는 가운데서 허물이 없음

을 찾아야 하는 것이요, 형벌을 씀에는 응당 살릴 수 없는 가
운데서 살릴 수 있음을 구해야 하나니라.」

① 진명경(陳明卿) : 곧 진인석(陳人錫)으로, 자는 초진(楚珍)이며 호는 중
완(中完)이다. 명대의 학자이다.

원문

陳明卿曰「論人當于有過中求無過 用刑當于無生
中求有生.」

● 해의 ●

　사람에게 처음부터 허물이 있는 사람이 어디 있겠는가? 살다보니
어쩌다 허물을 범하게 된 것인데, 그 범한 허물을 가지고 사람을 단죄
(斷罪)하는 것은 크게 잘못이다. 반드시 원래 허물이 없었음을 상기시
켜 사람을 구제하는 방향으로 나아가야 한다.

　또 죄를 지어 곧 죽일 사람이라도 찾아보면 반드시 살릴 길이 있으
니, 어떤 선입견(先入見)이나 억하심(抑何心)을 가지지 말고 평심(平
心)으로 돌아가서 구생(求生)의 방법을 찾아서 옥사를 다스려야 한다.

　다시 말하면, 어쩔 수 없는 선택은 있더라도 사람이 사람을 죽이는
것만은 막아야 한다.

안광충은 말한다.

『천하에 가장 친근할 사람은 오직 수령으로 큰 골자[1]는 교화가 위가 되는 것이요, 너그럽고 어짊이 다음이며, 종합적인 다스림[2]이 또한 그 다음이라. 관리를 어거함에는 엄격하고, 백성을 어거함에는 너그러우며, 선행을 드러내는 데 빠르고, 간사함을 버리는 데 용감하다면, 거의 지극한 다스림[3]으로 은택을 입히는 것이라 이르나니라.』

| 주석 |

① 대약(大約) : 사물의 골자.
② 종핵(綜核) : 종합적인 치리(治理)를 말한다.
③ 지치(至治) : 완전하게 다스리는 최고의 정치를 말한다.

원문

顔光衷曰「天下最親者惟守令 大約教化爲上 寬仁
次之 綜核又次之. 嚴于御吏而寬于御民 亟于揚善
而勇于去奸 庶幾得蒙至治之澤云.」

● 해의 ●

백성은 중앙의 고급 관리보다는 지방의 수령을 대면하기가 쉽고 친분을 쌓기도 쉽다.

　그러므로 수령은 자기가 근무하는 지방의 백성을 도덕적으로 승화(昇華)시키는데 최대의 중점을 두고, 너그럽고 어질게 대하는 것을 다음으로 두며, 종합적인 다스림을 다음으로 두어야 한다. 수령의 손에 그 지방의 발전과 백성의 안위(安危)가 달려 있다고 하여도 과언이 아니기 때문이다.

　따라서 관리를 감독하는 데는 엄격하게 하고 백성을 대해서는 너그러우며, 백성에 선행이 있을 때는 빨리 드러내어 모범으로 삼고, 좌우에 간사한 무리를 버리는데 용감하면 완전한 정치를 한다고 할 수 있다. 이러하면 뭇 백성이 고루 은택을 입어서 잘 살아가는 고을이 될 것이다.

75 하루 좋은 사람

팽집중은 말한다.

『세상에 하루 머물면 하루 좋은 사람이 되어야 할 것이요, 벼슬살이를 하루 하면 하루 좋은 일을 행해야 하나니라.』

원문

彭執中曰「住世一日 則做一日好人 居官一日 則

行一日好事.」

사람이 세상을 살면서 좋은 일만 찾아서 해도 시간이 모자라는데 어느 여가에 악한 짓을 한다는 말인가?

또한 벼슬길에 나선 사람이 하루만 그 자리에 머물어도 얼마든지 좋은 일을 할 수 있는데 이를 망각하고 나쁜 일을 꾸며서 되겠는가?

일생을 두고 볼 때 하루가 별 것이 아니다. 그러나 선을 쌓는 좋은 일을 하거나 죄를 짓는 악한 일을 하는데 있어서는 일생을 좌우할 만한 충분한 시간이 되는 것임을 알아서 근신하고 조심하여야 한다.

76 늦춤

진덕언은 말한다.

『일을 만나면 차라리 늦추어서 자세하게[1] 할지언정 급하고 두렵게[2] 함이 없어야 할 것이요, 차라리 참고 견딜지언정 발설하고 새나감이 없게 할지니, 뭇 일이란 모두 바쁨을 따라서 그르쳐지는 것이라. 옛사람이 벼슬살이 하는데 일러준 "청렴함", "삼감", "부지런함" 밖에 한 "늦춤" 글자를 더한다면 참으로 병을 다스리는 처방이나 도구의 말[3]이 되나니라.』

| 주석 |

① 완상(緩詳) : 화합하고 늦추며 편안하고 자세함(和緩安詳)을 말한다.
② 급거(急遽) : 급하고 성급하며 두려움(急躁惶恐)을 말한다.
③ 약석지언(藥石之言) : 금옥양언(金玉良言)이다. 약석이란 방약(方藥)과 폄석(砭石)으로 모두 병을 다스리는데 쓰이는 처방이요 도구이다.

陳德言曰「遇事寧緩詳無急遽 寧忍耐無發泄 萬事
俱從忙裏錯. 昔人謂居官于 "淸""愼""勤"之外加
一"緩"字 眞藥石之言也.」

● 해의 ●

　　사람이 어떤 일을 하든지 끝을 아름답게 맺는 것이 중요하다. 시작
은 거창하게 하고 끝을 맺지 못하면 용두사미(龍頭蛇尾)가 된다.

　　그러한 의미에서 일은 항상 한발 늦추어 자세하게 하고 조급하거나
서두르지 말아야 한다. 꼭 지켜야 할 일이라면 목에 칼이 들어와도 참
고 견뎌서 외부로 새나가지 않도록 하는 것이 관리들이 행해야 할 도
리이다.

　　따라서 항상 「청렴」하고 「삼가」하며 「부지런한 것」이 벼슬아치가
밟을 길이요, 여기에 「늦춤」이라는 한 글자를 더하여 실천한다면 바
로 병을 치료하는 양약(良藥)이 되어 유종(有終)의 미(美)를 잘 거두게
될 것이다.

77 진보와 퇴보

전울종은 말한다.

『세상의 일은 다 응당 오늘의 뒤를 돌아볼지언정 목전만을
따르는 것은 온당치 못한 것이요, 오직 기황(饑荒)을 구제하는

데는 목전을 돌아볼지언정 오늘의 뒤를 생각해서는 온당함이
아니니라.』

『글을 읽는 중요함은 나가는 걸음에 있는 것이요, 벼슬하는
중요함은 물러서는 걸음에 있나니라.』

원문

錢蔚宗曰「天下事皆當顧日後不當循目前 惟救荒
只顧目前不當慮日後」「讀書要有進步 做官要有退
步.」

● 해의 ●

　　세상에 나선 사람이 일을 하는 것은 지금 이후의 결과가 중요하다.
지금 내가 하는 일이 후대에 어떠한 영향을 미칠 것인가를 보아야지,
목전의 이익이나 편리만을 보고 쉽게 처리하면 아름다운 먼 뒷날을
기대하기는 어렵다.

　　따라서 세상의 굶주림이나 어려움을 구제하는 데는 먼 뒷날의 결과
를 따질 것이 아니라 지금 당장 목전에서 구제를 하는 것이 상책이요,
뒷날을 생각할 필요가 없다.

　　글을 읽는 것은 늘 전진하고 향상되기 위해서이다. 벼슬은 물러남이
중요한 것이니 탈 없이 하자(瑕疵)없이 후배들의 아쉬움 속에 박수를
받으며 아름답게 마치고 손을 흔들며 물러나야 하는 것이다.

작비암[1]은 말한다.

『일에 급박함이 있어서 명백하지[2] 않더라도 너그럽게 하다
보면 혹 저절로 밝아지는 것이니 조급하게 해서 그 분노를 재
촉하지 말 것이요, 사람이 잡아줌이 있지만 따르지 않을지라
도[3] 놓아두면 혹 저절로 교화되기도[4] 하는 것이니 강제[5]로 그
완고함[6]을 더하게 하지 말지니라.』

| 주석 |

① 작비암(昨非庵) : 명말 학자인 정선(鄭瑄)을 말하는데, 자는 한봉(漢奉)
이다. 숭정(崇禎)에 일찍이 응천순무(應天巡撫)를 지냈다. 저술에 《작
비암일찬(昨非庵日纂)》이 있다.
② 급지불백자(急之不白者) : 급절한 가운데 명백함을 말한다.
③ 조지부종자(操之不從者) : 잡아 끌어주어도 따르지 않음을 말한다.
④ 자화(自化) : 자기의 회오(悔悟)를 말한다.
⑤ 조절(操切) : 강제(强制).
⑥ 완(頑) : 완고(完固). 고집(固執).

원문

昨非庵曰「事有急之不白者 寬之或自明 毋躁急以

速其忿 人有操之不從者 縱之或自化 毋操切以益

其頑.」

집방자재(執放自在)할 줄을 알아야 한다. 즉 잡고 놓기를 자유자재로 쓸 줄을 안다는 말이다.

다시 말하면, 일을 명백하게 하지 못하는 사람이 있으면 시키고 타이름이 오히려 간섭같이 들릴 수 있으니 차라리 너그럽게 대하다보면 저절로 각성이 생길 수도 있다. 그러므로 너무 조급하게 굴어서 불에 기름 붓듯이 분격(忿激)을 일으켜서는 안된다.

또한 잡아끌어도 따르지 않을 경우 차라리 방임(放任)을 하면 저절로 자성(自省)이 생겨서 따르게 되는 수도 있다. 송아지에 코를 뚫어 끌듯이 억지로 끌어서 완고(頑固)함을 더할 일이 아니다.

79 벼슬살이의 근본 세 가지

반부❶는 말한다.

『벼슬살이에 근본 되는 세 가지가 있으니 봉록❷을 엷게 하는 것은 청렴의 근본이요, 성색❸을 멀리하는 것은 부지런함의 근본이며, 참언(讒言)의 사사를 버리는 것은 밝음의 근본이니라.』

| 주석 |

① 반부(潘府, 1453~1525) : 자는 공수(孔修)이요, 호는 남산(南山)으로 명대의 대신이며 학자이다. 모든 벼슬을 버리고 귀향하여 남산서원(南山書院)을 짓고 20여년을 강학(講學)하였다. 저서에는 《소언(素言)》· 《효경정오(孝經正誤)》가 있다. 아울러 《오경사서전주(五經四書傳注)》

와 《주절사자화(周程四子華)》를 수정하였고 20여 종류의 책을 지었다.
② 봉양(奉養) : 봉록(俸祿).
③ 성색(聲色) : 음탕한 음악과 여색(女色), 혹 남색(男色).

潘府曰「居官之本有三 薄奉養 廉之本也 遠聲色
勤之本也 去讒私 明之本也.」

● 해의 ●

　　벼슬살이를 하면서 정당하게 받는 녹봉은 얼마가 되어도 괜찮다. 봉급봉투가 얇다고 투덜대며 더 없는가 엿보는 것은 청렴을 잃어버리는 경우가 된다.

　　또한 정당한 오락이나 휴식은 생활의 활력도 되고 정신 건강에도 좋지만 과도(過度)하면 일에 게을러진다. 남녀 간의 부정한 행위로 늘 불안한 마음을 갖게 되면 일에 자신이 없어져서 근면을 잃어버리는 계기가 된다.

　　또한 아첨하는 말을 믿으면 충성(忠誠)한 사람이 멀어지고, 사사(私事)를 꾀하면 공사(公事)에 지장을 초래하며 혜명(慧明)을 사장(死藏)시키게 된다.

80 어진 이를 천거하고

또 말한다.

『어진 이를 천거하면 마땅히 뒤쳐지지나 않을까 두려워할 것이요, 공을 논함에 응당 앞서지나 않을까 저어해야 하나니라.』

원문

又曰「薦賢當惟恐後 論功當惟恐先.」

● 해의 ●

이렇게 산다면 이 세상에 어떤 법, 어떤 정치가 필요하겠는가?

어진 이를 천거했는데 그 사람이 남의 뒤에 쳐지거나 손가락질 받게 되면 후회스러울 일이다.

또 어떤 일을 잘하여 논공행상(論功行賞)이 될 때 사람들의 부러움과 시기가 따르면 어떨까? 이는 기쁘기보다 두려운 마음이 먼저 일어나리니, 근신하고 사양할 일이다.

81 검박은 아름다운 덕이다

위환계는 말한다.

『검박함은 아름다운 덕이라 벼슬길의 모든 군자는 숭상하여 더욱 중요하게❶ 여겨야 하나니, 일 분의 사치를 버리면 문득 일 분의 죄과가 적어지고, 일 분의 경영❷을 살피면 문득 일 분의 도의❸가 많아지나니라.』

① 급(急) : 중요(重要)하다.
② 경영(經營) : 1) 규모(規模)를 정(定)하고 기초(基礎)를 세워 일을 해나
    감. 2) 계획(計劃)을 세워 사업(事業)을 해나감.
③ 도의(道義) : 사람이 마땅히 행(行)해야 할 도덕상(道德上)의 의리(義
    理). 도덕(道德)과 의리(義理). 기(紀).

원문

魏環溪曰「儉 美德也 仕路諸君子崇尚尤急. 去一
分奢侈 便少一分罪過 省一分經營 便多一分道義.」

해의

　검박(儉朴)하다는 것은 자기의 분수를 알고 지키는 것으로 아름다운
덕목(德目)이다. 벼슬길에 있는 모든 군자가 실천해가야 할 가장 중요
한 조건이다.

　그러므로 일 분만 외형적인 자기과시나 꾸밈을 버리면 일 분의 죄과
가 자연 적어진다. 또한 일 분의 규모를 정하고 기초를 세워서 일을 하
여 나가면 일 분의 사람이 마땅히 행할 도의가 더욱 많아진다.

　다시 말하자면, 일 분의 사치를 버리고 일 분의 경영을 살피면 그대
로 일 분의 검박이요, 일 분의 도의가 증장되어 사로(仕路)에 어려움이
없이 직분을 다할 수 있다.

웅면암은 말한다.

『오늘날 벼슬살이로 녹을 받으면서는 모름지기 당일 고시에 응모했을[1] 때를 생각해야 할 것이요, 또한 모름지기 뒷날 벼슬에서 풀려났을 때를 생각할지니 앞을 생각해서는 만족할 줄 알아야 할 것이요, 뒤를 생각해서는 검박할 줄 알아야 하나니라.』

| 주석 |

① 수재(秀才) : 과거의 고시에 응모할 자격이 주어진 사람. 생원(生員).

원문

熊勉庵曰「今日居官受祿 須思當日做秀才時 又須
思日後解官時. 思前則知足 思後則知儉.」

● 해의 ●

벼슬에 나아가서 봉록을 받을 때는 아직 벼슬길에 오르지 못하고 준비하던 초심(初心)을 잊지 말아야 하며, 뒷날 벼슬에서 물러날 때까지를 생각하지 않으면 안 된다.

그런 의미에서 지금 현재 받고 있는 봉록에 대해서는 많고 적음을 가리지 말고 만족하게 여겨야 할 것이다. 그리고 벼슬에서 물러났을 때의 공론(公論)을 생각하여 항상 검박하게 삶을 엮어가야 한다.

사람이 벼슬길에 있는 시간은 얼마 되지 않지만 평가(評價) 받을 시간은 두고두고 많기 때문이다.

또 말한다.

『사대부는 탐하지 않아야 하고, 관리는 돈을 사랑해서는 안 되나니, 도리어 어떤 사항에 이익[1]이 사람들에게 미쳐감이 없다면 필경 하늘이 낸 성현의 뜻은 아니니라.』

| 주석 |

① 이제(利濟) : 어떤 사항에 이익이 있게 되는 것을 말한다.

원문

又曰「士大夫不貪 官不愛錢 却無所利濟以及人

畢竟非天生聖賢之意.」

● 해의 ●

사대부라고 자처하면 탐욕을 부려 남에게 눈총 받는 일은 없어야 한다. 또한 관가에서는 돈을 좋아하여 자기 호주머니를 채워서는 안된다. 더구나 이익이 발생할 수 있는 꺼리를 가지고 은근히 유도하여 뇌물(賂物)을 받아 챙겨서 되겠는가? 이는 하늘에서 낸 성현의 뜻이 아니요, 뒷날 받게 되는 고초는 말로 다 옮기기 어렵다.

다시 말하면, 관리가 되어 자의적으로 일을 처리하는 것도 중요하지만 성현의 포부나 뜻에 맞추어 나간다면 뒤탈이 없을 것이다.

또 말한다.

『풍속이란 천하의 큰일이요, 염치란 사대부의 아름다운 절조라. 정치를 하는 사람은 마땅히 강상❶을 붙잡고, 명분을 바루며, 도의를 중히 여기는 것을 으뜸으로 삼아야 하나니라.』

| 주석 |

① 강상(綱常) : 삼강(三綱)과 오상(五常). 곧 사람이 지켜야 할 도리(道理)
　　1) 삼강(三綱) : 〈1〉 유교(儒敎)의 도덕(道德)에 있어서 근본이 되는 세 가지 강목(綱目). 〈2〉 임금과 신하(臣下), 어버이와 자식(子息), 남편(男便)과 아내 사이에 마땅히 지켜야 할 도리(道理)로서, 곧 군위신강(君爲臣綱), 부위자강(父爲子綱), 부위부강(夫爲婦綱)임.
　　2) 오상(五常) : 사람이 지켜야 할 다섯 가지의 떳떳한 도리(道理)란 뜻으로, 〈1〉 인(仁), 의(義), 예(禮), 지(智), 신(信) 또는 오륜(五倫 : 父義, 母慈, 兄友, 弟恭, 子孝). 〈2〉 선남(善男) 선녀(善女)들이 지키는 다섯 가지 계율(戒律).

원문

우왈　풍속　천하지대사　염치　사인지미절　위정자
又曰「風俗 天下之大事 廉恥 士人之美節. 爲政者

당이부강상　정명분　중도의위제일
當以扶綱常 正名分 重道義爲第一.」

● 해의 ●

풍속이란 예로부터 민중이 살아온 역사로 시대상황이 가장 잘 반영되어 있기 때문에 천하의 큰일이다. 이것이 깨지고 이로(異路)로 달리면 이풍역속(移風易俗)이 되어 바루고 돌리기가 어렵다.

　또한 염치도 선비라면 목숨보다 더 중요하게 간직하고 살아야 할 덕목(德目)이다. 이것을 잃어버리면 비금주수(飛禽走獸)의 세상이 된다.

　그러므로 정치하는 사람은 사회의 강상(綱常)이 무너지지 않도록 잘 잡아서 늘 세워야 한다. 명의(名義)에 따른 직분을 항상 바르게 설정하여 누구나 지켜나가도록 하며, 도덕과 의리를 행동강령으로 제시하여 밟아 나갈 길을 마련하면 가히 정치를 잘 한다고 할 수 있을 것이다.

85 유사의 법집행은 용서이다

또 말한다.

『조정에는 법을 세움에 엄격하지 않을 수 없는 것이요, 유사❶는 법을 집행함에 인서(仁恕)로 하지 않아서는 안 되나니라.』

| 주석 |

① 유사(有司) : 어떠한 단체(團體)의 사무(事務)를 맡아보는 직무(職務). 여기서는 주로 법의 집행을 맡은 관리.

원문

우 왈　　조 정 입 법 부 득 불 엄　유 사 행 법 불 가 불 서
又曰「朝廷立法不得不嚴 有司行法不可不恕.」

● 해의 ●

　비록 강경한 법이라 할지라도 그 법을 운용하는데 있어서는 융통성

(融通性)을 가져야 한다. 조정에서 법을 만듦에 있어서 앞으로 발생할
수 있는 최악의 상황까지 고려하지 않을 수 없다.

　그러나 법을 집행하는데 있어서는 사람이 대상이 되기 때문에 어짊
과 용서를 근간으로 하여 사람을 구제하고 살리는 방향으로 운용하여
야 한다. 억울하게 피해를 보는 사람이나 무고한 사람이 생겨나지 않
도록 항상 조심스럽게 법을 집행하여야 한다는 말이다.

86 형벌은 너그러워야 한다

또 말한다.

『형벌은 마땅히 너그럽게 할 처지에서 바로 너그럽게 해야
하나니, 풀과 나무도 또한 하늘의 생명인 까닭이요. 재물을 쓰
는데 가히 절약해야 할 때에 바로 절약해야 하나니, 실이나 털
끝도 다 아래 백성들의 기름이니라.』

又曰「刑罰當寬處卽寬　草木亦上天生命. 財用可
省時便省　絲毫皆下民脂膏.」

● 해의 ●

　일반적인 법도 그러하지만 형벌을 적용하는데 있어서는 십분 헤아
려야 한다. 저 산이나 길가에 나있는 나무 한 그루 풀 한 포기도 하늘

에서 주신 생명으로 함부로 할 수 없는데, 어찌 최령(最靈) 하다는 사람을 꼭 법대로 적용할 수 있다는 말인가?

또 국고의 재물 자체가 세금으로 충당되고 그 세금은 백성의 피와 땀에서 나온다. 집행의 책임이 있는 사람은 자기 집 살림보다 더 알뜰하게 아끼고 절약하여 시행하여야지 공금(公金)이요, 또 공물(公物)이라 하여 함부로 쓰면 큰 재앙을 맞이하게 된다.

87 위정자의 근면

또 말한다.

『정치하는 사람이 하루라도 부지런하지 않으면 아래에서 반드시 그 폐해(弊害)를 받는 자가 있게 되나니라.』

우 왈　위 정 자 일 일 불 근　하 필 유 수 기 폐 자
又曰「爲政者一日不勤 下必有受其弊者.」

● 해의 ●

　정치를 하는 사람이 어찌 게으름을 피울 수가 있겠는가?

　예를 들면, 한 사람의 국회의원은 몇 십만 되는 사람의 대변자요, 머슴이기 때문에 편안하게 잠자고 여유롭게 즐기기 어렵다.

　만일 상관(上官)이 게으름을 피우면 하리(下吏)가 폐해(弊害)를 당하게 되고, 아래 관리가 폐해를 당하면 결국 그 여파가 주민에게 미친다. 그런데 하물며 위에 있는 사람이 부지런하지 않을 수 있으며 백성을 위한 정책을 개발하지 않을 수 있겠는가?

또 말한다.

『덕을 쌓고 공을 더하는 것이 벼슬살이에서보다 쉬운 것이 없나니, 이른바 바람을 따라 부른다면 울리고 응함이 저절로 빨라지는 것이라, 때때로 하나의 선을 행함으로써 가히 뭇 선을 감당할 수 있게 되나니라.』

원문

又曰「積德累功 莫若居官爲易. 所謂順風之呼 響應自捷 往往有一善而可當千百善者.」

● 해의 ●

벼슬하는 사람이 좋은 정책을 마련하여 시행하면 공덕이 쌓이고 끼침은 무엇으로도 비유할 수 없을 것이다. 마치 바람이 부는 방향을 따라 부르면 작은 목소리로도 바로 알아듣고 응하는 것처럼 하나의 좋은 정강(政綱)으로 수많은 사람에게 은혜를 입히면 그 공덕을 말로 다 표현할 수 없는 덕정(德政)이요 선정(善政)으로 두고두고 칭송을 받게 된다.

그러나 반면에 잘못하면 그만큼의 죄악도 면하기 어려운 것임을 명심하여야 한다. 칼날처럼 사이가 없어서 한쪽은 선이요 다른 쪽은 악이며, 한쪽이 복락이라면 다른 쪽은 재앙이 될 수 있는 것이다.

또 말한다.

『선배가 사람들에게 벼슬살이를 가르쳤는데 청렴은 가난을 말하는 것이 아니요, 부지런함은 수고로움을 말하는 것이 아니며, 백성을 사랑함은 혜택을 말하는 것이 아니요, 강폭을 제거함❶은 권위를 말하는 것이 아니니라. 위를 섬기는데 공경을 바치는 것을 몸을 굽힘이라 말하지 아니하고, 어진 하사를 예우함에 형세❷를 잊음이라 말하지 않는다면 거의 관리를 권계❸하는데 부끄러움이 없게❹ 되나니라.』

| 주석 |

① 서(鋤) : 제거한다(除也). 주멸한다(誅滅也)는 뜻.
② 세(勢) : 형세. 체면. 신분.
③ 관잠(官箴) : 관리에 대한 권계(勸戒).
④ 무첨(無忝) : 욕됨이 없는 것. 부끄러움이 없는 것. 더럽힘이 없는 것.

원문

又曰「前輩敎人居官 廉不言貧 勤不言勞 愛民不
言惠 鋤强不言威. 事上致敬 不言屈己 禮賢下士
不言忘勢 庶于官箴無忝.」

청렴은 가난이나 부자에 상관이 없다. 또 부지런하다는 것은 이것저것 벌려놓거나 들뜨는 것이 아니다. 백성을 사랑한다는 것은 무슨 혜택을 입혀주는 것이 아니다. 강폭(强暴)함을 제거한다는 것은 권위를 세우는 것이 아니다.

적어도 나라의 녹을 먹는 관리라면 고관(高官)은 고관대로, 하리(下吏)는 하리대로 자기 신분이나 직분에 맞는 일을 열심히 하면 된다.

따라서 위를 섬긴다고 몸을 굽히는 것이 아니요, 어진 이를 예우하는 것이 신분을 깎는 일이 아님을 알아서 벼슬살이를 한다면 관로(官路)에 부끄럽거나 욕됨이 없을 것이다.

90 한두 가지 좋은 일을

또 말한다.

『벼슬을 하면서 돌아갈 날이 이르게 됨을 생각하듯이 사람이 되어 죽을 날이 이르게 됨을 생각해서 곧 마땅히 한두 가지 좋은 일을 인간에 머물러 두어야 하나니라.』

원문

又曰「做官想到去之日 做人想到死之日 便當留一
二好事與人間.」

　옛말에 "호사유피 인사유명(虎死留皮 人死留名)"이라 하였다. 즉 '호랑이는 죽어서 가죽을 남기고, 사람은 죽어서 이름을 남긴다.' 는 의미이다.

　벼슬에서 물러난 사람이 어떻게 평가가 될 것인가의 문제이다. 과연 선정(善政)으로 이름이 남을 것인가, 아니면 폭정(暴政)으로 이름이 새겨질 것인가, 벼슬을 시작하는 날부터 물러나는 그날까지 생각하고 돌아보며 살아야 한다.

　또한 사람도 태어나는 그날부터 죽음을 향해 달리는 것이니, 어릴 때는 몰라도 철이 들면서부터는 죽은 뒤를 생각하면서 인생의 경륜을 선한 방향으로 쌓아 나가야 한다. 이렇게 생각하고 사는 사람은 벼슬을 하던, 인간에 섞여 살던, 아마 과오(過誤)는 저지르지 않고 좋은 이미지(image)를 심어놓게 될 것이다.

91 하늘에 빌면 응한다

　채문근❶은 말한다.

　『평일에 정성으로 백성을 다스리면 백성이 믿을 것이니, 무릇 일이 백성에게 있으면 응하지 아니함이 없는 것이요, 평일에 정성으로 하늘을 섬기면 하늘이 믿을 것이니, 무릇 하늘에 빎이 있으면 응하지 아니함이 없나니라.』

| 주석 |

　① 채문근(蔡文勤, 1682~1733) : 곧 채세원(蔡世遠)으로, 자는 문지(聞之)

이요, 호는 양촌(梁村)이다. 학자들이 「양촌선생(梁村先生)」이라 불렀다. 청대의 학자로 시호가 문근이다.

蔡文勤曰「平日誠以治民　而民信之　則凡有事于民
莫不應矣.　平日誠以事天　而天信之　則凡有禱于天
莫不應矣.」

● 해의 ●

　사람이 세상을 살면서 대가를 바라고 어떤 일을 하는 것은 아니지만 바르게 하면 누군가가 알아서 어떤 방면으로든지 대가를 지불하여 준다.

　관리가 되어 평상시에 정성으로 국민을 위해 일하면 국민이 그만큼 신임을 하는 지라, 관청에서 국민들에게 요구하는 사항이 있으면 두 말없이 호응을 보내오게 된다.

　또한 하늘을 평상시에 지성으로 섬기면 역시 하늘이 신임하여 어떤 일을 하늘에 빌면 호응하여 이루어지게 한다.

　그러나 반대로 한다면 국민이든 하늘이든 호응은 아니 하고 벌을 내려줄 것이니, 사람에게 지은 과오는 용서라도 받지만 하늘에 저지른 과오는 빌 데가 없는 것이다.

왕낭천은 《언행회찬》에서 말한다.

『맑은 관리는 관용(寬容)을 귀하게❶ 여기고, 어진 정사는 결단(決斷)을 귀하게❷ 여기나니, 자주 성내면 한갓 족히 몸을 손상하게 되고, 과오를 꾸민다해서❸ 어찌 능히 사람들이 속을 것인가? 바쁨에 처하여서는 다시 한가함으로 감당을 하고, 급함을 만나서는 문득 느림을 쫓아 감당을 하며, 직분과 예수를❹ 분명하게 하면 가히 일이 덜어지는 것이요, 훼과 기림을 잊으면 가히 마음이 맑아지나니라.』

| 주석 |

① 청귀용(淸貴容) : 청이란 청관(淸官)을 말하고, 용은 관용(寬容)을 말한다.
② 인귀단(仁貴斷) : 인이란 인정(仁政)을 말하고, 단은 결단(決斷)을 말한다.
③ 문과(文過) : 과오(過誤)를 가리고 꾸미는 것.
④ 분수(分數) : 분은 직분(職分)이요, 수는 예수(禮數)이니, 예수란 '신분에 의하여 각각 다른 예의의 대우'를 말하는 것이다.

원문

王浪川《言行匯纂》曰「清貴容 仁貴斷 頻怒徒足損

己 文過豈能欺人 處忙更當以閑 遇急便當從緩 分

數明可以省事 毀譽忘可以清心.」

　　청렴한 관리는 관용(寬容)을 베풀고, 어진 정사는 결단(決斷)을 잘 내린다.

　　신경질을 자주 부리면 결국 자신만 깎인다. 잘못을 저질렀는데 어떻게 가리고 덮어서 사람의 눈을 속일 수 있겠는가?

　　바쁨을 대처하는 약은 한가로움을 즐기는 것이요, 급할수록 늦추고 느리게 대처하여야 한다.

　　직분과 예우를 분명히 하면 일하는 것이 수월스럽고, 흙이든 기림이든 다 잊으면 마음도 따라서 맑고 밝아지는 것이다. 관리란 되기도 어렵지만 된 뒤에는 직분을 잘 추려내기가 어려운 것이요, 이보다 더 어려운 것은 퇴임한 뒤에 국민을 비롯한 주위의 평가이다.

93 복을 누리는 사람은 아니다

또 말한다.

『벼슬살이를 하면서 받아 쓰려 생각하는 것은 옳은 것이 아니니, 하늘이 나를 냄이 대중과 다른 것은 세상을 다스리는 직분을 주신 것이라, 이것으로 세상 사람에게 복을 마련하도록 하려는 것이지 복을 누리려는 사람은 아니니라.』

우왈　거관불가작수용지상　천지생아이호중　여이
又曰「居官不可作受用之想　天之生我異乎衆　與以

치세지직　시조복우세지인　비향복지인
治世之職　是造福于世之人　非享福之人.」

　　벼슬에 나아간 사람은 잘 먹고 잘 입고 잘 살려는 생각을 아예 버려야 한다. 왜냐하면 당초에 하늘이 나를 대중에 비하여 조금 뛰어나게 하심은 나를 통해서 세상을 다스리도록 함과 동시에 세상 사람들을 위한 복락(福樂)을 만들어주어서 누리도록 한 것이다. 자신이 복락을 맘껏 향유(享有)하도록 한 것은 아니기 때문이다.

　　그런데 철없는 벼슬아치들은 하늘의 크신 뜻을 알지 못하고 자기 앞에 큰 감을 놓으려다 가패신망(家敗身亡)을 하는 수가 허다하다. 조심하고 또 삼가서 살얼음을 밟듯이 사로(仕路)를 가야 한다.

94　자손의 복택이 덜어진다

또 말한다.

『사람에게 복과 귀가 이름에 유독 하늘만 채워지는 것을 꺼리는 것은 아니니, 한몸으로 받아쓰는 것이 너무 지나치면 또한 자손의 복락과 은택은 감소하게 되나니라.』

원문

又曰「人到福貴 不獨天道忌盈 一身受用太過 亦
減子孫福澤.」

사람에게 복과 귀가 도래하여 마음껏 누려도 하늘의 도는 절대로 꺼려하지도 않고 시기하지도 않는다.

또한 자신의 한몸에 수용을 너무 지나치게 하면 뒷자손이 받고 누려야 할 복락과 혜택이 그만큼 감소하게 된다.

그러므로 하늘의 도를 두려워하여 자기에게 당도한 부귀라고 하더라도 다 누리지 말 것이요, 따라서 자손을 생각하여 열에 절반만 누리고 후손을 위해 쌓아두며, 아울러 널리 베풀어서 훗날을 도모하여야 한다.

95 어질게 벼슬하는 사람은

왕당은[1]은 말한다.

『어질게 벼슬하는 사람은 풍도(風度)[2]가 없어서는 안될 것이요, 뼈김이[3] 있어서도 안될 것이라, 몸소 백성의 본보기[4]가 되어야 하는데 장중(莊重)하지 못함[5]이 이미 지나치다거나 우연히 높은 자리에 걸터앉아 망령되게 스스로 존숭한다면 그것을 잃게 되는 것도 같을 것이니, 곧 고향에 살더라도 또한 그러 하나니라.』

| 주석 |

① 왕당은(王戇恩) : 생몰연대를 알 수 없음.
② 관체(官體) : 풍도(風度)와 기습(氣習).

③ 관기(官氣) : 가자(架子)라는 의미인데, 가자란 '뻐기다. 겉치레' 등의
　 뜻을 지니고 있다.
④ 민표(民表) : 본보기. 솔선. 표솔(表率).
⑤ 설월(褻越) : 장중(莊重)하지 아니한 것.

王懇恩曰「仁宦人不可無官體 不可有官氣. 躬爲
民表 而褻越已甚 偶踞高位 而妄自尊崇 其失均耳
即居鄕亦然.」

● 해의 ●

　 백성들을 선도하는 책임을 가진 관리는 풍도(風度)가 없으면 안되
며, 공연히 겉치레를 하여서도 안된다거나 또는 뻐겨도 안될 것이다.
　 자신은 항상 백성들의 본보기가 되고 솔선(率先)이 되어야 하는데,
만일에 장중(莊重)한 처신을 하고, 높은 자리에 있다고 하여 군림하며
존대(尊大)하고 거드름을 피우면 결국 모두를 잃게 된다. 이러한 사람
이 벼슬에서 물러나 고향에 돌아가서 살더라도 환영을 받는 인물이
되지 못한다.
　 의식이 있는 벼슬아치는 벼슬을 하고 있는 동안보다는 낙향(落鄕)한
뒤의 평판(評判)을 두렵게 여기는 법이다.

四

居鄕

[거향]

1 장담을 의표로 삼다

『장담❶이 퇴임하고❷ 돌아와서 관부❸를 바라보며 걸어 다니니 주부❸가 말하기를, "명부❹란 지위가 높고 덕이 중하거늘 응당 스스로 가볍게 하여서는 안될 것입니다." 하는지라, 공이 말하기를 "예에 공문에서는 수레나 말에서 내리는 것이니❺ 공자께서도 향당에서 공순하였듯이❻ 부모의 나라에 응당 예를 다하는 것인데 어찌 가볍다 말을 하리요?" 하니라. 그는 고향에 살면서 말이 자세하고 얼굴이 바르니 삼보❼에서 모두 의표❽로 삼았나니라.』

| 주석 |

① 장담(張湛) : 자가 자효(子孝)로, 동한의 대신이며 벼슬이 태자태보(太子太保)까지 이르렀다.

② 고(告) : 벼슬에서 퇴임하다. 윗사람에게 진술하다. 알리다. 고지(告知). 권고(勸告).

③ 시문(寺門) : 관부(官府)를 가리킨다.

④ 주부(主簿) : 문서·장부를 맡은 한대(漢代) 이후의 벼슬.

⑤ 명부(明府) : 진(晉)나라 한(漢)나라 때 관원의 존칭이다. 지금의 수장(首長)이다.

⑥ 예하공문식로마(禮下公門式路馬) : 예하공문(禮下公門)은 《예기(禮記) 곡례상(曲禮上)》에 "대부 사하공문(大夫 士下公門)"이라는 말이 있는데, 옛날에 국군(國君)의 외문(外門)과 중문(中門)을 공문(公門)이라 하고 사대부가 조정에 들어올 때는 수레나 말에서 내려 공경을 표하였다. 뒤에 공문을 널리 관서(官署)라고 칭하게 되었다.

식로마(式路馬)란 관부(官府)를 지날 때에는 말이나 수레에서 내려 식례(式禮)를 행하였다. 이에 식(式)은 식(軾)과 통하는 말로 고대에 일종의 예의(禮儀)를 표한다는 말이다. 즉 말이나 수레를 타고 갈 때에 몸을 구부려 수레 앞에 있는 횡목(橫木 : 軾)을 잡고 공경을 표했던 것이다. 전체적으로 말하자면, 사대부는 응당 관청에 대하여 예경(禮敬)을 하여야 한다는 뜻이다.

⑦ 공자어향당 순순여야(孔子於鄕黨 恂恂如也) : 《논어》 향당(鄕黨)에 "공자어향당 순순여야 사불능언자(孔子於鄕黨 恂恂如也 似不能言者)"에서 인거된 말이다. 즉 공자가 고향에 있을 때는 형태(形態)나 말씀이 항상 공순하였다는 의미이다. 향당이란 주나라 제도에 500가(家)를 당(黨)이라 하고, 12,500가를 향(鄕)이라 하였는데 향리(鄕里)를 말하는 것이다.

다시 말하면, 향당은 부형(父兄)이나 종족(宗族)이 있는 곳을 이르는 말이다. 또 순순(恂恂)이란 신실(信實)하다는 의미로 공순(恭順)하고 겸손(謙遜)한 모습을 말하는 것이다.

⑧ 삼보(三輔) : 1) 서울을 함께 다스리는 관청으로 경조윤, 좌풍익, 우부풍을 말함. 2) 한대(漢代)에 경기지구(京畿地區)와 경기(京畿)에 가까운 지구를 말한다.

⑨ 의표(儀表) : 사표(師表). 모범(模範).

「張湛告歸 望寺門而步 主簿曰 "明府位尊德重 不宜自輕" 公曰 "禮下公門式路馬 孔子於鄕黨 恂恂如也. 父母之國 所宜盡禮 何謂輕哉?" 其居鄕詳言正色 三輔以爲儀表.」

● 해의 ●

　장담이 오래도록 높은 관직에 있다가 퇴임하여 고향에 돌아왔으나 벼슬길에 있는 것처럼 말이나 행동이 항상 겸손하고 공경하였다. 주부의 입장에서 장담이 어슬렁거리는 모습으로 보여서 좀 자중(自重)하라는 의미를 담아 말을 건네었다.

이에 장담은 벼슬하는 사람이 되었든 그렇지 않는 사람이 되었든 임금이 있는 궁문(宮門), 곧 공문(公門)을 지날 때는 말이나 수레에서 내려 공경을 표하는 것이 예의이고, 공자(孔子)께서도 향리(鄕里)에서 공경하고 겸손한 것처럼 나도 오랜만에 고향에 돌아왔지만 부모형제가 살았고 종족이 있으며 어른들이 계시니 언행(言行)을 삼가고 공순하지 않을 수 없다는 의미로 대답하였다. 이 말이 벼슬하다가 낙향하는 사람에게 사표(師表)가 되고 모범(模範)이 되었으며, 특히 수도를 중심으로 다스리는 경조윤(京兆尹), 좌풍익(左馮翊), 우부풍(右扶風)의 관청에서 의표(儀表)로 삼았었다.

2 양분의 시

『양분❶이 벼슬을 마치고 돌아왔는데 옛 살던 데가 많게 이웃에게 침점이 되었음으로 자제들이 관부에 나가서❷ 고소를 하고자함에 공이 문서로 말미에 말하기를 "사방에서 우리를 침범하면 우리는 저들을 따를지니, 필경은 모름지기 가지지 않았을 때를 생각할지니라. 점검 삼아 함원전❸에 올라 터를 바라보니 가을바람에 가을 풀만 마침내 흩어지더라.❹" 하니, 자제들이 다시 감히 말하지 아니하니라.』

① 양분(楊玢) : 오대(五代) 때의 대신. 촉(蜀)나라에서는 이부상서(吏部尚書)의 벼슬을 하였고, 후당(後唐)에서는 급사중(給事中)의 벼슬을 하였다.

② 예(詣) : 나아간다(去也)는 의미.

③ 함원전(含元殿) : 당대(唐代)의 궁전으로 고종(高宗) 때에 건립되었는데 봉래궁(蓬萊宮)이라고도 하였다. 이미 헐어져서 폐허(廢墟)가 되었다.

④ 이리(離離) : 흩어지는 모양.

원문

「楊玢致仕歸 舊居多爲隣里侵點 子弟欲詣府訴 公

批狀尾曰 "四隣侵我我從伊 畢竟須思未有時 試上

含元殿基望 秋風秋草正離離" 子弟復不敢言.」

● **해의** ●

가진 것에 대한 집착(執着)을 놓아야 한다. 고대광실(高臺廣室)을 가졌으면 무엇하며, 억만금을 쌓았으면 어디다 쓰며, 고관대작(高官大爵)이 되었으면 늙어서까지 누리겠는가?

좋은 집에 수명이 길고 돈이 있고 높은 자리가 보장되더라도 내가 폐인이 되거나 죽어버리면 아무 소용이 없다. 또한 나보다 윗사람이 그만두라 하면 어떻게 할 것인가?

우리가 이 세상에 태어날 때부터 집을 가졌고 땅을 가졌으며 벼슬을 가졌는가? 사실은 하나도 없었다. 살다보니까 모여진 것이지니 본래 없었던 데로 돌아가고 가지지 않았을 때를 생각하여야 한다.

그러므로 부족하지만 쓸 수 있는 재물이 있고, 작지만 들어갈 집이

있으며, 거친 음식이지만 먹을 밥이 있다면 장부의 살림살이가 넉넉
하다고 생각하고 매이거나 잡힘이 없이 자유롭게 살아야 한다.

<table><tr><td>3</td><td>의 전 택</td></tr></table>

범문정공은 말한다.

『"오나라 가운데 종족은 진실로 친밀하고 소원함은 있을지라
도 그러나 우리의 조종으로 보면 균등한 자손들이니 주리고
차갑다면 내 어찌 구휼하지 않을 것인가? 조종으로부터 오면
서 덕을 쌓은 백여 년에 비로소 나에게 발현하여 큰 벼슬에 이
름을 얻었으니, 만일 홀로 부귀를 누리고 종족을 구휼하지 않
는다면 다른 날 어떻게 조종을 지하에서 뵐 것이며 지금 무슨
얼굴로 사당에 들어갈 것인가?" 하고, 이에 은사한 봉록❶을
일찍 족인에게 균평하게 하고 아울러 의전과 의택❷을 두라고
일렀나니라.』

| 주석 |

① 은례봉사(恩例俸賜) : 황제가 은사한 전물(錢物)과 정상적으로 받은 봉
록(俸祿).
② 의전택(義田宅) : 가난한 일가를 구제하기 위한 전지(田地)와 가택(家
宅).

범문정공왈 오중종족 고유친소 연오조종시지
范文正公曰 「"吳中宗族 固有親疎 然吾祖宗視之

균시자손 즉기한자오안득불휼 자조종래 적덕백
均是子孫 則飢寒者吾安得不恤? 自祖宗來 積德百

여년 시발우오 득지대관 약독향부귀 이불휼종족
餘年 始發于吾 得至大官 若獨享富貴 而不恤宗族

이일하이견조종우지하 금하안입가묘호 우시은
異日何以見祖宗于地下 今何顔入家廟乎?" 于是恩

례봉사 상균우족인 병치의전택운
例俸賜 嘗均于族人 并置義田宅云.」

나눔의 미덕(美德)을 보여준 말이다. 혼자 잘 먹고 잘 사는 것보다는 여럿이 조금 먹고 가난하게 살더라도 친족을 생각하고 이웃을 살피면서 사는 여유를 가져야 한다. 자신이나 가족이라는 범주(範疇)를 벗어나지 못하면 어울려 사는 삶이 부족하다고 할 수 있다.

따라서 중요한 것은 "적선축덕(積善蓄德)한 발복(發福)"이다. 한 가문이 100여 년을 두고 꾸준히 선을 쌓고 덕을 쌓은 결과 범중엄(范仲淹)과 같은 어진 재상을 배출하게 된 것이다.

사실 범중엄은 중국 역사에 있어서 몇 안 되는 훌륭한 인물 가운데 인물이요, 재상(宰相) 가운데 재상이다.

그는 정당하게 받은 은전(恩典)이나 봉록을 가지고 혼자 호의호식(好衣好食)하지 않고 친족이나 이웃과 나누었으며 더 나아가 장차 어려운 친척들이 생길 경우를 대비하여 의전(義田)과 의택(義宅)을 마련하였다. 이는 선견지명(先見之明)을 가진 선지자의 행동이라고 하지 않을 수 없다.

또 말한다.

『공이 정부로부터 고향에 살며 비단 3,000필을 찾아 친척 및 고향에서 안 옛날 사람들을 기록하여 그들에게 흩어서 다주고 말하기를 "종족과 향당은 내가 낳고 자라온 곳이라, 어려서는 배우고 젊어서는 벼슬하는 것을 보고 나를 위해 기쁘게 도와 주었으니, 내가 어떻게 그들에게 보답을 하지 않을 수 있겠는 가?" 하니라.』

원문

又曰 「公自政府居鄕 搜得絹三千疋 錄親戚及閭里

知舊 散之皆盡 曰 "宗族鄕黨 見我生長 幼學壯仕

爲我助喜 我何以報之?"」

● 해의 ●

재산이 없는 사람은 '얼마만큼 생기면 남을 도우며 살리라.' 할 것이다 말을 하지만 그 목표에 도달하면 다시 욕심이 생겨 조금만 더 모으면 그렇게 하겠다고 다짐을 하다가 결국은 실행도 못하는 경우가 많다.

그러므로 재물을 모으는 것은 끝이 없기 때문에 재산의 다과(多寡)와는 상관이 없이 초심(初心)을 잃지 않고 베풀어주는 그 마음을 중요하게 여겨야 한다.

5 향당의 약조 네 가지

남전여씨[1]는 말한다.

『무릇 향당의 약조(約條)가 네 가지이니, 첫째 '덕업을 서로 권면하는 것이요,' 둘째 '허물을 서로 바로잡아주는[2] 것이며,' 셋째 '예속을 서로 교화하는[3] 것이요,' 넷째 '환난을 서로 구휼하는 것이라.'고 하니라.』

| 주석 |

① 남전여씨(藍田呂氏 : 생몰연대 모름) : 북송의 대신인 여대충(呂大忠)으로, 자는 진백(進伯)이다. 경조남전(京兆藍田) 사람이므로 남전여씨라고 부른다. 많은 벼슬을 하였고 저술에 《망천집오권(輞川集五卷)》·《주의십권(奏議十卷)》 등이 있다.

② 규(規) : 여러 뜻이 있지만, 여기서는 '바로잡을 규' 자로 '바른 길로 나가도록 하는 것'을 말한다.

③ 교(交) : 교(教)와 통용한다. 즉 교화(教化)·교육(教育)을 말한다.

원문

남 전 여 씨 왈　　범 향 지 약 사　　일 왈 덕 업 상 권　　이 왈 과 실
藍田呂氏曰「凡鄉之約四 一曰德業相勸 二曰過失

상 규　　삼 왈 예 속 상 교　　사 왈 환 난 상 휼
相規 三曰禮俗相交 四曰患難相恤.」

● 해의 ●

향약(鄉約)을 「같은 고향 사람들이 공동으로 준수하는 규약(同鄉之人共同遵守之規約)」이라고 하였다. 즉 마을 단위로 함께 사는 사람들

이 권선징악(勸善懲惡)을 취지로 한 자치규약이다. 이 향약은 시행주체나 규모, 지역 등에 따라 향규(鄕規), 일향약속(一鄕約束), 향립약조(鄕立約條), 향헌(鄕憲), 면약(面約), 동약(洞約), 동계(洞契), 동규(洞規), 촌약(村約), 촌계(村契), 이약(里約), 이사계(里社契) 등 다양한 명칭으로 불린다.

다시 말하면, 시행 시기나 지역에 따라 다양한 내용을 담고 있으나, 기본적으로 유교적인 예속(禮俗)을 보급하고, 농민들을 향촌사회에 긴박시켜 토지로부터의 이탈을 막고 공동체적으로 결속시킴으로써 체제의 안정을 도모하려는 목적에서 실시되었다.

이황(李滉, 1501-1570)이나 이이(李珥, 1536-1584) 등에 의해 중국의 《여씨향약(呂氏鄕約)》의 강령인 "좋은 일은 서로 권하고, 잘못은 서로 바로잡아주며 예속을 서로 권장하고, 어려운 일이 있으면 서로 도와준다."는 취지를 살려 조선의 실정에 맞는 향약이 마련되었다. 그러므로 향약(鄕約)이 대단히 중요하다. 어느 면에서 보면, 국법은 사실 멀고 향규(鄕規)는 오히려 가까이 있기 때문에 지키기도 쉽고 지키면 바로 효과가 나타나는 것이었다.

남전여씨는 향약에 네 가지 길을 제시하였다. 덕업은 바로 도덕으로 풍도(風度)를 갖춘 인격을 만드는 길이며, 허물을 바로잡음은 섞임이 없는 맑은 인성을 만드는 길이며, 예속을 가르침은 미풍양속(美風良俗)을 이루는 길이며, 환난을 구휼함은 동족동포(同族同胞)의 상생(相生)을 이루는 길이다.

6 복고의 풍속

주회암은 말한다.

『우리가 옛날로 돌아가려는 바람이 없다면 풍속을 다시 누구에게 가르쳐서 변화를 시킬 것인가?」

원문

주 회 암 왈   오 제 무 망 우 복 고   즉 풍 속 갱 교 수 변
朱晦庵曰「吾儕無望于復古 則風俗更敎誰變?」

● 해의 ●

작금(昨今)의 시대에 도덕이 추락하고 예의가 말살되는 현상이 나타나는 것이 가장 염려된다. 특히 화려한 물질에 의하여 예의도덕이 추락의 길을 걷고 있으니 한탄하지 않을 수 없다.

도덕이란 것이 넓게는 한정이 없지만 작게 보면 '사람노릇' 하는 길이다. 우리는 금수가 아닌 사람이기 때문에 사람에 걸맞는 노릇을 하고 살아야 한다. 또한 풍속도 사람이 안심하고 살 수 있도록 사회적인 공통분모를 도출하여 어느 정도는 규정화(規定化)시켜서 누구나 밟아가도록 하여야 한다.

이러한 면을 주자는 예제(禮制)의 복고(復古)를 통해서 도덕이 살아 있던 요순시대(堯舜時代)로 돌아가서 태평성대(太平聖代)를 건설하는 길을 가르쳐서 변화시켜야 한다고 역설한 것이다.

7 인생이 하늘땅 사이에

섭몽득[1]은 말한다.

『낚시를 하고 새를 쏘는 것[2]이 또한 어찌 족히 즐거움이 되리요, 사람이 하늘과 땅 사이에 나서 만물로 더불어 각각 그

하려는 것을 얻고자 한다면 단지 한몸에 나아가 그쳐서는 안
되나니라.』

① 섭몽득(葉夢得, 1077~1148) : 자는 소온(少蘊)이요, 호는 석림거사(石
林居士)이다. 남송의 대신이요, 문학가로 시사(詩詞)에 능하였다. 저술
에 《건강집(健康集)》·《석림사(石林詞)》·《석림사화(石林詞話)》·《피
서록화(避暑錄話)》 등이 있다.
② 조익(釣弋) : 조(釣)는 고기를 낚는 것이고, 익(弋)은 새를 쏘는 것이다.

원문

섭 몽 득 왈　　조 익 역 하 족 위 락　　인 생 천 지 간　　요 여 만 물
葉夢得曰「釣弋亦何足爲樂 人生天地間 要與萬物

각 득 기 욕　　비 단 적 일 기 이 야
各得其欲 非但適一己已也.」

● 해의 ●

　만물은 인간과 더불어 살고 또 살 권리가 주어져 있다. 그리하여 어
떤 누구라도 천지의 물건들을 함부로 대하거나 취택할 수 없다. 그런
데 사람이 들어서 하늘과 땅을 휘저어놓고 파헤쳐놓아서 천지를 아프
고 병들게 하였으니 그에 대한 보복이 천재지변(天災地變)으로 나타
나고 있다.

　다시 말하면, 인간의 욕심은 한정이 없기 때문에 천지를 갈아 마실
정도로 독하다. 그러나 천지만물이 이에 상응하는 처벌을 두고두고
되돌려 주게 된다는 사실을 명심하여야 한다.

유재[1]는 매월 아침에 반드시 탕병을 다스려 족인들을 모으고 말하기를 "오늘 모이게 한 것은 술과 고기로써 예를 하려는 것은 아닙니다. 평상시에 종족들이 모르게 헐뜯어[2] 화목하지 못하여 정의가 서로 통하지 않음이 많이 일어납니다. 이번 달에 반드시 모여 마시면서 착함이 있으면 서로 권면하고, 허물이 있으면 서로 바루며, 어떤 연고로 서로 모순되는[3] 사람이라도 피차간에 서로 보고 또한 서로 잊으며 조용한 가운데 서로 술잔을 기울인다면 어찌 작은 도움이라고 하겠습니까!" 하니라.

| 주석 |

① 유재(劉宰) : 남송의 관리로 문학가이다.

② 의각(犄角) : 곧 「기각(掎角)」의 의미로 '사슴을 잡을 때 뒤에서는 발을 잡고 앞에서는 뿔을 쥔다.' 는 뜻으로, 앞뒤에서 협격(挾擊)함을 이름. 즉 '남모르게 헐뜯고 공격하며 업신여기는 등' 의 뜻이 있다.

③ 저오(牴牾) : 저오(抵忤)·저오(抵梧)라고도 쓰는데 '저촉(抵觸)한다.' 는 뜻이요, 또 '서로 어긋난다.' 는 뜻이다. 또는 '불순(不順)하다.' '모순(矛盾)이 있다.' 는 뜻이다.

원문

「劉宰每月旦必治湯餅　會族人曰 "今日之集　非以

酒肉爲禮也.　尋常宗犄角族不睦　多起于情意不相

通。今月必會飮 有善相勸 有過相規 有故相牴牾
者 彼此相見亦相忘 于杯酒從容間 豈小補哉!”」

● 해의 ●

친족 간에 화목을 이루고 사는 것이 얼마나 중요한지 모른다. 그렇지만 묘하게 남남 간에는 서로 친하게 살면서 친족 간에는 불화를 이루는 수가 있는데 무슨 이유에서 그럴까?

이에 대하여 유재는 '남모르게 서로 헐뜯어서 정의(情誼)가 통하지 않는 것이 이유' 라고 말하고 있다. 그렇다고 보아야 한다. 사람마다 정(情)이 있는데 서로 몰라주고 업신여기기 때문에 틈과 미움이 생겨 결국 원수처럼 변해가고 만다.

그러므로 사람의 내면에 깊은 애틋한 정만 잘 다스려서 거슬리지 않으면 얼마든지 화목을 이루며 잘 살 수 있다. 사람이란 감정의 동물이기 때문에 이를 잘 조절하면 별 어려움이 없이 모두와 어울려 살아갈 수 있는 것이다.

9 갠 날이 많고 비 올 날이 적다

양저❶의 이웃집에서 집을 지었는데 그 길을 침범하여 방울물❷이 그의 뜰로 떨어지거늘 공은 묻지도 않고 말하기를 "갠 날이 많고 비올 날은 적은 것이니라."하고, 또 그 터를 침범하

였거늘 말하기를 "넓은 하늘 아래 다 왕의 땅인데 거듭 여기를
지날지라도 방해가 되지 않나니라." 하니라.

| 주석 |

① 양저(楊翥) : 자는 중거(仲擧). 명대의 대신으로 벼슬이 예부상서(禮部
尙書)를 지냈다.
② 용유(甬溜) : 용(甬)은 길이라는 뜻으로, 양쪽에서 담을 쌓은 길을 말한
다. 유(溜)는 물방울이라는 의미도 있고 낙수고랑이라는 뜻도 있다.

원문

「楊翥隣家構舍 侵其甬溜墮其庭 公不問 曰 "晴日
多 雨日少也" 又侵其址 曰 "普天之下皆王土 再過
些兒也不妨."」

● **해의** ●

넓게 보자. 그리하려면 눈이 뜨여야 한다.

그리고 마음이 열려서 세상을 한 품으로 안고 한 울이 되어야 한다.

물이 내 집으로 떨어져도 비가 오는 날보다는 갠 날이 많을 것이니
무엇이 걱정이며, 내 땅을 침범하여도 아직은 발을 디딜 여지가 있으
니 무슨 걱정인가?

아무리 많은 땅을 지녔어도 죽으면 그만이요, 또 죽어 차지하는 땅
도 몇 평이나 되겠는가? 더구나 요사이는 화장하여 산천에 뿌리거나
단지에 담아버리니 욕심을 부려도 아무 소용이 없다. 땅덩어리에 욕
심부린들 어디다 쓸 것인가?

그래서 인생이 무상(無常)하다고 하는 것이리라. 양저처럼 마음을

넓게 쓴다면 비록 육신이야 흙으로 돌아가도 그 유음(遺音)은 오래 남
아 깨우침을 준다.

10 사치와 검박

진기정[1]은 말한다.

『선비가 사치하면 백성이 사치하는 것이요, 선비가 검박하면
백성도 검박하나니라.』

| 주석 |

① 진기정(陳幾亭, 1585~1645) : 즉 진용정(陳龍正)으로, 자는 창룡(暢龍)
이며 호가 기정이다. 명대의 학자이다. 고반룡(高攀龍)을 사사(師事)하
였으며 당시의 시무(時務)에 관심이 많았다. 1634년(明 崇禎 7)에 진사
가 되어 중서사인(中書舍人)에 임명되었으며 〈상양(上養)〉·〈호생(好
生)〉 두 상소를 올려 당시 전횡을 일삼던 환관들의 횡포를 비판하기도
하였다. 저서에는 《기정학언(幾亭學言)》·《기정문록(幾亭文錄)》·《구
황책회(救荒策會)》·《정자상본(程子詳本)》·《기정정서(幾亭政書)》 등
이 있다.

원문

陳幾亭曰「士奢民奢 士儉民儉.」

● 해의 ●

선비란 사대부요, 사대부란 벼슬아치를 말한다. 즉 사회적인 지도

급인사로 권리도 있고 재물도 가진 부류이다. 따라서 한 사회를 주도
할 만한 능력을 가진 엘리트(elite) 집단으로 자리매김하고 있다.

이러한 사람들이 시대와 어울리고 민중과 어울려 살면서 민중을 어
떻게 이끄느냐에 따라 사회와 민중은 변화를 거듭하게 된다.

그리하여 사대부가 사치를 일삼으면 백성도 따라서 사치를 하게 되
지만 반대로 올바르고 검박하게 살면 백성들도 자연 검박하고 올바르
게 살아가는 것이다. 지식인의 사회적 책임은 실로 막중하다 아니할
수 없다.

11 녹태공 정의 처신

녹태공 정[1]은 매일 나가고 들면서 편안하게 마을[2] 가운데를
걸어 곧장 갔다가 돌아옴이 백 여리나 되고 또한 한 사람 심부
름꾼과 한 마리의 말에 그쳐 벼슬을 하지 않았을[3] 때와 다름
이 없었다. 그는 말하기를 "내가 다행히 아직은 노쇠함[4]이 많
지 않은데 향리의 옛날 친구로 더불어 길에서 만나면 어찌 가
히 그들로 하여금 물러나고[5] 피하게 하리요?" 하였나니라.

| 주석 |

① 녹태공 정(鹿太公 正) : 곧 녹정(鹿正)으로 명대의 대신이다. 은퇴하고
   향리로 돌아오니 마을 사람들이 「녹태공(鹿太公)」이라 존칭하여 불렀
   다.

② 한(閈) : 이문(里門). 항문(巷門).

③ 포의(布衣) : 베옷. 벼슬하지 않은 사람이 입는 옷. 전(轉)하여 벼슬하

지 않은 사람. 무위무관(無位無官)의 사람. 백의(白衣).

④ 비(憊) : 노쇠하다. 피곤하다. 고달프다. 피핍(疲乏).

⑤ 인(引) : 물러나다. 물리치다.

「鹿太公正每日出入 安步閒中 即往返百餘里 亦止
一僕一騎 無異布衣時. 曰 "吾幸未僭庶 與里閭故
舊遇諸途 何可使其引避?"」

● **해의** ●

　갖추어진 인물은 재물이 많고 높은 지위를 지내고 있어도 고향에서는 거드름을 피우지 않는다. 왜냐하면 부모형제가 살고 일가친척이 살며 친우나 어른들이 살기 때문에 몸가짐이나 말을 항상 삼가여 다른 사람에게 오만하게 보이지 않기 위해서 그러는 것이다.

　따라서 길을 가다 오다 옛날 아는 사람을 만나더라도 내가 먼저 비켜서거나 아니면 먼저 다가가서 안부를 묻고 손을 잡아 주어서 친분을 쌓아간다. 그런데 설익은 사람은 있다는 유세를 떨고 오만방자(傲慢放恣)하며 객기(客氣)를 부려서 주위 사람들이나 친척들의 눈살을 찌푸리게 하는 수가 있다.

　그러므로 개관사정(蓋棺事定) 즉 '관 뚜껑을 덮고 일을 정한다.'는 뜻으로 사람은 죽고 난 뒤에라야 올바르고 정당하게 평가(評價)할 수 있는 법이다.

온절효는 말한다.

『다만 친척 사람들이 풍족하기를 원하고 차라리 나는 다만 가난을 스스로 지킬 것이라. 만일 한 사람만 부자로서 두터운데 구족❶은 배고프고 차갑다면 곧 이것이 지극히 결함된 처사이니 크게 욕됨을 참으려는 것이 아니라 능히 그 사이에 이리저리 변통❷도 못하게 되나니라.』

| 주석 |

① 구족(九族) : 1)고조, 증조, 조부, 부친(父親), 자기(自己), 아들, 손자(孫子), 증손(曾孫), 현손(玄孫)까지의 직계(直系) 친(親). 2)부족(部族)의 넷, 모족 셋, 처족 등을 일컬음. 3)외할아버지, 외할머니, 이모의 자녀(子女), 장인(丈人), 장모(丈母), 고모(姑母)의 자녀(子女), 자매(姉妹)의 자녀(子女), 딸의 자녀(子女) 및 자기(自己)의 동족. 4)구이(九夷).

② 주선(周旋) : 일이 잘 되도록 이리저리 힘을 써서 변통(變通)해 주는 일.

원문

溫節孝曰「但願親戚人人豊足　寧我只貧自守.　若

使一人富厚　九族飢寒　便是極缺陷處　非大忍辱　不

能周旋其間.」

비록 가난하더라도 친척들이 잘 살면 만족하는 마음은 참으로 가상하다 아니할 수 없다. 이런 마음을 갖는 것이 바로 선비요, 사대부이다.

이렇게 볼 때 혹 친척 중에서 한 사람만 잘 먹고 잘 살고 구족(九族), 즉 다른 친척들은 기한(飢寒)에 줄이며 떨고 있다면 크게 잘못된 상황이다. 이러한 욕을 참고 견딘다고 해결되는 문제가 아니니, 이리저리 변통하여 길을 마련하는 것이 함께 살아가는 방도이다.

그러므로 다 같이 잘 살 수는 없지만 잘 사는 사람은 나누고 보듬어서 살아야 한다. 독식(獨食)하면 오히려 친척들의 미움을 받아 고립되거나 왕따가 되고 마는 것이 이치이다.

13 사대부가 향리에 살면서

탕잠암은 말한다.

『사대부가 고향에 살면서 학문을 일으키고 교화를 이루며 풍속을 변화시키는 것이 제일 중요한 임무이니라.』

원문

湯潛庵曰「士大夫居鄕 興學立教 變風俗是第一要務.」

옛부터 사대부는 벼슬에서 물러나 고향으로 돌아오면 반드시 학문을 일으키어 후학들을 교육시켜 잘 키워야 한다. 또 교화를 이루어서 쓸모 있는 사람들을 만들며, 풍속을 개변(改變)시켜서 살기 좋은 고을이나 동네를 만들어 내는 것을 첫째 사명으로 꼽고 임무로 알았다.

그리고 미풍양속(美風良俗)이 살아 있고 집집마다 글 읽는 소리가 끊이지 않으며 아름다운 풍악소리가 울려 퍼지는 선비의 고향을 만드는 것을 제2의 사명으로 알고 낙향(落鄕)하여 여생을 보냈던 것이다.

14 거향과 거관

위환계는 말한다.

『공순(恭順)하고 근신(謹愼)하며 용인(容忍)하고 겸양(謙讓)하는 이것이 고향에서 살아가는데 좋은 방법이요, 청렴(淸廉)하고 공정(公正)하며 검박(儉朴)하고 절약(節約)하는 이것이 벼슬살이 하는데 좋은 방법이니라.』

위 환 계 왈 공 근 인 양 시 거 향 지 양 법 청 정 검 약 시
魏環溪曰「恭謹忍讓 是居鄕之良法 淸正儉約 是

거 관 지 양 법
居官之良法.」

　　퇴임 후에 고향에서 잘 살아가려면 반드시 공순(恭順)하여 오만(傲慢)하지 않고, 근신(謹愼)하여 조신(操身)하며, 용인(容忍)하여 포용(包容)하고, 겸양(謙讓)하여 진퇴(進退)를 알아야 한다.

　　또한 벼슬살이에서는 청렴(淸廉)하여 자수(自守)하고, 공정(公正)하여 사사(私邪)가 없으며, 검박(儉朴)하여 낙도(樂道)하고, 절약(節約)하여 분수(分數)를 알면 잘살 수 있다.

　　그러므로 벼슬살이를 하는 것이나 고향에 사는 것이 둘이 아니요, 하나임을 알아서 처신과 처세를 잘 하여야 한다.

15 사군자가

또 말한다.

『사군자가 나아가서 능히 한 나라의 본보기[1]가 되지 못하고, 물러나서 능히 한 고을의 모범이 되지 못한다면 다 족히 글을 읽었던 부끄러움을 남기게 되는 것[2]이니, 시와 술에 빠진 사람과 더불어 서로 떠남이 멀지 않나니라.[3]』

| 주석 |

① 표솔(表率) : 본보기. 모범.

② 이송독수(貽誦讀羞) : 글을 읽은 사람으로 부끄러움을 남기게 되는 것.

③ 상거일간(相去一間) : 서로 떠남이 멀지 않다. 서로 틈이 벌어지지 않는다.

우왈　사군자진불능표솔일국　퇴불능표솔일향　개
又曰「士君子進不能表率一國　退不能表率一鄕　皆

족이송독수　여익우시주자　상거일간이
足貽誦讀羞　與溺于詩酒者　相去一間耳.」

● 해의 ●

　　사군자가 벼슬에 나아가서 언행(言行)이나 처사처신(處事處身)이 뭇 벼슬아치의 본보기가 되지 못하고, 또는 벼슬에서 물러나 고향에 돌아와 살면서도 온 고을 사람의 모범이 되지 못하면 평생 글을 읽고 정사(政事)를 하였다 하더라도 결국 부끄러움을 남기게 된다.

　　이것은 벼슬길에 나가지 않고 시나 술을 벗하며 시대를 한탄하고 사는 사람과 별로 다를게 없다. 사군자라면 사군자답게 사는 모습을 보여주어야 모두가 귀감을 삼게 되고 존경하게 되는 것이다.

16　옛 친척을 잊지 말라

사진신은 《원체집》에서 말한다.

『성글은 족인과 곤궁한 친척이 돌아갈 곳이 없으면 대신 구휼하고 봉양하는 것이 이에 덕을 성왕하게 하는 일이라, 조그만 혐의로 지근한 친척을 소원하지 말 것이며, 새로운 원망으로 옛 친척을 잊어서도 안 되나니라.』

사진신　원체집　왈　　소족궁친무소귀　대위섬양
史摺臣《願體集》曰「疏族窮親無所歸 代爲瞻養

내성덕사야　무이소혐소지척　무이신원망구친
乃盛德事也 毋以小嫌疏至戚 毋以新怨忘舊親.」

● 해의 ●

　　살림이 어려우면 몰라도 잘 산다면 가깝든 멀든 친척들을 소홀하게
대접하고 봉양해서는 안 된다.

　　물론 사해동포가 친척 아님이 없지만 성을 같이하는 씨족은 멀고 가
까움을 떠나서 외롭고 어려울 때 못 본체를 해서는 안 된다.

　　있고 가진 자의 입장에서 먼저 다가서고 손잡아주고 덕을 베풀어가
야 한다.

17 치가와 거향

또 말한다.

『집을 다스림이 엄근(嚴謹)하면 집안이 이에 화합하는 것이
요, 향리에 살며 인서(仁恕)하면 향리가 이에 화목 하나니라.』

우왈　　치가엄　가내화　거향서　향내목
又曰「治家嚴 家乃和 居鄕恕 鄕乃睦.」

　가정을 다스리는데 있어서 어떤 위협을 써서 엄격하게 하는 것은 바람직하지 않다. 정말로 조심하고 삼가는 마음을 가지고 집안을 잘 다독거리면 분란이 일어나지 않고 자연 온 식구가 화목을 이루게 된다.
　또한 퇴직한 벼슬아치가 부하를 거느리는 버릇으로 명령을 하고 권위를 세우면 향리 사람들이 잘 따르지 않는다. 그러므로 항상 어진 마음으로 내 몸 내 마음같이 돌보고 살펴주어야 한다. 그러할 때 자연 서로 거리낌이 없이 화합을 이루게 되고 향리의 발전도 그 가운데서 얻어지게 된다.

18 　종규

　왕사진[1]은 《종규》[2]에서 말한다.

　『존장을 공경하고 노인을 존중하며 어진 이를 선량하게 여길지니 이것을 일러서 세 가지 중요함이라 하는 것이요, 어린이와 약한 이를 동정하고[3] 외롭고 홀로된 이를 구휼하며 궁색하고 급함에 두루 미치고 성내고 다툼을 해결할지니 이것을 일러서 네 가지 힘씀이라 하는 것이며, 넓게[4] 부류에 접촉하여 의전과 의창과 의학과 의총[5]을 마련하며, 동족을 가르치고 길러서 죽었거나 살았거나 의지할 곳[6]을 잃음이 없도록 하는 것이 다 호걸들이 응당해야 할 바이니라.』

① 왕사진(王士晉) : 자는 명초(明初)로 명대의 대신이다. 병부상서(兵部
尙書)의 벼슬을 하였다.

② 종규(宗規) : 종규란 종법(宗法)이니, 종법이란 '1) 본가(本家)와 분가
(分家)를 밝히는 제도. 2)한겨레의 사이에 정(定)한 규약(規約)'을 말
한다.

③ 긍(矜) : 동정(同情)하다. 불쌍히 여기다. 애민(愛憫)히 여기다.

④ 인신(引伸) : 넓게 함. 응용(應用)함. 크게 함. 늘임. 길게 함.

⑤ 의전(義田) · 의창(義倉) · 의학(義學) · 의총(義冢) : 의전이란 족인(族
人)을 구제하기 위하여 전산(田産)을 마련하는 것. 의창이란 족인을 구
제하기 위하여 양식 창고를 마련하는 것, 또는 각 지방의 재황(灾荒)을
구제하기 위하여 만든 양식 창고. 의학이란 족인에게 돈을 받지 않고
교육하는 것. 의총이란 주인이 없는 시신을 매장하는 묘지.

⑥ 소(所) : 의지처(依支處), 즉 의고(依靠)라는 의미.

원문

王士晉《宗規》曰「尊尊 老老 賢賢 此之謂三要.

矜幼弱 恤孤獨 周窘急 解忿競 此之謂四務. 引伸

觸類 爲義田 義倉 義學 義冢 敎養同族 使死生無

失所 皆豪傑所當爲者.」

해의

종규(宗規)란, 한 종족 즉 한 가문이나 한겨레를 중심으로 하여 만들
어진 규약(規約)이다. 같은 핏줄의 친척들을 소홀히 해서는 안 된다는
의미를 담고 있다.

　그런 의미에서 한 종족이 무탈하게 잘 살아갈 수 있는 규약을 정하여 서로 지키며 함께 번영을 누리고 이를 주관하는 책임자(豪傑)가 대단히 중요하다는 사실을 잊지 않도록 하였다.

　삼요(三要)와 사무(四務)를 비롯하여 의전(義田) 등은 친척 사이에 유대를 다지며 살아가는 화평(和平)의 덕목이다.

19　사람 됨됨

　당익수[1]는 말한다.

　『부귀하여 고향에 살면 사람의 침해와 업신여김을 입는 것이 때때로 있겠지만 그러나 필경은 이것이 나에게 좋은 것이니, 만일에 사람들이 그림자만 바라보고도 멀리 피하며 감히 밭 가운데 한 이삭도 주워감이 없다면 비록 기뻐할 일이기는 하지만 그러나 그 사람됨을 가히 알 수 있나니라.』

| 주석 |

① 당익수(唐翼修) : 즉 당표(唐彪)로, 자가 익수이며 청초(淸初)의 학자이다. 저술에 《독서작문보(讀書作文譜)》·《부사선유법(父師善誘法)》 등이 있다.

원문

당 익 수 왈　　부 귀 거 향　　피 인 침 모　　왕 왕 유 지　　연 필 경
唐翼修曰 「富貴居鄕　被人侵侮　往往有之　然畢竟

시 아 호 처　약 사 인 망 영 원 피　무 감 습 전 중 일 수 자　수
是我好處　若使人望影遠避　無敢拾田中一穗者　雖

시 쾌 사　연 기 인 가 지 의
是快事　然其人可知矣.」

● 해의 ●

　　사람이 어울려 살면서 좋은 일이든 그렇지 않은 일이든 간에 서로
관심을 갖는다는 것은 그만큼 정의(情誼)가 식지 않고 남아 있다는 증
거이다.

　　흔히 고향을 떠나 객지에서 돈을 많이 벌어 고향으로 내려가면 고향
사람들의 시기질투를 당하는 것이 흔한 일이다. 그러므로 관심을 가
져준다는 면에서 긍정적으로 받아들이고 생각한다면 싫어할 일은 아
니다.

　　만일에 아무 관심도 가져주지 않는다면 평소 처세(處世)와 처신(處
身)이 고향 사람들에게 어떠했는가를 능히 짐작할 수 있다.

五
處
事
[처사]

육상선[1]은 말한다.

『천하에는 본래 일이 없는 것이지만, 다만 이에 용열한 사람들[2]이 어지럽혀서 비로소 번거롭게 된 것이니라.』

| 주석 |

① 육상선(陸象先, 665~736) : 당조(唐朝)에서 재상(宰相)을 지낸 대신이요, 학자이다. 그는 72세에 벼슬이 태자소보(太子少保)가 되었다.
② 용인(庸人) : 용열(庸劣)한 사람. 평상인(平常人). 견식(見識)이 천루(淺陋)한 사람.

원문

陸象先曰「天下本無事 只是庸人擾之 始爲煩耳.」

● 해의 ●

정치가 되었든 어떤 단체의 일이 되었든 간에 일을 한다는 의미는 별반 다를 게 없다. 즉 일상성(日常性)으로 돌아가면 사단(事端)이 생기지 않고 편안한 터인데 일이 발생하는 것은 자연적인 경우도 있지만 누군가의 작란(作亂)과 우치(愚癡)에 의하여 생기는 일이 많다. 용열(庸劣)한 사람, 곧 견문(見聞)이나 지식이 열리지 못한 사람이 있어서 흔들어 놓는 경우가 있으니, 이러한 사람은 늘 유심히 관찰하여 바르게 인도하여야 미연(未然)에 방지될 것이다.

다시 말하면, 정치가 무위지치(無爲之治)가 되어야 하는데 억지로 하고 당리(黨利)로 하며 귀를 막고 고집으로 하는 용열한 무리에 의하여 난정(亂政)이 되고 만다.

하충정❶은 말한다.

『일이 있는데 처해서는 응당 일이 없는 것처럼 할 것이요, 큰 일에 처해서는 응당 작은 일처럼 여길 것이니, 만일 먼저 일에 황당하게❷ 되면 마음 가운데❸ 줏대가 없음이 되나니라.』

| 주석 |

① 하충정(夏忠靖, 1366~1430) : 곧 하원길(夏原吉)로, 자가 유결(維潔)이다. 명대의 대신으로 호부상서(戶部尙書)를 지냈으며 시호가 충정이다. 저술에 《하충정공집(夏忠靖公集)》이 있다.
② 장황(張皇) : 당황함.
③ 중(中) : 심중(心中) 곧 마음속.

원문

夏忠靖曰「處有事當如無事 處大事當如小事 若先
事張皇 則中無主矣.」

● 해의 ●

　사람이 마음 가운데 확고한 주견(主見)이 서 있으면 어떤 일이든지 잘 해결하여 넘길 수 있다. 가령 어린아이에게는 화단에 꽃 한 포기 심는 것도 큰일이지만, 어른에게는 능히 해낼 수 있는 일로 결코 큰일이라고 볼 수 없다.
　이와 같이 일에 역량(力量)이 터지고 주견이 세워진 사람은 아무리 큰일이라도 작은 일이 된다. 이렇게 보면 일의 크고 작음이 아니라 심량(心量)의 크고 작음이요, 일의 당황(唐慌)이 아니라 주견이 있고 없음에 차이가 있다.

3 큰일을 감당한다

설문청은 말한다.

『일을 듣고 기뻐하지도 않고 놀라지도 않는 사람은 가히 큰일을 담당할 만한 것이요, 큰일에 처해서 마땅히 크고 사납게운 소리와 얼굴색으로 않는다면 부족해도 당연히 올바르니라.』

설문청왈　문사불희불경자　가당대사　처대사불
薛文淸曰「聞事不喜不驚者　可當大事．處大事不

의 대 려 성 색　부 지 당 연 가 야
宜大厲聲色　付之當然可也.」

● 해의 ●

능란한 기수(騎手)는 어떤 말이든지 잘 다룬다. 이와 같이 일에 득력(得力)한 사람은 크고 작은 일을 가릴 것 없이 특별한 힘을 들이지 않고 잘 처리한다.

특히 일을 처리하는데 있어서 얼굴에 희비(喜悲)를 나타내거나 말에

추포(麤暴)를 드러내거나 주변 사람을 팍팍하게 해서는 안된다. 또는 답답함이 없이 어떤 일이든 능수능란하게 일을 처리해 낸다면 무엇이든지 함께 도모하고 또 부족하여도 어그러짐이 없을 것이다.

4 도량

왕문성은 말한다.

『대범 일을 처리하는데 마땅히 작은 것도 큰 것같이 보며, 또한 모름지기 큰 것도 작은 것처럼 보아야 하나니, 작음을 큰 것같이 보면 삼가는 마음[1]이 나타날[2] 것이요, 큼을 작은 것처럼 보면 도량(度量)[3]이 나타나느니라.』

| 주석 |

① 소심(小心) : 삼가는 마음. 곧 근신(謹愼)하는 마음.
② 현(見) : 나타나다.
③ 작용(作用) : 도량(度量). 또는 기도(氣度).

원문

王文成曰「凡處事宜視小如大　又須視大如小．視
小如大見小心　視大如小見作用.」

큰일이든 작은 일이든 항상 삼가는 마음과 넓은 도량(度量)을 가지고 처리하려면 무슨 어려움이 있고 어찌 못할 게 있겠는가?

일할 줄 아는 사람에게는 큰일도 작은 일이요, 어려운 일도 쉬운 일이다. 그러나 일할 줄 모르는 사람에게는 작은 일도 큰일이요, 쉬운 일도 어려운 일이 되어서 일에 갈피를 잡지 못하고 스스로 우왕좌왕하게 된다. 그리하여 큰일은 큰일대로 작은 일은 작은 일대로 가림이 없이 감당을 할 수 없게 되니 넓은 도량과 함께 삼가함을 가져야 한다.

5 치생의 비결

또 말한다.

『절실히 역량으로 능히 하지 못할 일은 하지 않는 것이 또한 삶을 다스리는 하나의 비결이니라.』

원문

우왈　절막위역량소불능위지사　역시치생일결
又曰「切莫爲力量所不能爲之事 亦是治生一訣.」

소를 부리는데 있어서 소에게 끌려다니면 능자(能者)가 아니요, 소의 성질이나 습성을 잘 알아서 부려 써야 능자이다.

이와 같이 자신의 역량(力量)으로 감당이 되지 않는 일은 처음부터 나서지 않는 것이 자신의 삶을 다스리고 관리하는 현명한 방법이다.

어떤 일에 무모하게 뛰어들어 중도이폐(中道而廢)하거나 유종(有終)의 미(美)를 거두지 못하면 자신의 삶을 엮어 가는데 큰 타격을 입게 되고 다른 사람에게도 피해를 주게 된다. 감당이 되지 않는 일이라면 처음부터 삼가고 사양하는 것이 하나의 비결이다.

 마음이 가라앉아야

여숙간은 말한다.

『뭇 변화에 부응하고 뭇 이치를 찾는 것은 오직 마음이 가라앉은❶ 사람이라야 능한 것이니, 이러므로 물이 그치면 능히 비치고, 저울이 머물면 능히 달게 되나니라.』

| 주석 |

① 침정(沈靜) : 마음이 차분히 가라앉아 조용함.

원문

여숙간왈　　응만변　색만리　유침정자능지　　시고수
呂叔簡曰「應萬變　索萬理　惟沈靜者能之.　是故水

지즉능조　형정즉능칭
止則能照　衡定則能稱.」

● 해의 ●

이 우주에는 널려서 천변만화(千變萬化)를 일으키는 이치가 있다.

그렇게 존재(存在)하는 이치가 저변(底邊)에 있어서 작용하기 때문이다. 이러한 저변의 이치를 능히 환하게 뚫어볼 수 있는 사람은 오직 깊은 수양을 통하여 마음이 함축되고 가라앉아 맑고 밝은 경지를 이루어야 한다.

  물은 파문(波紋)이 그쳐야 밑을 볼 수 있고 저울은 평정(平定)을 이루어야 물건을 달 수 있으며 마음은 적정(寂靜) 되어야 물리(物理)를 통할 수 있는 것이다.

7 군자의 응사와 접물

또 말한다.

『군자가 일에 응하고 물을 접함에 있어서 이익이 되는 것[1]은 마음속이 조용하고 한가할 때 편안하고 좋은 것이니, 만일 응수할 때는 번민하고 어지러우며, 응수 않을 때는 폐를 끼치게 된다면[2] 극히 살아가는데 동여매임을 얻게[3] 되나니라.』

| 주석 |

① 영득(贏得) : 이익이 되다. 이기다. 승리.
② 견차(牽扯) : 1) 남에게 폐를 끼치다. 2) 귀찮게(복잡하게) 만들다. 3) 누(累)를 남에게 미치게 하다. 4) 연대사건(連帶事件).
③ 흘루(吃累) : 사는데 동여매임을 얻다(活得累).

원문

又曰「君子應事接物　贏得心中有從容閑暇時便好.

약 응 수 시 로 요　불 응 수 시 견 차　극 시 흘 루 저
若應酬時勞擾 不應酬時牽扯 極是吃累底.」

● 해의 ●

　　공부하고 수양하는 사람이 일체 사물을 접응하는 데 있어서 항상 조용하고 편안하고 한가할 때가 이익도 많고 얻어짐도 많다.

　　만일 주고받는 응수(應酬)가 많으면 많을수록 번민하며 어지럽게 되고, 또한 응수를 하지 않는다면 남에게 폐를 끼치고 누를 남기게 된다. 따라서 살아가는 그 자체가 번민과 어지러움, 동여매임으로 자유가 없다면 마치 말뚝에 매인 송아지의 삶과 별반 다름이 없이 되고 만다.

8 심화가 동요하지 않으면

또 말한다.

『조급하고 번다할 때❶를 당하여 자못 화❷가 동요되지 않으면 정신에 여유가 있어서 수고롭지 않고 조용히 이치에 나아가지만, 한번 심화가 동요하면 여러 가지로 쓸모가 없게❸ 되나니라.』

| 주석 |

　① 용잡(冗雜) : 번다(繁多)하고 잡란(雜亂)한 것.

　② 화(火) : 심화(心火)를 말하는 것이니, 심화란 마음속에서 북받쳐 일어나는 화. 마음속의 울화(鬱火)로 몸과 마음이 답답하고 몸에 열(熱)이

　　높은 병(病).
　　③ 부제(不濟) : 쓸모가 없다. 소용이 없다. 좋지 못한 일. 나쁜 짓.

우왈　　당급거용잡시　지부동화　즉신유여이불로
又曰「當急遽冗雜時　只不動火　則神有餘而不勞

종용이취리　일동화　종종부제
從容而就理.　一動火　種種不濟.」

● 해의 ●

　　사람이 자칫 조급하고 어지러운 경우를 당하면 정신을 차리기가 어렵다. 이런 때일수록 한 발 뒤로 물러서고 또 멈추어서 생각하고 살펴보면 어떤 일이든지 어려움 없이 처리할 묘책이 드러날 것이다.
　　그러나 만일에 마음에 불덩어리가 치밀고 울화가 솟아나서 경계나 처지마다 좌충우돌(左衝右突)하면 어찌 되겠는가? 정신에도 여유가 없을 뿐만 아니라 어디에도 알맞게 쓰이기 어려울지니, 내화(內火)를 끄고 식히는 것이 매우 중요하다.

9　아녀자의 정

또 말한다.
『일을 보되 가히 때 아님이 없이 이르면 문득 끊어버리고 가야지 미련을 머물러서는 안 되는 것이라, 아녀자의 정으로는 족히 써 큰일을 말하고 판별하지 못하나라.』

우왈　사견도무불가시　편참절주거　불요유연　아
又曰「事見到無不可時　便斬截做去　不要留戀. 兒

녀 자 지 정　부 족 이 어 판 대 사 자 야
女子之情　不足以語辦大事者也.」

● 해의 ●

　　일이라는 것이 때를 정해놓고 주기적으로 다가오지 않는다. 그야말
로 때와 장소가 없이 이르게 된다.

　　대개 일이란 두 가지 방향에서 우리에게 다가온다. 하나는 선한 일
곧 이익이 되고 옳은 일이다. 또 하나는 악한 일, 손해가 되고 그른 일
이다.

　　선한 일은 좋은 일이니까 놓아두더라도 악한 일에 대해서는 단호한
심정으로 판단하여 끊어버려야지 머뭇거리게 되면 일이 일을 낳아서
그칠 때가 없게 된다.

　　그런 의미에서 아녀자의 여린 마음으로는 큰일을 말하고 판단하기
어렵다고 한 것이다.

10　도의는 마땅히 해야 한다

또 말한다.

『의는 당연한 바를 하고 힘은 능한 바를 하며, 마음은 하고 싶
은 바를 하는데, 친우가 끌면 돌이켜 버리고 아내나 자식이 권
하면 그쳐버리면, 자못 이는 의지가 없는 것이니라.』

又曰「義所當爲 力所能爲 心所欲爲 親友挽得回
妻孥勸得止 只是無志.」

● 해의 ●

　　의로운 일이라면 해야 한다. 또 내 힘으로 할 수 있는 일이라면 해야 하고, 마음으로 부담 없이 할 만한 일이라면 능히 앞장서서 하여야 한다.

　　그러나 이렇게 당연한 일에 친구가 그것을 해서는 안 된다면 그만두고, 아내나 자식이 안 된다고 하면 그쳐서 그만두어버리면 어찌 되겠는가? 이는 의지가 없는 사람으로 어떤 일도 성공을 할 수 없어서 자신은 물론이요, 사회에도 보탬이 없는 용렬한 인간이 되고 만다. 그러므로 한번 옳은 일에 입지(立志)를 하였으면 끝까지 밀어 붙이는 대범함이 필요한 것이다.

11 먼저하고 뒤에 말한다

또 말한다.

『뭇 사람보다 먼저 할 것이요, 뭇 사람보다 뒤에 말할지니라.』

우 왈　　선 중 인 이 위　후 중 인 이 언
又曰「先衆人而爲 後衆人而言.」

● 해의 ●

　　올바른 일이라면 뭇 사람보다 먼저 행동하여 당당하게 해낼 것이요, 말을 하는 것은 모든 사람보다 뒤에 물러서서 하여야 한다.

　　행동이 먼저가 된 뒤에 말이 따라야지, 말이 먼저고 행동이 따르지를 않으면 말만 앞세우는 용렬한 사람으로 전락되고 만다.

　　그러므로 선행후언(先行後言)이나 언행일치(言行一致)는 옳은 것이요, 선언무행(先言無行)이나 언행상리(言行相離)는 옳지 않은 것이다.

12 번거로움을 견디는 마음

또 말한다.

『다만 하나의 번거로움을 견디는 마음이라면 천하에 어떤 일인들 마치지 못할 것이며, 천하의 어떤 사람에겐들 능히 처하지 못하리요?』

우 왈　　지 일 개 내 번 심　　천 하 하 사 부 득 료　　천 하 하 인 불
又曰「只一個耐煩心 天下何事不得了 天下何人不

능 　처
能處?」

　　인욕(忍辱)은 중요하다. 내번(耐煩)은 더욱 그러하다. 내가 욕을 당하고 번거로움을 당할 처지에 능히 참고 견디어 낼 수 있는 마음의 힘과 행동의 과단(果斷)을 가졌기 때문이다.

　　우리가 이러한 힘을 가진다면 천하의 어떤 일인들 못할 일이 있으며 어울리지 못할 사람이 있겠는가?

　　문제는 힘이 없는 사람이 힘쓰는 일을 벌이고 앞장서서 처리하려고 하면 후환(後患)이 생기는데 있다. 이 후환의 책임을 과연 일 벌인 사람이 질 수 있겠는가?

13 천하의 일을 관계하는 사람

또 말한다.

『천하의 일을 관계하는 사람은 지혜가 깊고 용기가 깊어야 하며, 정신이 한가롭고 기운이 넉넉하여야 하나니, 말하지 않을지라도 말을 하면 반드시 타당하고, 일을 하지 않을지라도 하면 반드시 이루어지게 되느니라.』

원문

우왈　　관천하지사자　지심용침　신한기족　유소불
又曰「關天下之事者 智深勇沉 神閑氣足 有所不

언　언필당　유소불위　위필성
言 言必當 有所不爲 爲必成.」

천하의 중차대한 일을 관계하는 사람은 깊고 밝은 지혜를 가지고 또 차분하고 예리한 용기를 가져야 한다. 한가로워 아무 일도 없는 정신과 넉넉하고 맑은 마음을 지니고 있어야 일을 보아 판단하고 추진하여 나아가는데 어려움이 없다.

이러한 사람은 평도 말이 없지만 하게 되면 타당하고, 나서서 일하지 않지만 하게 되면 이뤄내지 못할 일이 없다.

14 일이 손에 이르면

또 말한다.

『일이 손에 이르면 또한 급할 것 없이 곧 늦추어 생각함이 요구되는 것이요, 생각이 때를 얻었거든 절실히 늦춤이 없이 곧 빠르게 진행함이 요구되느니라.』

원문

우왈　　　사 도 수　　차 막 급　　편 요 완 완 상　　상 득 시　　절 막 완
又曰「事到手　且莫急　便要緩緩想　想得時　切莫緩

편 요 급 급 행
便要急急行.」

일을 당해서는 조급하게 하려 말고 늦추고 늘어진 생각을 가지고 사단(事端)의 전후를 잘 파악하고 살펴야 한다. 사단을 잘 파악하고 살핀

생각이 적시(適時)를 얻게 되면 늦추거나 느림이 없이 빠르게 일을 처리하여 깔끔하게 마무리를 짓는 것이 중요하다.

다시 말하면, 일은 시작도 중요하지만 마침이 더 중요하므로 시종(始終)이 아니라 종시(終始)이다. 그래서 「사유종시(事有終始)」라 하였으니 '일에는 마침과 시작이 있다.'고 하여 시작보다는 마침을 중요하게 여겼던 것이다.

15 안상의 두 글자

또 말한다.

『천하의 일을 처리함에 다만 "안상(安詳)❶" 두 글자가 값어치가 있으니❷, 비록 병사(兵事)에 귀신같이 빠름이 귀중한 것이지만 모름지기 이 두 글자를 좇아 해야 하느니라.』

|주석|

① 안상(安詳) : 찬찬하고 자세히 하는 것.
② 소득(消得) : 값어치가 있다. 향유(享有)하다. 향수(享受)하다.

원문

우왈　처천하사　지소득　　안상　　이자　수병귀신속
又曰「處天下事 只消得 "安詳" 二字 雖兵貴神速

야　수종차이자주거
也 須從此二字做去.」

  어떠한 일을 처리하는 데는 안상(安詳) 즉 '찬찬하고 자세히 한다.'는 말이 무게를 지닌다. 그러므로 일은 모름지기 이를 표준으로 삼아서 처리하여 나아가야 한다.

  병사(兵事) 곧 군사(軍事)나 전장(戰場)은 화급을 다투므로 귀신처럼 빨라야 하지만 결국 안상(安詳)이라는 두 글자를 저버려서는 안된다.

  만일 이를 저버리고 허둥대면 올바른 마음과 맑은 정신이 결여되어 일을 잘못 처리하기 때문이다. 따라서 마음속에 「안상」의 두 글자를 담아두고 일을 당해서 꺼내 써야 한다.

16 논어와 맹자의 글

또 말한다.

『천하에 처리하기 어려운 일이란 없는 것이니, 다만 두 번의 "어찌할 것인가?(如之何)❶"를 쓰면❷ 될 것이요, 천하에 마음을 두기❸ 어려운 사람이란 없는 것이니, 다만 세 번의 "반드시 자기를 돌이켜보라(必自反).❹"를 쓰면 될 것이니라.』

| 주석 |

① 양개 여지하(兩個 如之何) : 이 두 개의 '여지하'는 《논어》 위령공(衛靈公)에서 나온 말이다. 즉 "子曰 '如之何 如之何者 吾末如之何也已矣'(공자 말씀하기를 '어찌 하리오, 어찌 하리오, 하고 노력하지 않는 자는 나도 어찌할 수 없을 뿐이니라.')"라 하였다.

② 소(消) : 쓰다.

③ 처(處) : 마음을 두다.

④ 삼개 필자반(三個 必自反) : 이 세 개의 '필자반'은 《맹자(孟子)》 이루
(離婁)에서 나온 말이다. 즉 "孟子曰 '愛人不親 反其仁 治人不治 反其
智 禮人不答 反其敬. 行有不得者 則反求諸己 其身正而天下歸之'(맹자
말씀하시기를 '남을 사랑하여도 그 사람이 친해오지 아니하면 자기의
사랑하는 마음을 반성해 보고, 남을 지휘하여도 지휘를 받지 아니하면
자기의 지혜를 반성해 보고, 남에게 경례하여도 답례하지 아니하면 자
기의 남을 공경하는 마음을 반성해 볼 것이다. 자기가 행하여서 결과
가 나타나지 않는 것이 있다면 모두 자기를 반성해 볼 것이니, 자기
몸이 바르면 천하가 다 돌아오는 것이니라.')"라 하였다.

우왈 천하무난처지사 지소시양개 여지하 천하
又曰「天下無難處之事 只消是兩個 "如之何" 天下

무난처지인 지소득삼개 필자반
無難處之人 只消得三個 "必自反."」

● 해의 ●

세상에 어려운 일이란 없다. 다만 사람이 할 줄을 몰라서 어렵지, 사
람에 의해서 이루어지지 않는 일이 어디에 있겠는가? 즉 아무리 어려
운 일이라도 '어찌할꼬?' 한 공자(孔子)의 두 말씀으로 고민을 한다면
능히 해내고 풀어낼 수 있다.

또한 세상에 상대하기 어려운 사람이란 없다. 다만 자신이 사람의
특성을 따라서 상대하는 방법을 모를 뿐이지 근본적으로 상대하기 어
려운 사람이란 없는 것이다. 만일에 상대하기 어려운 사람이 생길 경
우 '자기를 돌이켜보라'고 한 맹자(孟子)의 '어짊, 지혜, 공경'을 '다
하였는가?'를 돌이켜 보면 상대하기 어려운 사람은 사라질 것이다.

용사(用事)와 대인(對人)에 두 말씀을 활용하면 잘못되는 일이 없을
것이다.

17 「시(是)」의 글자

또 말한다.

『다만 한 개의 「옳다(是)」는 글자를 잡아 곧 이을 하늘과 땅
에 세워도 어그러지지 않을 것이요, 뭇 귀신에게 질정하여도
의심할 수가 없게 되는 도리이니라.』

又曰「只拏定一個 "是" 字做 便是建諸天地而不悖
質諸鬼神而無疑底道理.」

● 해의 ●

　　세상을 살면서 어떠한 상황에 처하게 되더라도 스스로 터득하고 인
정(認定)하여 「옳다」고 할 수 있는 규약(規約)이나 형안(炯眼)을 가지
고 있다면 어떨까? 그렇게 되면 세상을 살고 일을 처리하는데 있어서
크게 어그러짐이 없이 무난하게 살아갈 수가 있을 것이다.

18 천하일의 실패하는 세 원인

고충헌은 말한다.

『천하의 일이 실패하게 되는 것은 삿된 견해의 소인과, 주견

이 없는 용열한 사람①과, 치우친 견해의 군자들이니, 군자의 견해가 한쪽으로 치우치면 끝내는 소인이나 용렬한 사람으로 더불어 같은 것이니 가히 두렵지 않으랴!」

① 용인(庸人) : 용열(庸劣)한 사람. 범용한 사람. 범인(凡人). 속인(俗人). 평범한 사람.

원문

高忠憲曰「天下事敗于邪見之小人 無見之庸人 偏
見之君子. 君子見一偏 遂與小人庸人等 可不懼
哉!」

● 해의 ●

　　세상을 살면서 사람들과 더불어 일을 함께 할 때 실패하는 경우가 있다. 그것은 소인들의 음모(陰謀) 때문이요, 또한 용렬한 사람들의 천견(淺見)이 원인이며 군자들의 협애(狹隘)로 말미암은 것이다.

　　군자라고 자처하는 사람들이 일머리를 모르기 때문에 책에 쓰인 일의 사단(事端)만 알고 경험에 의한 실용은 알지 못하여 견해가 자연 한쪽으로 치우쳐 있으니 소인이나 보통 사람과 무엇이 다르다 하겠는가? 그래서 소인이나 용인은 물론이지만 글방 샌님과도 일을 도모하거나 성사시키기가 쉽지 않다.

　　옛날에 어느 선비가 머슴을 두고 농사를 짓는데 하루는 머슴이 꼭 가봐야 할 일이 생겨서 선비더러 논두렁을 다니면서 물이 새는가 보되 물이 새면 막으라고 하였다. 이에 선비는 논두렁을 왔다갔다 하다가 아래에 물이 새는 곳이 있으므로 내려가 새는 물구멍을 막았는데 조금 있으니 옆으로 새고 또 막으면 새고 하여 종일토록 씨름을 하였다.

이에 머슴이 와서 물이 들어가는 윗구멍을 막으니 물이 그치는지라, 선비가 이를 보고 "治其水는 治其源하라 했지" 하며 무릎을 쳤다. 즉 이는 "그 물을 다스리는 데는 그 근원을 다스려라."는 말이다. 물정을 모르는 소인이나 용인이나 군자는 그 선비와 별반 다를 바가 없다.

19 썩은 창자

진명경은 말한다.

『한 생각이 실제[1]에 미치지 못하면 곧 이에 창자가 썩은[2] 것이요, 하루라도 일을 하지 않으면 곧 이에 완고한 사람[3]이니라.』

| 주석 |

① 물(物) : 실제(實際). 현실(現實)의 뜻.

② 부장(腐腸) : 황금(黃芩)의 묵은 뿌리를 말하는 것으로, 거죽은 희고 속은 검으며 비어있음. 즉 시의(時宜)에 맞지 않는 견식(見識)을 말한다.

③ 완한(頑漢) : 성질이 억세게 고집스럽고 사나운 사람. 호일오로(好逸惡勞)하는 사람.

원문

陳明卿曰「一念不及物 便是腐腸 一日不做事 便是頑漢.」

　한 생각이 현실 실제에 미치지 못하거나 시의(時宜)에 반하는 견식(見識)을 가지고 있다면, 그러한 사람이 어떻게 사태(事態)에 적응하여 자기 자리를 차지할 수 있을 것인가?

　또한 사람이 성질이 사납고 고집스러우며 일을 싫어한다면 역시 세상에 별로 보탬이 되지 못한다. 차라리 뒤편에 물러나 앉아서 주는 밥이나 먹고 주는 옷이나 입을 일이지 앞에 나서서 왈가왈부하는 것은 오히려 일에 방해롭기만 한 법이다.

20 점검

육부정은 말한다.

『옛사람이 말하였다. "천하의 어떤 일이든 조급한[1]게 원인이 되어 뒤가 그르쳐지는 것은 아니다." 하였는데, 세의[2]는 말하기를 "천하의 어떤 일이든지 성냄이 원인이 되어 뒤가 그르쳐지는 것은 아니지만 기운이 한번 동요할 때에 가히 즉시 점검하지 않을 수는 없다." 하였나니라.』

| 주석 |

① 망(忙) : 조급하다. 바쁘다. 겨를이 없다. 마음이 조급해지다. 두려워하다.

② 세의(世儀) : 곧 육부정(陸抒亭)으로, 부정(抒亭)은 그의 호이다.

^{육 부 정 왈　　석 인 유 언　　천 하 심 사 불 인 망 후 착 료　　세}
陸桴亭曰「昔人有言 "天下甚事不因忙後錯了" 世

^{의 도　　천 하 심 사 불 인 노 후 착 료　　기 일 동 시　　불 가 불}
儀道 "天下甚事不因怒後錯了. 氣一動時 不可不

^{즉 시 검 점}
卽時檢點."」

● 해의 ●

　　일을 해 나가다가 실패가 있을 경우에 핑계를 댄다. 겨를이 없다는
등의 핑계이다.

　　그러나 엄밀하게 따져보면 겨를이 없는 등으로 인한 실패보다는 사
체(事體)에 대한 무지(無知)나 시의(時宜)를 읽을 수 없는데서 기인함
이 더 많다.

　　또한 어떤 일에 성질을 부려서 일을 그르치기도 한다. 성질이 나올
때면 한 기운도 동요를 하게 되므로 기운을 잘 맞추어 가라앉히고 조
찰(照察)하면 일을 하는데 그르침이 줄어들 것이다.

21 절반 핀 꽃

《증언록》에서 말한다.

『일을 처리하는데 총명으로써 먼저 할 것이 아니라 마음을
다하였는가를 중요하게❶ 여겨야 할 것이니, 무릇 일에 반드시
가히 더할 게 있을지라도 "술은 마시면 조금 취하고, 꽃은 반
쯤 피어야 한다."는 이 말이 족히 법이 되나니라.』

① 급(急) : 1) 중요(重要)하다. 2) 긴요하다. 3) 급하다. 4) 재촉하다. 5) 빠르
다. 6) 경계하다.

원문

《贈言錄》曰「處事不以聰明爲先 而以盡心爲急.

凡事必使有可加"飮酒微醺 花半開"此言足法.」

● **해의** ●

　　일을 처리하는데 있어서 총명(聰明)과 진심(盡心), 어느 것이 나은
가? 물론 둘 다 버릴 수 없는 좋은 것이다.

　　그러나 총명은 남의 경험을 듣고 빌리기보다는 즉흥적인 지식으로
일을 하기 때문에 그르치기 쉽지만 진심은 남의 말도 듣고 성심(誠心)
을 중요하게 여기기 때문에 오히려 일을 이루는데 있어서 흐트러짐이
없이 빠르게 마칠 수가 있는 것이다.

　　다시 말하면, '술은 약간 취할 때가 좋고, 꽃은 절반쯤 피었을 때가
좋은 것' 처럼 어떤 일에 무엇을 보태고 가미하여 복잡하게 만들기보
다는 줄이고 간솔(簡率)하게 만들어서 중간을 잡아 처리하는 것이 좋
은 것이다.

22 도로 대처하면

　　장양원은 말한다.

『쌀이나 소금, 아내나 자식의 여러 일을 응수[1]하는데 도의
마음을 가지고 처리하면 도 아님이 없나니라.』

| 주석 |

① 응수(應酬) : 1) 상대편이 한 말이나 행동을 받아서 마주 응함. 대수(對
酬). 2) 대립(對立)되는 의견 따위로 맞서서 주고받음. 3) 상대편(相對
便)의 말을 되받아 반박(反駁)함.

張楊園曰 「米鹽妻子 庶事應酬 以道心處之 無非
道者.」

• 내의 •

　가정을 꾸리고 살면서 쌀을 사오고 소금을 옮기며 아내와 이야기를
나누고 아이들과 놀아주는 이런 일이 바로 일상의 일로 주고받는 응
수(應酬)이다.

　그런데 이러한 일을 할 때에 도를 갈무린 마음으로 대처하고 응수하
면 자연 도심이 응축(凝縮)되어 나타날 때도 도행(道行)이 될 것이다.
그래야 가정은 물론 일터가 그대로 도가 실현되는 참다운 도량(道場)
이다.

　그래서 불교에서는 "평상의 마음이 이 도이다(平常心是道)."라 한
다. 도가 우리의 일상을 여의지 않고, 보고, 듣고, 말하고, 노니는 모든
것이 도 아님이 없다는 말이다.

六
處
人
[처인]

왕창❶은 말한다.

『사람들이 혹 자기를 비평❷하면 마땅히 물러나 자신에게서 찾을 것이니, 자기에게 가히 비평될 만한 게 있으면 저편의 말이 타당한 것이요, 가히 비평될 만함이 없으면 저편의 말이 망령된❸ 것이라. 타당하면 저편에 원망이 없을 것이요, 망령되더라도 자신에게 해가 없을 것이니, 또 어찌 되갚으려❹ 할 것인가?』

| 주석 |

① 왕창(王昶) : 자는 문서(文舒)이다. 삼국시기 위(魏)의 대신으로 벼슬이 사공(司空)에까지 이르렀다.
② 훼(毁) : 비평(批評). 훼방(毁謗). 질책(叱責).
③ 망(妄) : 거짓. 근거가 없는 것.
④ 보(報) : 되갚다. 보복(報復).

원문

왕 창 왈　　인 혹 훼 기　　당 퇴 이 구 지 신　　기 유 가 훼　　피 언
王昶曰「人或毁己　當退而求之身　己有可毁　彼言

당 의　　무 가 훼　　피 언 망 의　　당 즉 무 원 우 피　　망 즉 무 해
當矣　無可毁　彼言妄矣.　當則無怨于彼　妄則無害

우 신　　우 하 보 언
于身　又何報焉?」

　우리 속담에 '아니 땐 굴뚝에 연기날까?' 라 하였다. 이 말은 일의 기틀을 가리킨다. 결과를 볼 때 원인이 드러나니, 인과관계를 지적하면 사람의 그릇에 따라 받아들이는 바가 다르게 나타난다.

　수양이 쌓인 사람은 남의 비평에 대해서 반박(反駁)하지 않고 자기를 반조(返照)하는 것으로 우선을 삼는다. 비평을 받을 만하면 고맙게 수용(受容)하고, 대응할 가치가 없다면 조용히 덮어두면 된다. 남을 원망한다거나 보복할 필요 없이 의연하게 살아가는 요법이 여기에서 나온다.

2 사람이 미치지 못하면

위세마[1]는 말한다.

『사람이 미치지 못함이 있다면 가히 정의(情誼)로써 용서할 것이요, 의도적으로 서로 범접함[2]이 아니면 가히 도리로써 너그러워야[3] 하나니라.』

| 주석 |

① 위세마(衛洗馬, 286~312) : 곧 위개(衛玠)로, 자는 숙보(叔寶)이며 진(晉)의 명사(名士)이다. 진나라에서 제일가는 미남자(美男子)였다고 한다. 벼슬이 태자의 세마(洗馬)에 이르렀다.

② 간(干) : 범접(犯接)하다.

③ 견(遣) : 관유(寬宥)하다.

위세마왈　　인유불급　가이정서　비의상간　가이리
衛洗馬曰「人有不及　可以情恕　非意相干　可以理

견
遣.」

● 해의 ●

　사람이 혹 자신의 기대에 미치지 못하거나 뜻에 거슬림이 있을 경우에도 낮춰보지 말고 정의(情誼)로 살피고 용서하여 이끌어 가야 한다.
　또한 의도적이 아니라도 나에 대해서 범접(犯接)이 있을 경우 무조건 밀어낼 것이 아니라 너그럽게 대하고 품어주어야 한다.
　세상에 버려야 할 사람은 없으니, 끝까지 이끌고 보살피는 것이 사람 삶의 올바른 길이다.

3 말이 많으면

문중자는 말한다.

『말이 많으면 가히 써 원대한 계획을 함께 할 수 없는 것이요, 변동❶이 많으면 가히 써 오래도록 더불어 마음을 둘❷ 수 없나니라.』

| 주석 |

① 동(動) : 변동(變動). 동요(動搖).

② 처(處) : 마음을 두다.

문중자왈　다언불가이여원모　다동불가이여구처
文中子曰「多言不可以與遠謀 多動不可以與久處.」

● 해의 ●

　　말이 많으면 실언(失言)이나 허언(虛言)이 되기 쉽다. 이러한 사람과 어떻게 원대(遠大)한 계획을 함께 논의하고 도모하여 실현할 수 있겠는가?

　　또한 안정을 얻지 못하고 들떠서 제자리를 잡지 못하는 사람은 변동(變動)이나 실수가 따르기 쉽다. 따라서 어떤 사업에 함께 마음을 합해 오래도록 끌어나가기 어렵다.

　　그러므로 사람은 입 지키기를 병 막음 같이 하고(守口如瓶), 몸 무겁게 하기를 태산과 같이(重身似山) 하여야 한다.

4 무공과 무력

남문자❶는 말한다.

『공이 없는 상과 힘이 없는 예우는 가히 살피지 않을 수 없나니라.』

| 주석 |

① 남문자(南文子) : 전국시대 위(衛)나라의 대부.

원문

남 문 자 왈　무 공 지 상　무 력 지 례　불 가 불 찰 야
南文子曰「無功之賞 無力之禮 不可不察也.」

● 해의 ●

벼슬하는 사람으로 공을 세움 없이 상을 받게 되는 경우가 있다. 이때 꼭 받아야 하는 상인가를 잘 살펴야 한다.

또한 어떤 일에 힘을 보탠 바가 없는데 갑자기 대우를 받을 경우 역시 사양하여 그 상황을 잘 넘겨야 한다.

공이 없는데 상을 주거나 힘씀이 없는데 대우를 해주는 것은 결국 그 자리를 내놓으라는 암시가 박혀 있기 때문이다.

5 큰 재앙

습붕❶은 말한다.

『연못 가운데 고기를 살피는 자는 자세하지 못한 것이요, 대범 사람이 말하지 아니한 바를 알아내려는 것은 그 죄가 크나니라.』

① 습붕(隰朋, 기원전 ?~前 644) : 곧 습자(隰子)로 춘추시대 제(齊)나라의 저명한 대부이다. 습붕은 제나라의 공족으로 어려서부터 우량한 교육을 받았고 총민(聰敏)하여 관중(管仲)을 도와서 환공(桓公)으로 하여금 패업(霸業)을 이루게 하였다. 시호는 성자(成子)이다.

원문

습붕왈 찰연중지어자불상 부지인지소불언 기죄
隰朋曰「察淵中之魚者不詳 夫知人之所不言 其罪
대 의
大矣.」

● 해의 ●

물결이 흔들리는 연못 속에서 고기의 동태를 살피기란 여간 어려운 일이 아니다. 물결이 흔들리지 아니하여도 고기들이 움직이기 때문에 그 모습을 자세하게 살피기는 어렵다.

사람이 함께 어울려 살면서 상대편의 약점을 살펴 여러 가지로 말하여 처지를 곤란하게 하고, 더욱이 말하지 않은 바를 주며 얕잡아보는 것은 숨은 앙화(殃禍)가 크다는 뜻이다. 이를 알아서 은악양선(隱惡揚善)은 할지언정 은선양악(隱善揚惡)을 하여서는 안 된다.

6 입을 열어서

진희이❶는 말한다.

『입을 열어 가볍게 삶을 말하고, 대절❷에 다다라 결연히 모면하려[3] 하며, 사람을 만나서 자기를 아느냐 일컬을지라도 깊이 사귀다보면 구경에는 평상이 되나니라.」

| 주석 |

① 진희이(陳希夷, ?~989) : 곧 진단(陳搏)으로, 자가 도남(圖南)이며 자호를 부요자(扶搖子)라 하였다. 오대 송나라 초기의 도사(道士)로 화산(華山)에 은거하였다. 송나라 태종이 사호(賜號)하여 「희이선생(希夷先生)」이라 하였다. 저술에 《무극도(無極圖)》《선천도(先天圖)》《지현편(指玄篇)》 등이 있다.

② 대절(大節) : 1) 죽기를 각오하고 지키는 절개(節槪). 2) 크게 빛나는 절조(節操).

③ 규피(規避) : 완곡하게 사절하여 모면(謀免)하다.

원문

진희이왈 개구설경생 임대절결연규피 봉인칭
陳希夷曰 「開口說輕生 臨大節決然規避, 逢人稱
지기 즉심교구경평상
知己 卽深交究竟平常.」

● 해의 ●

삶과 죽음이 별것이냐고 말하기 쉽다. 이러한 사람은 막상 대의(大義)를 위하고 절조(節操)를 위하여 꼭 죽어야 할 처지를 당하면 대개 어떻게든 모면하려고 발버둥을 친다.

또한 사람이 잘 안다고 하지만 알면 얼마나 알겠는가? 그저 깊이 사귄다 하여도 평상시에 아는 것보다 얼마나 더하겠는가? 서로 아는 처지에 속임없이 평상심(平常心)을 가지고 살아가면 그것이 참으로 잘 사귀는 것이다.

7 은혜와 원망

왕문정[1]은 말한다.

『사람이 마땅하지 않는 은혜를 거둬야 원망을 피하나니라.』

| 주석 |

① 왕문정(王文正, 957~1017) : 곧 왕단(王旦)으로, 자는 자명(子明)이며 북송의 대신이다. 위국공(魏國公)에 봉해졌고, 시호가 문정이다.

원문

王文正曰「爲人不當收恩避怨.」
왕 문 정 왈　위 인 부 당 수 은 피 원

● 해의 ●

사람이 세상을 살다보면 복은 복대로 받고 죄는 죄대로 받게 되는 것이 누구도 면할 수 없는 사실이다. 곧 은혜는 어디까지나 은혜요, 원망은 어디까지나 원망이다.

어떤 사람이 온갖 은혜를 다 받아서 잘 살고 있다 하더라도 원망이 돌아오는 것은 피하기 어렵다.

따라서 원망을 피하고자 하면 옳지 않은 은혜를 베풀지 아니하여야 한다. 만일 이러한 은혜를 베풀어 놓고 상대편이 혹 나에게 기대만큼 못하게 되면 도리어 원망해서야 되겠는가? 더욱이 이런 사실을 상대방이 안다면 더 큰 원망을 사게 되는 것이다.

윤사로[1]는 말한다.

『은혜를 자기에게만 돌리려 한다면 원망은 장차 누구에게 돌릴 것인가?』

|주석|

① 윤사로(尹師魯, 1001~1047) : 곧 윤수(尹洙)로, 자가 사로이다. 하남 낙양(河南洛陽 ; 지금 河南 洛陽市) 사람으로 어려서 총민(聰敏)하여 형인 윤원(尹源)과 더불어 일찍이 이름이 알려졌다. 송나라 인종 천성 2년(宋 仁宗 天聖 二年 ; 1024) 진사(進士)에 합격하여 여러 벼슬을 거쳤다. 유명한 문학가요, 사학가로 세상에서「하남선생(河南先生)」이라 불렀다. 저서에는《하남선생문집(河南先生文集)》·《오대춘추(五代春秋)》가 세상에 전한다.

원문

윤 사 로 왈　은 욕 귀 기　원 장 수 귀
尹師魯曰「恩欲歸己 怨將誰歸?」

● **해의** ●

사람의 삶에 은혜 뒤에는 원망이 기다리고, 원망 뒤에는 은혜가 숨어 있는 법이다. 은혜와 원망이 반대지만 한 마음 돌리면 그 마음이다. 즉 은혜가 없으면 원망도 없고 원망이 없으면 은혜도 없으며, 은혜도 나로부터 생기고 원망도 나로부터 생기는 것이다.

은생어원(恩生於怨)이다. '은혜가 원망에서 나온다.' 는 말이다. 지금은 비록 원망에 처해있더라도 자기에게로 돌려 참회하고 반성하면 거기에서 은혜의 싹이 터서 자라게 된다.

또 원생어은(怨生於恩)이다. '원망이 은혜에서 나온다.'는 말이다. 지금은 비록 은혜를 받고 있더라도 남들에 대하여 교만하고 방자(放恣)하며 악한 일을 행하면 거기에서 원망의 싹이 터서 자라게 된다.

이렇게 보면 은혜도 남에게 돌려줄 수 없고 원망도 남에게 돌려줄 수 없는 것이다.

9 지란의 친함

소강절은 말한다.

『사람이 착하지 않으면 사귀지 말고, 재물이 의가 아니면 취하지 말라. 어진 이와 친함은 지초와 난초에 나아가는 것처럼 하고, 악을 회피함은 뱀이나 굼벵이를 두려워하듯이 할지니라.』

원문

邵康節曰「人非善不交 物非義不取 親賢如就芝蘭

避惡如畏蛇蝎.」

● 해의 ●

사람이 착하지 않고 신실(信實)하지 않으면 사귀지 아니하여야 자신이 그 무리에서 벗어나서 선한 방향으로 나아갈 수 있다. 손톱만한 재물이라도 옳지 않으면 역시 취하지 않아야 의인(義人)이 되고 의인이 되어야 뇌물(賂物) 앞에 떳떳할 수 있다.

또한 어진 이와 가까이하기를 난초나 지초에 나아가듯이 하면 자신도 따라 어진 이가 되어서 진한 향기를 풍기게 된다. 그리고 악한 상황 회피하기를 무서운 뱀이나 굼벵이와 같이 여기면 악류(惡流)에 빠져 들어 죄업을 쌓지 않게 된다.

10 ## 군자와 소인이 처하여

또 말한다.

『군자가 소인으로 더불어 처함에 소인이 능멸을 하면 수습하고 살펴 두려운 듯 회피할 것이요, 마음을 움직이고 성질을 참아 증익됨을 미리 막을지니, 이와 같이 하면 곧 도리가 나오게 되나니라.[1]』

| 주석 |

① 출래(出來) : 1) 안으로부터 밖으로 나옴. 2) 인물(人物)·물건(物件) 따위가 세상(世上)에 나옴.

원문

又曰「君子與小人處 爲小人侵凌 則修省畏避 動心忍性 增益豫防 如此便有道理出來.」

● 해의 ●

　군자와 소인이 함께 있을 경우 철없는 소인의 무리가 군자를 함부로 대하고 객기를 부리는 수가 있다. 이럴 때는 맞서서 대항하려 말고 오히려 그 자리를 피하여 소인으로 하여금 죄를 짓거나 악업이 쌓이지 않도록 하여야 한다.

　이렇게 함으로서 침범을 스스로 가라앉도록 하고, 더 이상 증장이 되는 것을 미연(未然)에 방지하며, 더 나아가 도리(道理)라는 게 있다는 사실을 깨워 알도록 하여야 한다. 설령 소인이라 할지라도 군자의 길을 밟아서 살아가도록 이끌고 가르쳐 주어야 하지 않겠는가?

11 인재란 얻기 어렵다

왕소[1]는 말한다.

『인재란 얻기 어려운 것이니, 일이 없을 때에 마땅히 조정에서 사랑하고 아껴야 하나니라.』

| 주석 |

① 왕소(王素) : 자는 중의(仲儀)로 왕단(王旦)의 아들이며 북송의 대신이다. 벼슬이 공부상서(工部尙書)에 이르렀다.

원문

왕 소 왈　　인 재 난 득　무 사 지 시　당 위 조 정 애 석
王素曰「人材難得　無事之時　當爲朝廷愛惜.」

　　인재란 어떤 일이 일어나기 전에 기르고 아껴서 보물처럼 깊이 간직해 두어야 한다. 일을 당해서 찾고 구한다고 바로 얻어지는 것이 아니기 때문이다.

　　인재란 곧 국가의 자원(資源)이요, 간성(干城)이므로 많으면 많을수록 국가의 위신(威信)이나 척도(尺度)가 올라간다. 국고(國庫)를 들여 다방면에서 애양(愛養)하여 항상 먼 훗날을 대비하여 비축해 두는 것이 백년대계이다.

　　봄에 씨를 심고 여름에 가꾸지 아니하면 가을에 거둘 수 없으니 일을 당하여 인재를 구하지 말고 미래의 사태를 대비하여 미리미리 인재를 길러야 한다.

12 책선과 취선

주회암은 말한다.

『벗을 사귀면서 선을 권장하는❶ 까닭은 자신의 정성을 다하자는 것이요, 선을 취하는 까닭은 자신의 품덕에 유익이 되게 하자는 것이니라.』

| 주석 |

① 책(責) : 권장하다. 꾸짖다. 책망하다. 요구하다. 바라다. 책임, 직책(職責).

주 회 암 왈　붕 우 지 교　책 선 소 이 진 아 성　취 선 소 이 익
朱晦庵曰「朋友之交　責善所以盡我誠　取善所以益

아 덕
我德.」

● 해의 ●

　　세상을 살면서 친구가 없다면 삶이 단조롭고 외로움이 따른다. 때로
벗과 어울려 고단한 삶을 해소한다면 얼마나 좋겠는가?
　　그런데 친구를 사귀는 데는 반드시 나보다 나은 사람을 기준으로 함
과 동시에 선을 표준으로 하여야 한다. 선을 권장함에 정성을 다하여
향선(向善)하고, 선을 취함에 자신의 품덕(品德)에 유익되도록 향상
(向上)하면 훌륭한 인생이라 할 것이다.

13 소인의 힘

조충숙[1]은 말한다.

『예로부터 소인을 제거하는데 조급하게 하면 무리가 합해 재
앙이 커지는 것이요, 느리게 하면 저들이 장차 저절로 배척
하게 되나니라.』

| 주석 |

　① 조충숙(趙忠肅) : 곧 조방(趙方)으로, 자는 언직(彦直)이며 남송의 대신
　　이다. 벼슬이 형부(刑部)상서(尙書)에 올랐다. 시호는 충숙공이다.

조 충 숙 왈　　자 고 욕 거 소 인 자　　급 지 즉 당 합 이 화 대　　완
趙忠肅曰「自古欲去小人者　急之則黨合而禍大　緩

지 즉 피 장 자 제
之則彼將自擠.」

● 해의 ●

　　세상에 다루기 어려운 게 소인의 무리이다. 소인이란 남의 말을 들을 줄 모르면서 고집(固執)이 강하여 완악(頑惡)한 부류이다. 그래서 어떤 사업이나 조직에 소인이 한 사람만 있어도 그 조직이나 사업이 흔들리기 쉽다.

　　이들을 제거하려고 강하게 몰아붙이면 저들끼리 뭉치고 반발하여 재앙을 일으키고, 느려지게 하면 저들끼리 역시 한패가 되어 배척을 일삼는다. 이런 사실을 알아서 강약(强弱)과 원근(遠近)과 친소(親疎)를 잘 조종하여야 한다.

14 공업

이문정은 말한다.

『사람이 반드시 벼슬을 기다리지 않더라도 직분의 일과 재능이 있으면 공덕과 사업[1]이 되는 것이니, 다만 힘을 따라 이르는 곳마다 사물에 미침이 있다면 바로 공덕과 사업이 되나니라.』

① 공업(功業) : 공적(功績)과 사업(事業). 또는 공덕(功德)과 업적(業績).

이 문 정 왈　　인 불 필 대 사 환　유 직 사 재 위 공 업　　단 수
李文定曰「人不必待仕宦 有職事才爲功業. 但隨

역 도 처　유 이 급 물　즉 공 업 야
力到處 有以及物 卽功業也.」

● 해의 ●

　　사람이 높은 벼슬을 하여야 큰 업적(業績)을 쌓고 두각(頭角)을 드러내는 것은 아니다.

　　비록 일상적인 생활을 하더라도 자신의 직분과 재능을 다하고 또한 힘이 미치는 대로 사람을 위하고 사물을 돌보면 훌륭한 공덕과 사업을 쌓게 된다. 그러므로 멀고 큰 것만 바라지 말고 항상 가까이에서 또는 작은 것에서부터 공덕을 쌓고 업적을 다져가면 비록 높은 벼슬은 아니 하였어도 사람들의 칭송을 받기에 충분하다 할 것이다.

15 한위공의 말

오명경은 말한다.

『한위공①은 말하기를 "소인이 은혜를 잊고 의를 져버려서 자기를 기울게 하려는 처지에 이르더라도 말과 기운을 화평하게 하여 평상의 일처럼 타일러야 한다."고 하였나니라.』

① 한위공(韓魏公) : 북송의 대신인 한기(韓琦)이다. 자가 치규(稚圭)로 위
국공(魏國公)에 봉해졌다.

원문

오명경왈 　　한위공설 　　도소인망은부의욕경기처
吳明卿曰「韓魏公説 "到小人忘恩負義欲傾己處

사기화평여도심상사
詞氣和平如道尋常事."」

● 해의 ●

사자나 호랑이는 다루기가 오히려 쉬워도 소인은 다루기가 여간 어
려운 것이 아니다. 자칫하면 배은망덕(背恩忘德)을 하기도 하고, 의리
(義理)를 헌신처럼 버리고 때로 모략(謀略)이나 중상으로 곤경에 처하
게 하기 때문이다. 그러므로 이에 대응하려 말고 화평한 말과 기운을
간직하여 평상의 일로 여긴다면 괴로움으로 마음 상할 일은 벌어지지
않을 것이다.

만일에 사랑스런 나의 손자가 할아버지의 수염을 잡아당긴다면 버
릇없다고 꾸짖을 것인가, 아니면 엉덩이를 토닥거리며 예뻐할 것인
가?

16 시인과 수시

원군재❶는 말한다.

『옛사람이 말하기를 "사람에게 베풀었으면 생각하지 말고,

베풂을 받았으면 잊어버리지 말라."하였으니, 정말 어려운 일
이 되나니라.』

| 주석 |

| 주석 |

① 원군재(袁君載, ?~1195) : 곧 원채(袁采)로, 자가 군재이며 송대의 학
자이다. 신안(信安 ; 지금 浙江 常山縣) 사람이다. 저술에 《원씨세범
(袁氏世範)》이 있다.

원문

袁君載曰「古人言 "施人勿念 受施勿忘" 誠爲難
事.」

● 해의 ●

　　사람들에게 이미 베푼 은혜에 대해서는 깨끗이 잊어버려야 한다. 즉
베풀어주고 언젠가는 나에게 몇 배로 갚아줄 것이라고 바라고 있다가
끝내 이뤄지지 않으면 원망이 나오기 때문이다. 이는 자신이 괴로울
뿐만 아니라 죄악을 쌓게 되며 주위로부터도 환영 받을 수 없게 된다.
　　그러나 베풂을 받음에 대해서는 잊지 않고 갚아주려는 생각을 가져
야 한다. 즉 지금은 형편이 안 풀려서 그렇지 조금만 나아지면 몇 배
로 갚을 것이라는 생각을 가져야 한다. 그래야 안이한 생각이 나오지
않고 부지런히 일하고 힘을 길러 보답의 길을 찾고 열어가게 되는 것
이다.

17 군자에게 가르침을 청하면

장충정[1]은 말한다.

『군자에게 가르침을 청하면[2] 군자를 이루는[3] 것이요, 소인에게 가르침을 청하면 소인을 이루나니라.』

| 주석 |

① 장충정(張忠定) : 곧 장영(張咏)으로, 자는 복지(復之)이요, 호는 괴애(乖崖)이다. 북송의 대신이며 벼슬이 이부상서(吏部尙書)에 올랐다. 시호가 충정이다.
② 순(詢) : 청교(請敎), 곧 가르침을 청하는 것. 묻다.
③ 득(得) : 이루다.

원문

張忠定曰「詢君子得君子 詢小人得小人.」

● 해의 ●

사람에 선천적인 자질(資質)이 대단히 중요하지만 이것만 가지고 인품(人稟)을 완성하기는 어렵다. 반드시 후천적인 교육, 곧 학습(學習)이 있어야 품덕(品德)을 갖추게 되는 것이다.

우리 속담에 '친구 따라 강남 간다.'는 말처럼 사람이 군자를 따라 배우고 익히고 가르침을 받으면 저절로 군자가 될 것이요, 반대로 소인을 따라 배우고 익히고 가르침을 받으면 자연스럽게 소인이 되는 것이다.

그러므로 진급하는 사람은 군자를 따라 배워서 향상을 하고, 강급하는 사람은 소인을 쫓아 놀아서 저하(低下)의 길을 밟게 되는 것이다.

18 자기는 다른 마음이 없을지라도

진룡천[1]은 말한다.

『자기는 다른 마음이 없다 하면서 남의 의심하는 것만 막으려는 것은 이는 스스로 믿음이 돈독하지 않아서이니라.』

| 주석 |

① 진룡천(陳龍川, 1143~1194) : 곧 진량(陳亮)으로, 자가 동보(同甫)이다. 남송의 학자요, 명사로 사람들이 「용천선생(龍川先生)」이라 불렀다. 저술에 《용천집(龍川集)》·《용천사(龍川詞)》 등이 있다.

원문

陳龍川曰「己無他心 而防人之疑 是自信不篤也.」

● 해의 ●

자기에게는 다른 마음, 곧 남에 대하여 시기하는 마음이나 질투하는 마음이나 의롭지 못한 마음이나 의심하는 마음이 없다면 그것으로 올바른 사람이 되어 있는 것이다.

그런데 자신에 대한 믿음이 정말로 돈독하지 못한 사람은 잘못을 저지른 바도 없는데 남이 나를 의심하지나 않는가 하여 차단시키려고 애를 쓰는 수가 더러 있다.

다시 말하면, 자신이 믿음에 차 있으면 누가 뭐라 하여도 떳떳할 것이요, 자신이 믿음이 희박하면 떳떳하지 못할 것이다. 그러므로 바르고 옳은 마음을 가지고 살지언정 남을 의심하거나 업신여기지 않아야 한다.

자유[1]는 말한다.

『정리 밖의 일[2]은 또한 응당 정리 밖에서 처치하여야 하나니라.』

| 주석 |

① 자유(子猶) : 생몰연대를 알 수 없음.
② 이외지사(理外之事) : 정리(情理) 밖의 일. 또는 특수한 사정.

원문

子猶日「理外之事 亦當以理外置之.」

● 해의 ●

정리(情理) 밖의 일, 즉 특수한 사정(事情)은 결국 특수한 상황으로 처리해야 한다. 일반적인 잣대로 재고 나누어 처리하기가 어렵기 때문이다.

가령 어떤 일이 정당하고 여러 사람에게도 이익되는 일인데 힘을 가진 한두 사람이 불이익을 본다고 힘을 동원하여 막으려 할 때 개인의 힘으로는 도저히 처리하기가 어렵다. 이런 때를 당해서는 다수의 힘을 빌리고 뭉쳐서 대응함으로서 다수의 이익이 보장이 된다면 진력(盡力)하여 처리할 수도 있다.

일을 당하여 감정적인 처리보다는 이성적인 처리가 중요한 것이다.

20 용인과 교인

허노재는 말한다.

『사람을 쓰는 데는 마땅히 그 장점을 써야 하는 것이요, 사람을 가르치는 데는 응당 그 단점을 가르쳐야 하나니라.』

許魯齋曰「用人當用其所長 敎人當敎其所短.」

● 해의 ●

　　사람마다 장단점이 있기 마련이다.

　　그러나 사람을 골라 쓰는 입장에서는 단점보다는 장점을 취하여 쓰려 한다. 그러므로 자신을 돌아볼 때 단점보다 장점이 많으면 긍정하려니와 만일에 장점보다 단점이 많다면 바로잡는데 노력하여야 한다.

　　또한 사람을 가르치는 데는 장점은 이미 잘 하고 있기 때문에 당분간 놓아두고, 단점을 가르치고·보완해 나아가야 한다.

　　이렇게 하면 장단(長短)이 융회(融會)된 모가 없는 원만한 인품을 갖추게 된다. 이러한 인품이라야 일도 원만하게 처리하고 대중도 원만하게 품을 수가 있는 것이다.

하충정은 말한다.

『나는 어렸을 때에 범하여짐이 있으면 일찍이 성을 내지 아니함이 없었지만, 처음에는 얼굴빛에서 참아내고, 중간에는 마음에서 참아내기를 오래하다 보니 저절로 익숙하여져서 비록 사람들과 함께할지라도 계교하거나 헤아리지 않게 되었으니, 어찌 일찍 배움으로부터 온 것이 아니겠는가?』

원문

夏忠靖曰「某幼時 有犯未嘗不怒 始忍于色 中忍 于心 久則自熟. 殊不與人較量 何嘗不自學來?」

• **해의** •

성질을 가려서 부리기란 쉽지 않다. 습관이 되면 하찮은 일에도 성질을 낼 수가 있는데 꼭 부려야 할 자리 외에는 삼가야 한다.

그래서 만일에 어떤 일로 성질이 나오면 처음에는 얼굴에 붉은빛으로 나타나지 않도록 참고, 다음에는 마음에서 일어나는 바를 참아 숙달이 되면 저절로 순숙하여 질 것이니, 자기를 향한 내성(內省)을 게을리해서는 안 되는 것이다.

자신을 살피고 갈무리면 무엇이든지 극복하여 성장할 수 있고, 그러지 못하면 하등(下等)에 그치고 말 것이다.

설문청은 말한다.

『남들이 속이는 것을 깨달게 되더라도 말에 나타내지 않으면 여운의 맛*이 있는 것이니라.』

| 주석 |

① 여미(餘味) : 1) 어떤 일을 지낸 뒤에 여운으로 남아지는 흡족하고 즐거운 마음. 2) 무엇을 먹은 뒤에 입안에 남은 맛.

원문

설 문 청 왈　　각 인 사　불 형 우 언　유 여 미
薛文淸曰「覺人詐 不形于言 有餘味.」

● 해의 ●

　설령 사람이 나를 속인다는 사실을 깨달게 되었을지라도 말로 나타내서는 안 된다. 즉 이 사람 저 사람에게 퍼뜨려 상대방에게 곤란을 주어서 구렁텅이로 몰아넣기보다는 내가 이미 충분히 그러한 사실을 확실하게 간파하여 알고 있으므로 안으로 삭이고 가다듬으며 멈추고 잠재워간다면 얼마든지 여유(餘裕)를 찾을 수 있고 여미(餘味)를 가질 수 있기 때문에 나로서는 넉넉하고 한가로운 생활을 할 수 있다.

　그러므로 안으로 심력(心力)이 길러진 사람은 외부에서 불어오는 폭풍에 흔들리지 않는 것이다.

또 말한다.

『아래를 대하여 진실로 마땅히 겸양하고 화합해야 한다지만, 그러나 절제된 거동이 없으면 그 업신여김을 받게 되는 것이라,❶ 이른바 "중손의 괘는 인색한 것이다.❷" 하였으니, 오직 겸화하고 장중하면 사람들이 저절로 아끼면서도 두려워 하나니라.』

| 주석 |

① 무절의납기모(無節儀納其侮) : 절제(節制)가 없으므로 사람의 업신여김을 스스로 부르게 된다는 의미.

② 중손 인야(重巽 吝也) : 《주역(周易)》 손괘(巽卦) "九三 頻巽 吝. 象曰 頻巽之吝 志窮也"에 있는 말로 '뜻이 너무 나약하여 일을 하기가 곤란하다.'는 의미를 지니고 있다. 즉 손(巽)이란 나약(懦弱), 손약(巽弱)의 의미이요, 인(吝)이란 행난지의(行難之意)로 무엇을 실행하기 어렵다는 뜻이다.

원문

又曰「待下固當謙和 而無節儀納其侮 所謂重巽
吝也. 惟和而莊 則人自愛而畏.」

● 해의 ●

사람이 살면서 지체가 높을수록 아랫사람을 대하여 겸양하고 화합을 이뤄주어야 한다. 겸양과 화합이 없이 함부로 대하거나 권위를 세워서 절제(節制)를 잃으면 자연히 아랫사람에게 업신여김을 받을 수밖에 없다.

《주역(周易)》 손괘(巽卦)의 구삼(九三)에 "빈손 인야(頻巽 吝也)"라 하였는데 '자주 겸손함이니 인색하니라.' 는 의미이다. 즉 '흉내만 공손한 척하기 때문에 정말로 공손하기 어려워서 오히려 인색하다.' 는 의미를 지니고 있다.

사실 윗사람이 되어서 정말로 공손한 것이 아니라 겉으로 공손한 체하여 절제할 줄을 모른다면 사람들과 어떻게 겸화(謙和)를 이룰 수가 있겠는가? 그러므로 겸화하고 장중(莊重)하여 사람들이 자신을 좋아하고 아낄수록 두려워하고 조심하여야 한다.

24 장중과 경외

또 말한다.

『군자가 장중(莊重)과 경외(敬畏)를 스스로 가진다면 소인은 저절로 능히 가까이 하지 못 하나니라.』

원문

우왈　군자이장경자지　즉소인자불능근
又曰「君子以莊敬自持 則小人自不能近.」

● 해의 ●

군자의 몸가짐은 장중(莊重)하여야 한다. 즉 대인(大人)의 틀이 잡혀 있어야 한다. 수양을 쌓아서 태산(泰山) 같은 위엄을 지니고 있어야 한다.

그래야 소인의 무리들이 함부로 달려들지 못하고, 경외(敬畏)하는 마음을 가지고 대하며, 가까이 오지 못하고 멀리서 바라보게 된다.

다시 말하면, 경이원지(敬而遠之)를 할 수 밖에 없는 것이다. '공경은 하되 가까이하지 않고, 또는 꺼리어서 피하여 멀리서 바라볼 수밖에 없는 것이다.' 그러나 정말로 참다운 군자라면 능히 소인을 품고 안아서 올바른 방향으로 계도(啓導)하여 갈 수 있어야 한다.

25 소인의 공은 상으로 보답하라

또 말한다.

『소인이 공이 있으면 응당 넉넉하게 상을 줄 것이요, 임시적이라도 권병(權柄)❶을 빌려주어서는 안 되나니라.』

| 주석 |

① 병(柄) : 권병(權柄)이란, 권력(權力)으로써 사람을 마음대로 좌우(左右)할 수 있는 힘.

우왈　소인유공　당우지이상　불가가지이병
又曰「小人有功　當優之以賞　不可假之以柄.」

어른에게 칼을 주면 음식을 조리하는데 잘 쓴다. 그러나 어린아이에게 칼이 들려지면 먼저 자신이 상하고 아울러 다른 사람도 피해를 보기 쉽다.

이와 같이 소인이 어떤 일에 공덕이 있으면 넉넉하게 보상하고 칭찬하는 것으로써 끝을 맺어야 한다. 조그만 권력이라도 주게 되면 권력을 쥔 그날부터 어린아이가 칼을 휘두르듯 하여 여러 사람을 다치게 하고 피해를 주게 되니 삼가할 일이다.

26 사이와 사난

또 말한다.

『옛사람의 뒤에서 옛사람의 일을 의론하기는 쉬운 것이요, 옛사람의 처지에 처하여 옛사람의 일을 하기는 어렵나니라.』

원문

우왈　　　재고인후의고인지사이　　처고인지위고인지
又曰「在古人後議古人之事易　處古人地爲古人之

사난
事難.」

● 해의 ●

우리가 옛사람의 일을 평가하고 입에 올려 담론하기는 쉽다. 남겨진 역사의 흔적이나 걸어온 자취를 통해서 평론하는 것은 얼마든지 가능하다.

　그러나 옛사람의 처지가 되어 그 일을 하기는 쉽지 않다. 옛날에 남겨진 문헌이나 역사의 여적(餘跡) 등을 소중하게 간직하여 옛사람과 소통을 하는 것 외에는 다른 방도가 없다.

　예를 들면, 우리나라 국보 1호인 숭례문(崇禮門)이 한줌 재로 변했는데 지금 아무리 복원을 잘 해놓는다 하여도 옛것이 될 수는 없는 일이다.

27 세 가 지 안 됨

또 말한다.

『한 글자라도 가볍게 사람에게 주어서는 안 되는 것이요, 한 말이라도 가볍게 사람에게 허락해서는 안 되는 것이며, 한 웃음이라도 가볍게 사람에게 빌려주어서는 안 되나니라.』

원문

又曰「一字不可輕與人 一言不可輕許人 一笑不可
輕假人.」

● **해의** ●

　한 글자, 한 말, 한 웃음이 생살(生殺)과 성패(成敗)와 공과(功過)와 시비(是非)와 이해(利害)와 선악(善惡) 등을 좌우할 수 있다.

특히 위에 있는 책임자나 어떤 사체(事體)의 결정권을 쥐고 있는 사람은 더욱 신중하게 취사하여야 한다. 만일 눈앞의 어떤 상황을 모면하기 위하여 함부로 써주는 글이나 가벼운 말이나 마음을 담지 않은 웃음은 훗날 반드시 화근(禍根)이 된다는 사실을 알아야 한다.

글자에 얽힌 이야기 중에 조선시대의 「주초위왕(走肖爲王)」이라는 파자(破字)가 있다. 1506년 연산군이 폭정이 문제되어 쫓겨남으로 얼떨결에 왕위에 오른 중종(中宗)은 왕이면서도 자신을 옹립한 훈구대신들의 위세에 눌려 기 한번 제대로 펴보지 못했다. 견디다 못한 그는 1515년 마침내 신진 사림세력이자 급진 개혁론자인 조광조(靜庵 趙光祖, 1482-1519)를 전격 기용해 왕권회복을 도모한다.

기대했던 대로 조광조는 도학(道學)정치 이념 아래 폐정개혁(弊政改革)을 내세우며 훈구파들의 목을 죄기 시작한다. 그리고 급기야는 공신의 4분의 3에 해당하는 훈구대신들의 공훈까지 박탈하기에 이른다.

하지만 훈구대신들이라고 손 놓고 있을 리 없었다. 절치부심(切齒腐心) 기회만 엿보다 드디어 결정타를 날린다. 그들은 나뭇잎에 꿀로 "주초위왕(走肖爲王)"이란 글을 써서 벌레가 파먹게 한 뒤 이를 왕에게 보여주었다.

여기서 「走」와 「肖」를 합치면 「趙」가 되니, 이는 「趙」씨 곧 조광조가 왕이 되려 한다는 뜻이다. 한마디로 조광조가 역모를 꾸민다는 얘기가 된다.

때마침 왕도 조광조의 지나친 도학적 언행에 염증을 느끼던 차였다. 왕은 이 모두를 사실로 받아들이고 조광조에게 사약을 내린다. 이것이 그 유명한 1519년의 기묘사화(己卯士禍)이다.

조광조는 사약을 받고 죽으면서 이런 시를 남겼다.

愛君如愛父	애군여애부	임금을 사랑함이 아비를 사랑함과 같고
憂國如憂家	우국여우가	나라를 근심함이 집안을 근심함과 같네
白日臨下土	백일임하토	태양 빛은 다다라 땅에 내려서
昭昭照丹裏	소소조단리	밝고 밝게 붉은 속마음 비춰주리라.

또 말한다.

『지극한 정성으로 사람을 감화시키더라도 오히려 감복하지 않음이 있는 것인데, 하물며 속임을 베풀어 그것을 행함이겠는가?』

원문

우 왈 지 성 이 감 인 유 유 불 복 황 설 사 이 행 지 호
又曰「至誠以感人 猶有不服 況設詐以行之乎?」

● 해의 ●

사람이 지극한 정성을 다하여 사람들을 감복시킬 때도 그 가운데는 감복하지 않는 무리가 있기 마련이다.

그런데 속임수나 거짓이나 삿됨을 설정하여 그물처럼 쳐놓고 그 방향으로 몰아간다면 과연 순순히 몰이를 당하여 그물 속으로 빨려 들어가겠는가?

아니다. 지금은 밝은 세상이다. 속이면 속이기 이전까지 알고, 거짓이면 거짓 이전까지 알기 때문에 반발과 이탈이 생겨서 목적대로 끌어갈 수 없다. 항상 착하고 바르고 진실 되게 하는 것이 최선의 길이 되는 것이다.

여숙간은 말한다.

『일에 다다라 긍정과 쇠퇴를 분별하는 사람의 생각 이것이 첫째가는 학문이요, 사람을 위해 원통함을 분별하고 비방을 밝히는 것, 이것이 으뜸가는 하늘의 이치이니라.』

원문

여숙간왈　임사유긍체별인상　시제일학문　위인변
呂叔簡曰「臨事有肯替別人想　是第一學問　爲人辨

원백방　시제일천리
寃白謗　是第一天理.」

● 해의 ●

　어떤 일이나 흥망(興亡)과 성쇠(盛衰)가 반복된다. 계속해서 흥성(興盛)만 하거나 쇠망(衰亡)만 하는 일은 없는 법이다. 이것이 인력이 아니라 이치임을 알고 미리 대비책을 세우는 것이 현실을 살찌워가는 실용적인 학문이라고 할 수 있다.

　또한 원통하게 여겨야 할 사람이나 비방받아야 할 사람이 근본적으로 분류되어 있는 것이 아니다. 공연하게 남을 헐뜯고 모함하여 구렁텅이로 몰아넣는 것은 인간답지 못한 행동으로 삼가하여야 한다. 이것이 하늘의 이치에 반하지 않는 길이다.

또 말한다.

『사람의 선을 칭송하면 나도 하나의 선이 있게 되는 것이니, 또한 어찌 투기를 하리요? 사람의 악을 일컬으면 나도 하나의 악이 있게 되는 것이니, 또한 어찌 헐뜯으리오?』

원문

우왈　칭인지선　아유일선　우하투언　칭인지악
又曰「稱人之善　我有一善　又何妒焉? 稱人之惡

아유일악　우하훼언
我有一惡　又何毀焉?」

● **해의** ●

　사람의 선, 곧 장점이 있음을 보고 칭찬하고 좋아하면 그것이 바로 나에게도 선이 되고 장점이 된다. 하물며 어떻게 그 사람을 투기할 수가 있겠는가?

　또한 사람의 악, 곧 단점이 있음을 보고 모함하고 싫어하면 그것이 바로 나에게도 악이 되고 단점이 된다. 하물며 어떻게 그 사람을 헐뜯을 수가 있겠는가?

　남의 선을 치켜 올려줌으로써 나의 선이 장양(長養)되고 또한 나의 선이 드러나게 되는 것이요, 남의 악을 통해서 나의 악한 면이 있는가 찾아보고 또 있으면 드러내어 고쳐가는 것이 대인의 처사이다.

　불교의 가르침인 수희공덕(隨喜功德), 곧 '따라서 기뻐하는 공덕' 이 이와 다르지 않다. 이웃사람이 복 짓고 공덕 쌓는 것을 보고 기뻐하는 그 마음에 이미 복과 공덕이 깃들어 있기 때문이다.

또 말한다.

『말을 듣고 행을 보는 것, 이것이 사람을 취하는 길이요, 그 말은 즐겨하고 그 사람을 묻지 않는 것, 이것이 선을 취하는 길이니라.』

원문

又曰「聽言觀行 是取人之道 樂其言不問其人 是
取善之道.」

● 해의 ●

　남의 말을 듣고 행(行)을 보는 것은 꼬투리를 잡기 위함이 아니다. 그 사람의 잘하는 것을 보아서 나에게 잘못이 있으면 바로 고치고 잘된 점은 더욱 배양하자는 것이다.

　따라서 아무리 좋은 말도 선택은 나에게 있으니 굳이 따질 필요가 없다. 오직 그 장점만 취해다가 나의 앞길에 거울을 삼아 비추어서 맑고 밝게 살아가면 된다.

　좋은 말을 하지만 행동은 그에 미칠 수 없는 경우도 있기 때문에 좋은 말은 취하고 그 말을 한 사람에 대해서는 물을 필요가 없는 것이다.

또 말한다.

『부드럽게 사람의 악에 따르는 것은 곧게 사람을 선으로 이끄는 것만 같지 못하고, 곧게 사람을 선으로 이끄는 것은 또한 부드럽게 사람이 선을 하도록 이끌어 나가는 것만 같지 못하나니라.』

원문

又曰「柔而從人于惡 不若直而挽人于善 直而挽人
于善 又不若柔而挽人于善之爲愈也.」

● 해의 ●

아주 유약(柔弱)하고 온화(溫和)하여 남들이 악을 함께하자고 할 때 별스런 조건이 없이 따르는 것보다 강직하게 그 무리에 들지 않고 선으로 끌어주는 것은 당연히 나은 일이다.

또한 강직하게 사람을 선으로 끌어주는 것보다는 부드럽게 선으로 끌어주어서 직접 그 선을 실행하도록 하는 것이 더욱 나은 일이다. 세상을 살아갈 때 온화함과 강직함을 잘 섞어 써서 처신한다면 남의 손가락 끝에 매달림이 되고 입언저리에 얹혀짐이 없이 참되고 자유롭게 살아갈 수 있을 것이다.

또 말한다.

『이치를 논하는 데는 정밀하고 자세하기를 요하는 것이요, 일을 논하는 데는 알맞고 적절하기를 요하는 것이며, 사람을 논하는 데는 모름지기 이삼 분의 원만한 인정❶을 지녀야 하나니라.』

| 주석 |

① 혼후(渾厚) : 1) 사람됨이 모 없이 원만하고 인정(人情)이 두터움. 2) 크고 넉넉함. 3) 질박(質朴)하고 충후(忠厚)함.

원문

又曰「論理要精詳 論事要剴切 論人須帶二三分渾厚.」

● 해의 ●

이치란 나타난 면과 숨은 면이 공존한다. 그러므로 정밀하고 자세하게 보고 논하여 안팎을 잘 알아야 얻고 깨쳐짐이 따른다.

일은 과정과 결과가 다 같이 중요하다. 그러므로 그 일에 따라 알맞게 안배하여 행해 나가면 좋은 열매를 얻게 된다.

그리고 사람을 논하는 데는 각박하게 굴지 말고, 항상 이삼 분의 여유를 두어 원만하고 두텁게 인정을 베풀어 처신하면 서로 상통하며 살아갈 수 있을 것이다.

또 말한다.

『두터운 덕을 가진 선비는 능히 사람의 허물을 가려주는 것
이요, 왕성한 덕을 가진 선비는 사람으로 하여금 허물이 있어
지지 않게 하나니라.』

원문

우왈 후덕지사 능엄인과 성덕지사 불령인유과
又曰「厚德之士 能掩人過 盛德之士 不令人有過.」

● 해의 ●

후덕(厚德)하다는 말이나 성덕(盛德)이라는 말이 다른 것이 아니다.

후덕이란 '도타운 덕행(德行), 은덕(恩德), 심덕(心德)' 이라고 할 수
있고, 또한 성덕이란 '성대한 덕, 천지의 왕성한 원기(元氣)' 라는 의
미로 풀이를 할 수 있다.

구별한다면 후덕이란 사람의 허물을 가려줄 정도의 덕행이요, 성덕
은 사람이 허물을 짓지 않도록 방비할 수 있는 능력이다. 이렇게 볼 때
성덕이 조금 위가 된다고 할 수 있을 것이다.

또 말한다.

『옛날 군자는 능한 바를 가지고도 사람을 괴롭히지[1] 않았는데, 지금 사람은 도리어 그 능하지 못한 바를 가지고 사람을 괴롭히느니라.』

|주석|

① 병(病) : 괴롭히다. 책망하다. 비방하다. 원망하다. 피곤하다. 병 등의 여러 뜻이 있다.

원문

又曰「古之君子 不以所能者病人 今人却以其所不能者病人.」

● **해의** ●

옛날에 수양이 깊이 쌓인 사람은 자신이 무한한 능(能)을 가지고 있었다. 그러면서도 약소(弱小)한 사람들을 사랑하고 어여삐 여겨서 구제하고 인도는 할지언정 괴롭히거나 못살게 굴지를 않았다.

그런데 지금 사람들은 수양이나 도덕적으로 능한 게 없으면서도 아만(我慢)하고 괴기(怪奇)를 부려 자기만 못한 사람을 여러 가지로 괴롭히며 못살게 굴고 있다. 이는 세상에서 부족한 사람들이 하는 짓으로 부끄러운 일이다.

또 말한다.

『사람을 견책(譴責)하는데 함축함❶이 요구될지언정 지나침을 꺼리는 것이요, 완곡함❷이 요구될지언정 지나치게 솔직함을 꺼리는 것이며, 모호함❸이 요구될지언정 지나치게 진실함을 꺼리게 되나니라.』

| 주석 |

① 함축(含蓄) : 깊은 뜻을 품고 있는 것.
② 위완(委婉) : 완곡한 것. 완곡한 말투. 빙 둘러가는 길.
③ 의사(疑似) : 모호(模糊)·함호(含糊)한 모양. 분명하지 않은 모양. 말을 입속에서 중얼거리며 분명하지 아니하게 함. 뚜렷한 태도를 밝히지 못하고 우물우물함.

원문

又曰「責人要含蓄 忌太盡 要委婉 忌太直 要疑似 忌太眞.」

● 해의 ●

사람이 확실하고 솔직하며 진실하고 분명한 것은 좋은 일이다. 그것은 남에게 모범이 되어 누구에게나 권장하고 함께할 수 있기 때문이다.

그러나 사람을 견책(譴責)하는 것은 삼가지 않을 수 없다. 즉 안으로 함축이 없이 다 쏟아내고, 자기만 솔직한 것처럼 드러내는 행위는 자칫 교만(驕慢)으로 비춰질 수 있다. 그러므로 한 자락을 사리고 늦추어서 그 사람에게 맞추어 타이르는 것이 바람직한 방법이다.

37 소인에 처하여

또 말한다.

『소인과 더불어 처하여서는 일 분의 계교를 해도 얻을 게 없는 것이니, 모름지기 한 걸음을 느긋하게 가져야❶ 하나니라.』

| 주석 |

① 방관(放寬) : (마음을) 느긋하게 가지다. 넓히다. 확장하다. 제한 완화하다.

원문

우 왈 　 여 소 인 처 　 일 분 계 교 부 득 　 수 요 방 관 일 보
又曰「與小人處 一分計較不得 須要放寬一步.」

● **해의** ●

소인과 함께 지내면 생각이나 행실에서 얻고 본받을 게 없다. 그러다가 한마디 충고라도 건네면 그 말을 구실 삼아 온갖 모략중상을 꾸미면서 시끄럽게 한다.

그러므로 차라리 관용(寬容)으로 한 발 물러서서 언행에 모범을 보

여, 어미 소 곁에 따르는 송아지처럼 아는 듯 모르는 듯 따라오도록 하는 것이 오히려 올바른 길로 인도해나가는 좋은 방법이다.

타이름으로 역효과가 날 것 같으면 다 놓아버리고 느긋하게 언행을 통해서 보여주어야 한다.

또 말한다.

『재앙이란 원수진 사람이 아닌데 원수진 사람의 말과 표정이 있는 것보다 더 큼이 없는 것이요, 부끄러움이란 은혜로운 사람이 아닌데 은혜로운 사람처럼 속이는 상태보다 더 큼이 없나니라.』

원문

又曰「禍莫大于不仇人而有仇人之辭色　恥莫大于

不恩人而詐恩人之狀態.」

● 해의 ●

재앙이란 무엇일까? 여러 가지가 있을 것이다. 살림이 망하는 것도 재앙이요, 직장을 잃는 것도 재앙이며, 사랑하는 사람과 헤어지는 것도 재앙이요, 죽음의 이별을 맞는 것도 재앙이다. 이외에도 평소에 아무 탈이 없이 잘 지내던 사람이 어느 날 갑자기 돌변하여 원망하는 것도 재앙이다.

또한 부끄러움에도 여러 가지가 있겠지만, 평소 은혜를 모르던 사람이 갑자기 은혜로운 사람 행세를 하는 경우가 큰 낭패이다.

39 두 사람이 그르다 하면

또 말한다.

『두 사람이 서로 그르다 하면 집이 부서지고 몸이 망하지 않는 한 그치지 않을 것이니, 다만 머리를 돌려서 자기의 한마디가 착오되었음을 인지(認知)한다면 문득 이에 가없이 수용을 하게 될 것이요, 두 사람이 스스로 옳다고 하면 내용과 상반되고[1] 견주어 놀라지[2] 않는 한 그치지 않을 것이니, 다만 온화한 말로 사람의 한마디가 옳다고 일컫는다면 문득 이에 한없이 너그러움이 펼쳐지게 되나니라.』

| 주석 |

① 반면(反面) : 뒤에 오는 말이 앞의 내용과 상반됨을 나타내는 말. 어떤 현상의 대립 관계나 모순 관계에 있는 측면.
② 계진(稽唇) : 서로 견주어보고 놀라는 것.

우왈　양인상비　불파가망신부지　지회두인자가일
又曰「兩人相非　不破家亡身不止　只回頭認自家一

구착　편시무변수용　양인자시　불반면계진부지
句錯　便是無邊受用，　兩人自是　不反面稽唇不止

지온어칭인일구시　편시무한관서
只溫語稱人一句是　便是無限寬舒.」

● 해의 ●

　　서로 그르다고 주장하며 싸우는 것도 고집(固執)이다. 또 서로 옳다
고 주장하며 싸우는 것도 역시 고집이다.

　　생각해보면 세상에 그르다는 기준도 없고 옳다는 기준도 없는데 자
기의 눈에 맞추어서 시비(是非)를 따지고 득실(得失)을 논하며 선악
(善惡)을 따지고 이해(利害)를 논하는 것도 사실 우스운 일이다.

　　나는 옳다고 생각했는데 사람들이 그르다 하면 한마음 돌려서 수용
하면 된다. 또 나는 그른데 사람들이 옳다 하면 한마음 돌려서 수용하
면 된다. 그것을 가지고 열변을 토해내고 지식을 자랑하며 논리를 세
우는 것은 영양가 없는 일이다.

40 50세에 깨달은 다섯 가지

또 말한다.

『내가 걸어온 나이가 이미 쉰 살이 되어서 다섯 가지 다투어
서는 안 되는 묘수를 깨달아 얻었으니, 쌓아놓고 사는 사람으

로 더불어 부자를 다투어서는 안 되며, 진취하는 사람으로 더
불어 귀를 다투어서는 안 되며, 명성을 자랑하는 사람으로 더
불어 명예를 다투어서는 안 되며, 오만무례한[1] 사람으로 더불
어 예를 다투어서는 안 되며, 기운이 왕성한 사람으로 더불어
시비를 다투어서는 안 되나니라.』

| 주석 |

　① 간오(簡傲) : 오만(傲慢)하고 무례(無禮)함.

우 왈　　여 행 년 이 오 십　　오 득 오 부 쟁 지 묘　불 여 거 적 인
又曰「余行年已五十 悟得五不爭之妙 不與居積人

쟁 부　불 여 진 취 인 쟁 귀　　불 여 긍 절 인 쟁 명　　불 여 간 오
爭富 不與進取人爭貴 不與矜節人爭名 不與簡傲

인 쟁 례 불 여 성 기 인 쟁 시 비
人爭禮 不與盛氣人爭是非.」

● 해의 ●

　　경험에서 체득한 산 잠언(箴言)으로 강을 건너는데 부벌(浮筏)과 같
고 고층을 오르는데 엘리베이터나 사다리와 같은 실언(實言)이라 할
수 있다.
　　대저 앞뒤로 쌓아놓고 사는 사람과 어떻게 부유(富裕)를 다투고 견
줄 수가 있겠는가?
　　또 벼슬에 나아가서 승승장구하고 배경이 튼실한 사람과 어떻게 벼
슬자리의 귀를 다투고 견줄 수가 있겠는가?
　　또 자기 이름 하나 알리기 위해 염치를 불고하는 사람과 어떻게 명

망을 다투고 견줄 수 있겠는가?

　또 오만방자(傲慢放恣)하게 행동하는 사람과 어떻게 예의를 다투고 견줄 수 있겠는가?

　또 기운이 치성하여 뻗혀 오르는 사람과 어떻게 옳고 그름을 다투고 견줄 수 있겠는가?

　이런데 들려고 발버둥치지 말고 조용히 하늘땅에 맡기고 세상에 맡기며 운명에 맡기고 시세(時勢)에 맡겨서 사는 것이 행복한 사람이다.

41 군자는

또 말한다.

『군자는 사람이 감당하지 못한다 하여 욕되게 하지 않는 것이요, 사람이 알아주지 않는다 하여 부끄러워 하지 않으며, 사람이 (자기만) 같지 못하다 하여 오만하지 않는 것이요, 사람이 어질지 않다 하여 회의하지 아니 하나니라.』

우왈　　군자불욕인이불감　불괴인이부지　불오인이
又曰「君子不辱人以不堪　不愧人以不知　不傲人以

불여　불의인이불초
不如　不疑人以不肖.」

수양이 쌓인 사람은 다른 사람이 잘하는 것이 없어도 그를 욕 먹이지 않는다.

이는 공자님의 말씀처럼 '사람들이 알아주지 않더라도 성내지 않으면 또한 군자가 아니겠는가?(人不知而不慍 不亦君子乎)' 와 같은 차원이라 할 수 있다.

그런 위인은 학문이나 덕행이 자기만 못하더라도 거만(倨慢)하여 하시(下視)하지 않으며, 본받을 점이 없어도 그를 혐의(嫌疑)하지 않는다.

이렇게 살면 군자의 무리에 들어가고 이렇게 살지 못하면 소인의 무리라 보아도 무방할 것이다.

42 하늘도 흡족하게 않는다

《진미공집》에서 말한다.

『사군자는 마음을 다하여 세상에 이익 주고 사람을 구제하나니❶, 바다 안(세상) 사람으로 조금이라도 그들이 마땅함을 얻지❷ 못하게 된다면 하늘도 또한 조금도 그들이 마땅함을 얻지 못하게 하나니라.』

| 주석 |

① 이제(利濟) : 이세제인(利世濟人)으로 세상에 이익 주고 사람을 구제하는 것을 말한다.

② 득(得) : 마땅함을 얻게 하다. 적의(適意)하게 하다.

《陳眉公集》曰「士君子盡心利濟 使海內人少他不
得 則天亦少他不得.」

● 해의 ●

사군자라면 학문도 깊고 수양도 이루어진 사람들이다. 그들은 지도 급에 있는 사람들이라 마땅히 정치의 일선에 서서 몸과 마음을 다하여 세상에 이익 주고 사람을 구제하여 아름다운 세상을 만들어가는 것이 의무요, 책임이다.

그러기에 사군자는 세상 사람들의 의(衣)·식(食)·주(住)가 흡족하도록 치국보민(治國保民)하고 치산개전(治産開田)하며 교화를 담당한다. 만일 이 일을 흡족하게 해내지 못하면, 하늘 역시 도움을 주지 아니하고 피폐되고 망국이 되도록 버려두는 것이다.

인간의 일이 하늘의 일이라 사람이 하지 않는데 하늘이 어찌 도움을 줄 수 있겠는가?

43 중인과 호걸

또 말한다.

『일반인을 고찰할지라도❶ 그 대절(大節)❷을 보아서 규범을 넘지 않아야❸ 하는 것이요, 호걸을 고찰할지라도 소절(小節)❹을 보아서 새지❺ 않아야 하나니라.』

| 주석 |

① 간(看) : 고찰(考察)하다.

② 대처(大處) : 대절(大節)이라는 의미로 대의(大義)를 위해 죽기를 각오하고 지키는 절개(節槪)나 크게 빛나는 절조(節操)를 말한다.

③ 주작(主作) : 초월규범(超越規範)이다. 즉 일반적인 규범을 넘어선다는 의미이다.

④ 소처(小處) : 소절(小節)이라는 의미로 대의에 뜻을 두지 아니한 작은 절조를 말한다.

⑤ 삼루(滲漏) : 샘. 액체가 새어나옴.

원문

又曰「看中人 看其大處不走作 看豪傑 看其小處 不滲漏.」

해의

좋은 세상은 평민이라도 국가의 위기나 어떤 대의(大義)나 절조(節操)가 있을 때에는 규범을 벗어나지 아니하고 몸과 마음과 생명을 다한다.

또한 이런 세상에 살아가는 호걸들은 비록 작은 절조라도 물 샐 틈 없이 지켜서 일반 평민들의 모범이 되어 살아가기 때문에 무언무행(無言無行)으로 이끌어간다.

그러므로 세상이란 보통 사람만 사는 것이 아니요, 그렇다고 훌륭한 사람만 사는 것도 아니다. 더불어 살고 어울려 살아야 하기 때문에 처지와 환경을 따라서 오직 자기의 직분을 다하면 되는 것이다.

또 말한다.

『천하에 대체를 알지 못하는❶ 소인이 있다면 용납이 되지만, 결단코 제멋대로❷ 하는 군자는 없는 것이니라.』

| 주석 |

① 곡근(曲謹) : 대체는 알지 못하고 소절에 구속되고 집착되어(不識大體 拘執小節) 있음을 말한다.
② 방사(放肆) : 거리낌 없이 제멋대로 하여 어려움이 없음.

원문

우 왈 천 하 용 유 곡 근 지 소 인 단 무 방 사 지 군 자
又曰「天下容有曲謹之小人 斷無放肆之君子.」

● **해의** ●

천하는 어리석고 무지하여 대체를 알지 못하고 소절(小節)에 잡혀서 사는 소인의 무리를 얼마든지 수용하여 살아가도록 하고 있다.

그러나 아무런 거리낌이 없이 제멋대로 살며 조금의 두려움도 없고 삼감도 없는 군자는 없다. 만일에 있다면 세상이나 민중이 결코 그를 용납하지 않을 것이다.

불교에는 무애행(無礙行)이라 하여 깊은 수련을 쌓은 도인이 일반 사람의 눈높이나 상식의 기준을 넘어 행동하는 경우는 있다. 그러나 유가의 입장에서 본다면 방사(放肆)의 행위는 용납될 수 없는 것이다.

또 말한다.

『사람을 쓰려고 하면 마땅히 많은 것이요, 사귐을 가리려 하면 마땅히 적나니라.』

우 왈　용 인 의 다　택 교 의 소
又曰「用人宜多　擇交宜少.」

● 해의 ●

사람을 쓰기란 쉽다. 재물과 권세가 있으면 오라고 아니하여도 스스로 와서 써주기를 간청한다.

이 가운데는 진실한 마음으로 오는 사람도 있겠지만 대개는 재물과 권리를 보고 달려드는 것이 마치 비린내에 파리떼가 모이는 것과 같다고 할 수 있다.

그러나 넓은 세상 많은 사람 가운데 일생을 걸고 사귈 사람이 과연 얼마나 있을까? 그리 많지 않을 것이다. 정말 금란지교(金蘭之交)[1]나 문경지교(刎頸之交)[2]나 관포지교(管鮑之交)[3]는 많지 않다.

---

1) 금란지교(金蘭之交) : 쇠처럼 굳고 난초처럼 향기로운 우정이라는 뜻으로 아주 친한 친구 사이를 말한다.
2) 문경지교(刎頸之交) : 목을 벨 수 있는 벗이라는 뜻으로, 생사(生死)를 같이할 수 있는 매우 소중(所重)한 벗을 말한다.
3) 관포지교(管鮑之交) : 〈사기(史記)〉에 나오는 말로, 절친한 친구 간의 사귐을 의미한다.

따라서 내가 그만큼 신실(信實)하지 않으면 진실한 사귐은 이루어지기 어렵다. 결국 내 자신의 국량(局量)을 갖추기에 달린 것이다.

중국 제나라의 관중과 포숙은 어렸을 때부터 매우 친한 친구 사이였다. 일찌기 포숙은 관중의 뛰어난 재능을 알았으며, 관중은 포숙을 누구보다 잘 이해했다. 후에 두 사람은 벼슬길에 올랐는데 관중은 공자 규(糾)의 사람이 되고, 포숙은 규의 아우 소백(小白)을 섬기게 되었다. 그런데 뒤에 두 공자가 왕위를 두고 대립하게 되어 관중과 포숙은 어쩔 수 없이 적이 되었다. 이 싸움에서 소백이 승리하여 형 규를 죽이고 관중도 죽이려 하자 포숙은 목숨을 걸고 "관중의 재능은 신보다 몇 갑절 나으니 천하를 다스리고자 하신다면 반드시 관중을 기용하셔야 합니다."라고 했다. 이에 관중이 위기를 넘기고 재상이 되기에 이른다. 후에 관중은 포숙에 대한 고마운 마음을 전하며 "나를 낳아준 이는 부모이지만 나를 진정으로 알아준 사람은 포숙이다."라고 하였다.

46 입을 열지 않는다

원료범[1]은 말한다.

『하나의 사건이 사람의 종신과 관계 된다면 비록 실지로 들었을지라도 입을 열어서는 안 되며, 한마디 말이 나의 충심과 후의를 상하게 된다면 비록 한담(閑談)이요, 희언(戲言)[2]이라도 마땅히 말을 삼가야 하나니라.』

① 원료범(袁了凡, 1533~1606) : 곧 원황(袁黃)으로, 자는 곤의(坤儀)요,
또 요범이다. 명조의 강소 오강현(江蘇 吳江縣) 사람으로 큰 학자이며
일생을 박학상기(博學尙奇)하면서 지냈다. 저서로는 《요범사훈(了凡
四訓)》이 있다.
② 한학(閑謔) : 한담(閑談)과 희언(戱言).

원문

袁了凡曰「一事而關人終身 縱實聞不可開口 一言

而傷我忠厚 縱閑謔而宜愼言.」

● 해의 ●

어떤 사람의 생명과 관계가 되면 실지로 듣고 보았더라도 굳게 입을
다물어야 한다. 입의 무게를 곤륜산(口重崑崙山) 같이 해야 한다는 말
이다.

또한 한마디 말로 인하여 내 자신의 충심(忠心)과 후의(厚誼)가 상처
를 받게 된다면 비록 한담(閑談)을 나누고 희언(戱言)을 할지라도 이
를 드러내는 말을 가려야 한다. 함부로 말하여 자신이나 다른 사람에
게 상처를 주어서는 안된다.

47 작더라도 참아야

대웅❶은 말한다.

『대범 예가 아닐지라도 돕고 더한다면 그 가운데 반드시 믿는 바가 있어지는 것이요, 작은 욕(辱)[2]됨을 참아내지 못한다면 재앙은 서서 이르게 되나니라.』

| 주석 |

① 대옹(大翁) : 생몰연대를 알 수가 없다.
② 소(小) : 조그만 욕(辱)됨이 다가오는 것.

원문

대옹왈 범비례상가 기중필유소시 소불인즉화립
大翁曰「凡非禮相加 其中必有所恃 小不忍則禍立

지의
至矣.」

● 해의 ●

  사람이 예의를 벗어나서라도 어떤 어려운 경우에 서로 돕고 베푸는 것은 믿음을 쌓아가는 한 방법이다. 이에는 어떤 조건이나 바람이 있어서는 안된다.

  그러나 생각지도 않은 선물은 뇌물(賂物)이 아닌가 살펴야 한다. 그 가운데는 훗날 대가를 톡톡히 치러야 할 독소가 숨어있기도 하니 처음부터 물리쳐야 뒷날이 평안하다.

  예컨대 공직에 있는 사람이 작은 선물을 퇴치하지 못하면 재앙과 고초를 받게 되니 가장 유혹을 잘 넘겨야 큰 덫에 걸리지 않는다.

48 소인을 다스림에

왕무[1]는 말한다.

『군자가 소인을 다스림에 가히 너무 지나치게[2] 해서는 안 되는 것이니, 분격(奮擊)이 그쳐지지[3] 아니하면 그 앙갚음은 반드시 잔혹 하나니라.』

| 주석 |

① 왕무(王懋) : 생몰연대를 확실하게 알 수 없으나 명대(明代)에 왕무라는 사람이 많았다. 그 가운데 자가 소대(昭大)인 함영(咸寧) 사람이 있는데 그는 정덕(正德) 12년(1517)에 진사(進士)를 지냈다. 또 자가 덕유(德孺)요, 호가 수원(守原)인 무호(蕪湖) 사람이 있는데 가정(嘉靖) 43년(1564)에 벼슬에 올랐다.

② 이심(已甚) : 너무 지나치다는 의미. 이(已)는 태(太)·과(過)의 뜻이요, 심(甚)도 태(太)·과(過)의 뜻이다.

③ 이(已) : 소제(消除)·정지(停止)의 뜻.

원문

王懋曰「君子之治小人 不可爲已甚. 擊之不已 其

報必酷.」

● 해의 ●

소인을 다스릴 때는 확실하게 마음을 돌리고, 정화(淨化)하고 소제(消除)시켜 놓지 않으면 안 된다. 소인의 마음이 군자의 마음으로 돌아서지 않으면 부딪쳤을 때 어떤 보복이 뒤따르기 때문이다.

소인이란 마음이나 사건에 맺힘이 있어 풀어나가는 방법이 잔혹하여 보복하려 든다. 조선 시대에 일어났던 각종 사화(士禍)가 말해주듯이 작은 원한이나 당리(黨利)로 큰 재앙을 만들어낸다.

49 소인의 인연은 불가하다

유진장[1]은 말한다.

『소인과는 가히 더불어 인연을 짓지[2] 아니 해야 하나니라.』

| 주석 |

① 유진장(劉眞長) : 곧 유담(劉惔)으로, 자가 진장이다. 유명한 청담가(淸談家)로 개성이 담아(淡雅)하였으며 노장(老莊)을 좋아하였고 방임자적(放任自適)하였다. 진(晉)나라의 관리로 벼슬이 단양윤(丹陽尹)에 이르렀다.

② 작연(作緣) : 관계가 발생하는 것. 인연이 맺어지는 것.

원문

유진장왈 소인불가여작연
劉眞長曰「小人不可與作緣.」

● 해의 ●

소인은 다루기가 어렵다. 그러므로 소인과 관련을 갖게 되면 반드시 교화를 시켜서 군자로 성장시키겠다는 각오를 하여야 한다. 이러한

각오없이 한번 마음을 돌려보겠다는 안이한 생각을 가졌을 경우 작은
이익이라도 생기면 대의를 쉽게 잃어 그 마음을 깨우고 돌리기 어렵
기 때문이다.

50 소인은 처음부터 멀리하자

곽개부[1]는 말한다.
『소인은 마땅히 처음에 멀리하여야 하나니라.』

| 주석 |

① 곽개부(郭開符) : 생몰연대를 알 수 없다.

원문

郭開符曰「小人當遠之于始.」

● 해의 ●

사람에 어찌 멀리하고 가까이할 사람이 따로 있으랴마는 소인은 처
음부터 가까이 하지 말아야 한다. 대의(大義)와 공익(公益)을 찾는 데
서 개인적인 이익을 구하면 더불어 대사(大事)를 논하기 어렵다. 즉 이
념(理念)과 목표가 다르고 처사와 행위가 다르면 결코 가까이할 수가
없는 것이다.

공자님의 말씀에 "군자는 의리에 밝고 소인은 이익에 밝다(君子喩
於義 小人喩於利)." 하였는데, 의와 이는 상반된 개념으로 서로 반대

의 입장이 되는 것이니 어떻게 함께할 수 있겠는가?

그러므로 소인은 처음부터 가까이하지 않는 것이 좋고, 만일에 가까이하게 되면 교화를 시켜 군자가 되도록 하여야 한다.

51 인정에 가까운 일상사

풍몽룡은 말한다.

『능히 인정에 벗어나지[1] 않는 일을 한다면 그 정직함[2]을 가히 헤아리지 못 하나니라.』

| 주석 |

① 근(近) : 인정에 벗어나다. 치우치다. 천박하다.
② 중정(中正) : 정직(正直).

원문

풍몽룡왈　능위불근인정지사자　기중정불가측
馮夢龍曰「能爲不近人情之事者 其中正不可測.」

● 해의 ●

인정이란 사람의 마음속에서 우러나오는 애틋한 정감(情感)이다. 이 정감이 있기 때문에 사람과 사람 사이가 메마르지 아니하고 윤택하여 맑디맑은 기운이 상통해서 걱정도 하고 기뻐도 하며 눈물도 흘리는 것이 사람이 하는 일이요, 일상의 삶이다.

그런데 작은 인정에 끌리면 대의를 저버리기 쉽다. 중정, 곧 정직이
란 환경이나 인정에 끌림이 없어야 가능하다. 중정 속에 다시 자상하
게 살필 때 군자다운 인정을 베풂이 될 것이다.

52 천하에 처리하기 어려운 일은 없다

고도순은 《최락편》에서 말한다.

『사람이 강직함을 쓰면 나는 부드러움으로써 그것을 이기고,
사람이 술수①를 쓰면 나는 정성으로써 그를 감동시키며, 사람
이 객기(客氣)를 부리면 나는 이치로써 그를 굴복시킬 것이니,
천하에는 처리하기 어려운 일이 없나니라.』

| 주석 |

　① 술(術) : 술수(術數). 수완(手腕). 권술(權術). 심계(心計).

원문

고도순 최락편 왈 인용강 아이유승지 인용술
高道淳《最樂編》曰「人用剛 我以柔勝之 人用術

오이성감지 인사기 오이리굴지 천하무난처지사
吾以誠感之 人使氣 吾以理屈之 天下無難處之事

의
矣.」

　　유능승강(柔能勝强)이라 한다. 부드러움은 능히 강함을 이긴다는 뜻이다. 세상살이도 강직함만 가지고 살 수는 없다. 너무 강하면 부러지는 것이니 강유(剛柔)를 섞고 아울러서 살아야 한다.

　　또 술수(術數)라는 것은 정당한 방법은 놓아버리고 잔꾀를 쓰는 것인데 세상은 그렇게 살아가도록 되어 있지 않다. 만일에 좌우에서 이러한 상황이 벌어진다면 나는 정성을 통해 감동을 주어서 정당한 길을 걷도록 하여야 한다.

　　또 사람들이 객기(客氣)를 부리는 것은 내면을 들여다보면 자기부족의 발로이다. 이에는 조리(條理)를 가르쳐서 스스로 굽힐 수 있도록 마음을 깨우쳐야 한다.

　　이와 같이 세상을 살아간다면 아무리 어려운 경계에서도 능히 헤쳐 나갈 수 있을 것이다.

53 사색의 성냄이 깊다

《경암진선집》에서 말한다.

『말로 범하고 꺼려함은 오히려 얕은 것이요, 말과 안색으로 부딪치고 성냄이 가장 깊은 것이니라.』

《擎庵進善集》曰「言語之犯忌猶淺 詞色之觸怒最深.」

● 해의 ●

사람과 사람 사이의 의사소통은 꼭 소리만 가지고 하는 것이 아니다. 물론 말은 가장 쉬우면서 상통할 수 있는 좋은 도구임에 틀림없다.

그러나 이 말이 순하게 발설이 되면 비단결보다 더 고운 의미를 지니지만, 내면에 악이 받쳐 발설되면 언어폭력(言語暴力)이 되어 듣는 사람의 가슴에 못을 박기도 한다.

불교에서는 업(業)을 짓는 세 가지로 신(身)·구(口)·의(意)를 말하고 있는데, 이 삼업을 경계할 필요가 있다. 말로 전해 들을 때 받는 상처보다 말과 표정이 함께할 때 상처가 더 커지게 된다. 그러니 이를 함께 다스리면 대인관계가 훨씬 원만해질 것이다.

54 석인과 석재

또 말한다.

『사람을 아끼는 것은 쓰임을 얻자는 것이요, 재물을 아끼는 것은 부림을 얻자는 것이니라.』

원문

우 왈　　석 인 득 용　석 재 득 사
又曰「惜人得用　惜財得使.」

● 해의 ●

우리가 학덕(學德)을 갖춘 사람을 아끼는 것은 그 사람이 설 수 있는 장을 마련하여 세상과 사람을 위해 일하도록 해주는 데 있다.

또한 재물도 한 곳에 멈추어 있으면 막히거나 줄어들기 때문에 돌려서 활용하는 것이 막힘도 방지하고 늘리기도 하는 것이다.

대기대용(大機大用)이라고 한다. 큰 기틀을 크게 쓴다는 말이니, 천하를 위할 인재를 함부로 써서 되겠는가? 그리고 재물을 아끼는 것도 인물을 기르고 세상을 구제하기 위함이니, 함부로 쓸 일이 아니다.

55 백세에 사람 건짐은 글에 있다

또 말한다.

『급한 가운데서 사람을 구제하기가 좋은 것이요, 어려운 가운데서 사람을 구제하기가 좋은 것이라, 한때에 사람을 건지는 것은 덕으로써 하고, 백세에 사람을 건지는 것은 글로써 하나니라.』

원문

又曰「急中好救人 難中好救人. 一時濟人以德 百世濟人以書.」

● **해의** ●

물에 빠진 사람은 지푸라기도 잡는다. 물에 빠진 사람은 급하고 어렵기 때문에 꽉 움켜쥔다. 이때 로프를 던져주고 배를 보내면 얼른 구제할 수 있고, 평생 생명의 은인으로 기억하게 될 것이다. 이와 같이 사람이 절박하고 어려움에 처해 있을 때 구제하기가 가장 쉽다. 이러한 경우를 당해서 덕을 베풀면 그 효과가 분명하게 나타난다.

그러나 서적의 글 곧 성인의 경전이나 어진 이의 어록(語錄)은 오랜 세월을 두고두고 구제의 방편이 된다. 성인들은 비록 이 세상을 떠났지만 언행(言行)이 책으로 엮어져서 수많은 사람들에게 보감(寶鑑)이 되기 때문이다.

56 혜시와 액운

팽택왕씨는 말한다.

『혜시(惠施)는 많기를 기대하지 않을지니, 기대하면 액운을 당하게 되나니라.』

팽 택 왕 씨 왈　　혜 불 기 다　기 우 당 액
彭澤王氏曰「惠不期多　期于當厄.」

● 해의 ●

혜시(惠施)를 받는 입장에서는 많을수록 좋은 것이라 생각할지 모른다. 그러나 남의 도움만 받고 살면서 아무런 도움을 주지 못한다면 삶의 폭이 좁아지고 인생을 살아가는 맛도 줄어든다. 그러므로 혜시받는 것은 되도록 줄이고 자력을 길러야 한다. 받으면 빚인데 스스로를 빚쟁이로 만들어서 되겠는가?

우서천[1]은 말한다.

『옛사람에게 겸양[2]하는 것은 이에 지향(志向)이 없는 것이요, 눈앞 사람에게 겸양을 하지 않는 것은 이에 도량(度量)이 없는 것이니라.』

| 주석 |

① 우서천(尤西川) : 곧 우시조(尤時照)로, 자는 계미(季美)이며 명대의 학자이다. 일찍이 국자박사(國子博士)가 되었다. 세상에서 「서천선생(西川先生)」이라 불렀다.
② 양(讓) : 겸양(謙讓). 퇴양(退讓).

원문

우 서 천 왈　　양 고 인 시 무 지　　불 양 안 전 인 시 무 량
尤西川日「讓古人是無志 不讓眼前人是無量.」

● 해의 ●

온고지신(溫故知新)은 옛것만을 좋아하고 숭상하는데 그치라는 말이 아니다. 옛것을 발판으로 삼아서 새로운 방향으로 발전시키고 개척하여 나간다는 뜻이다.

우리는 흔히 옛사람에게 양보한다. 만일에 '옛사람이 이렇게 저렇게 했으니 우리는 그 사람들을 따르면 된다.'고 양보하는 사람은 목표의식 없이 온고(溫故)만 하는 사람에 지나지 않는다.

또한 어면 상황에 있어서 눈앞 사람 곧, 신변의 사람에게도 양보할 줄 모르면 이는 속이 좁은 사람이다. 양보할 줄 모르니 도량(度量)이

없는 사람으로, 그 주위에 사람이 줄어들고 어려운 경우를 당하여도
방외인(方外人)이 되고 말 것이다.

58 충후

작비암은 말한다.

『부유하고 귀한 집안에 항상 친척들의 오고감이 있다면 곧
이것이 충심이요, 두터움이니라.』

昨非庵曰「富貴之家 常有親戚往來 便是忠厚.」
작 비 암 왈　부 귀 지 가　상 유 친 척 왕 래　편 시 충 후

● 해의 ●

　　부유하고 귀한 사람은 같이 무리지어 소통하기 때문에 그 축에 들지
않는 사람은 친척이나, 친구라도 자연히 소원해지게 된다.

　　그런데 부귀를 의식하지 않고 멀든 가깝든 친척이나 친구들이 스스
럼없이 드나들고 오갈 수 있다면 이는 그 주인의 낱 없는 충심(忠心)과
가림없는 후덕(厚德)의 발로라 할 것이다.

　　사람은 자신과 비슷하거나 약간 못한 집에는 발을 들여놓기 쉽다.
그러나 잘나고 부유한 집을 가까이 하기 어려우니, 이를 넘어서서 친
척 등과 가까이 소통하는 인물은 가히 덕인이라 할 수 있다.

《증언록》에서 말한다.

『사람이 배우기 좋아하는 것을 보면 여러 방면에서 도와서 이루게 할 것이요, 사람이 그르침을 보면 여러 방면에서 끌고 깨워줄 것이며, 사람이 풍족하고 드러남[1]을 보면 그 부자 이룬 이유를 말할 것이요, 사람이 괴롭고 어려움을 보면 그 처한 바 불행을 살필[2]지니라.』

| 주석 |

① 풍현(豊顯) : 풍유(豊裕)하고 현혁(顯赫)한 것.
② 원(原) : 찰구(察求) 또는 추구(推究).

원문

《贈言錄》曰「見人好學 多方贊成 見人差錯 多方

提醒 見人豊顯 則談其致富之由 見人苦難 原其所

處之不幸.」

● 해의 ●

사람이 배운다는 것은 성장한다는 의미이다. 나무에 영양분을 주어야 잘 자라듯이 사람은 배움이라는 자양분(滋養分)을 통해서 성인(聖人)의 인격을 이루게 된다.

사람은 살면서 잘못을 저지르는 일이 있기 마련인데 이러한 경우를

당하여 손을 내밀어 잡아끌고 일깨워주어서 제자리로 돌아오도록 하
여야 한다.

　또한 사람이 치부(致富)하는 데는 그럴만한 이유가 있으니 그 이유
를 찾아 담론하고 배울지언정 공연히 시기하고 질투하며 미워해서는
안 된다.

　그리고 사람이 고난에 처해 있는 상황을 보고 손뼉을 치며 좋아할
것이 아니라 역시 그 불행의 인자(因子)를 살피고 추구(推究)하여 거
기에 들지 않도록 전감(前鑑)을 삼을 필요가 있는 것이다.

60 두려움

《좌우편》에서 말한다.

『무릇 사람은 자기가 행하는 것이 공변되고 평등하며 바르고
곧아야 하나니, 가히 이것으로써 귀신을 섬김에 쓸지언정 이
것을 믿고 귀신을 경만(輕慢)하게 여겨서는 안 되는 것이요,
가히 이것으로써 사람을 섬김에 쓸지언정 이것을 믿고 사람을
오만(傲慢)하게 여겨서는 안 되는 것이라, 비록 공자께서도 또
한 귀신과 사대부를 공경하였고 대인의 말씀을 두려워하였으
니❶ 하물며 이보다 아래인 사람들이겠는가?』

| 주석 |

　① 공자역이경귀신 사대부 외대인언(孔子亦以敬鬼神 士大夫 畏大人言) :
　　《논어》 계씨(季氏)에 "공자 왈 '군자유삼외 외천명 외대인 외성인지언

(孔子 曰 '君子有三畏 畏天命 畏大人 畏聖人之言)'"에서 인거한 말이
다. 즉 "공자께서 말씀하기를 '군자는 세 가지 두려움이 있으니 천명
을 두려워하고, 대인을 두려워하며, 성인의 말씀을 두려워한다.' 고 하
였다.

《座右編》日「凡人行己 公平正直 可用此以事神
而不可恃此以慢神 可用此以事人 而不可恃此以傲
人. 雖孔子亦以敬鬼神 士大夫 畏大人言 況下此
者乎?」

● 해의 ●

　사람의 행동거지(行動擧止)는 공변되고 평등하며 바르고 곧아야 한
다. 만일 사사롭고 차별하며 삿되고 굽어 있다면 사람 노릇을 하는 것
이라고 하기 어렵다.

　그러므로 이 평등과 정직을 가지고 귀신을 섬길지언정 소홀하거나
경만(輕慢)하여서는 안 되며, 사람을 섬길지언정 홀대하거나 오만(傲
慢)하여서는 안 된다.

　공자 같은 성인도 귀신을 공경하였고 사대부를 공경하였으며 대인
의 말씀을 두려워한다 하였다. 하물며 성자의 대열에 들지 못한 일반
사람이 어찌 귀신이나 사람을 섬김에 삼가하고 조심하지 않을 수 있
겠는가?

위환계는 말한다.

『세상에서 첫째 근본적①으로 가히 공경해야 할 사람은 충신과 효자요, 세상에서 첫째 근본적으로 가히 불쌍히 여겨야할 사람은 과부와 고아이니라.』

| 주석 |

① 종(種) : 근본. 원인.

원문

魏環溪曰「世間第一種可敬人 忠臣孝子 世間第一種可憐人 寡婦孤兒.」

● 해의 ●

우리가 세상을 살면서 근본적으로 존경하고 공경하여야 할 사람은 충성을 다하는 충신과 자식의 도리를 다하는 효자이다.

물론 지금은 군신(君臣)의 관계는 없어졌지만 상하 관계는 있고, 부모와 자녀의 천륜(天倫) 관계는 변함이 없으니, 이 관계설정을 잘하는 사람을 세상에서 공경할 수밖에 없다. 또 세상에서 가장 불쌍하고 안쓰러운 사람은 남편 없이 홀로 사는 부인과 부모가 없이 홀로 된 아이들이다.

사람이 늙으면 죽음을 통해서 이별하는 것은 자연의 순리(順理)이니 젊어서 혼자되는 것은 불쌍한 일이다. 그리고 부모의 이혼(離婚)이나 사별(死別) 등으로 인하여 자력(自力)이 없는 어린 시절에 혼자된 아이들에게는 성장을 돕는 등의 인정을 베풀어야 한다.

62 부모의 마음

이문정[1]은 말한다.

『부모의 마음으로써 마음을 삼으면 우애하지 못할 형제는 없을 것이요, 조종의 마음으로써 마음을 삼으면 화합하지 못할 친척은 없을 것이며, 천지의 마음으로써 마음을 삼으면 사랑하지 못할 백성과 만물은 없을 것이니라.』

| 주석 |

① 이문정(李文貞, 1642~1718) : 곧 이광지(李光地)로, 자가 진경(晉卿)이며, 호가 후암(厚庵)이다. 청대의 대신이며 이학가(理學家)이다. 일찍이 직예순무(直隸巡撫)와 문연각대학사(文淵閣大學士)를 지냈는데 시호가 문정이다. 저술에 《용촌전집(榕村全集)》 등이 있다.

원문

李文貞曰「以父母之心爲心 無不友之兄弟 以祖宗之心爲心 無不和之族人 以天地之心爲心 無不愛之民物.」

　부모란, 자식의 우열(優劣)을 가리지 않고 똑같이 사랑한다. 이러한 마음을 자식들이 갖는다면 아무리 많은 형제라 하더라도 우애 못할 경우는 없다.

　또한 한 가문의 번쇠(繁衰)를 떠나서 일가(一家)요, 동손(同孫)의 마음을 갖는다면 아무리 많은 친척이라 하더라도 화목을 이루지 못할 이유는 없다.

　또한 저 푸른 하늘과 두터운 땅의 마음을 사람마다 지니고 있다면 이 천지 안에 있는 모든 사람과 사물을 사랑하지 못할 이유는 없다.

　이 세 마음이 인간에 있어서 가장 기본 되는 마음이니 누구나 이 마음을 가지고 살아가면 세상이나 가정에 시끄러움이 없을 것이다.

63　소인은 멀리하라

　사진신은 말한다.

　『소인은 진실로 응당 멀리하되 또한 가히 드러나게 원수가 되어 대적하지 아니할 것이요, 군자는 진실로 마땅히 친근하되 또한 가히 곡의(曲意)로 부화[1]하지 아니할지니라.』

| 주석 |

　① 부화(附和) : 주견(主見)이 없이 경솔히 남의 설(說)에 찬성하는 것.

원문

史揖臣曰「小人固當遠 亦不可顯爲仇敵 君子固當

親 亦不可曲爲附和.」

● 해의 ●

소인은 멀리해야 한다. 소인의 마음속에는 무엇이 들어있는지 모르기 때문이다. 또한 그들과 원수 같은 사이가 되어 일일이 대적해서도 안 된다. 어떤 경우에 어떤 해악(害惡)을 끼칠지 모르니 당초부터 조심하여 안면은 익힐지언정 깊은 교제를 갖지 않도록 경계해야 한다.

반면에 군자는 항상 친근하여야 한다. 군자와 깊은 인연을 맺어두어야 가르침과 인도를 받을 수 있기 때문이다.

따라서 굽고 겹친 마음이나 경솔한 행동으로 군자를 곤란하게 하지 말고, 순수한 마음과 배우는 자세로 군자와 가까이하면 어느 사이에 군자를 따라 그 반열에 오르게 된다.

64 소인을 대하여 너그러워야 한다

또 말한다.

『소인을 기다려서는 응당 너그러워야 하며, 소인을 막으려면 마땅히 엄격하여야 하나니라.』

우왈 대소인의관 방소인의엄
又曰「待小人宜寬 防小人宜嚴.」

● 해의 ●

　　소인을 대할 경우에는 너그러워야 한다. 혹 눈에 거슬리는 상황이 발생하더라도 너그럽게 보아주고 용서하여 적대관계를 갖지 않도록 하여야 한다.

　　또한 소인을 막는 데는 엄격하여야 한다. 소인은 예의나 염치를 차리지 않고 함부로 하므로 이를 예방하기 위해서는 엄격하게 대하여 객기(客氣)를 부릴 수 없도록 할 필요가 있다.

　　거센 바람도 창문이 두터우면 뚫고 들어오기가 어려운 법이다.

65 정신이 맑고 기운이 상쾌하다

또 말한다.

『몇몇 소인을 용납하고 몇 가지[1] 거슬리는 일을 견딘다면 지난 뒤에는 자못 마음과 가슴이 활짝 열리고 정신이 맑고 기운이 상쾌함[2]을 깨닫게 되나니라.』

| 주석 |

① 장(樁) : 건. 가지(사건이나 일을 세는 말).
② 미목청상(眉目淸爽) : 신청기상(神淸氣爽)으로 '정신이 맑고 기운이 상쾌함'을 말한다.

又曰「容得幾個小人 耐得幾椿逆事 過後頗覺心胸
開豁 眉目清爽.」

● 해의 ●

    소인을 대해서는 그들을 다 용납(容納)하고 품어줄 수 있는 넓은 아량(雅量)이 필요하다. 거슬리는 일이 있어도 못 미침을 탓할 것이 아니라 이끌어주어야 한다. 이러한 상황을 오히려 참고 견뎌내야지 부딪치면 이익보다는 손해를 입는 편이 많게 된다.

    이렇게 용납하고 무난하게 견뎌내면 마음과 가슴이 활짝 열리고 정신이 맑고 기운이 상쾌함을 자연 느끼게 된다.

    산에 오르는 사람이 고생을 견뎌내면, 마침내 정상에 이르러 시계(視界)에 막힘이 없고 가슴이 트이는 것처럼 어려움을 극복한 뒤는 항상 상쾌함을 맞게 되는 것이다.

66 말없는 가르침

또 말한다.

『한 좌중에서 말만 가지고 비평(批評)하기를[1] 좋아하는 사람이 있으면, 나는 마땅히 단정히 앉아 침묵으로써 그것을 녹아나게 할지니, 이를 일러서 '말없는 가르침[2]' 이라고 하나니라.』

① 탄사(彈射) : 1) 비평(批評)하는 것. 2) 시비(是非)·선악(善惡) 등을 지
   적하는 것.
② 불언지교(不言之敎) : 말을 하지 않고 자기의 행위로서 교육하여 사람
   을 감화시키는 것.

원문

又曰「一座中有好以言彈射人者 吾宜端坐沈默以
銷之 此謂不言之敎.」

● 해의 ●

　여럿이 앉은 좌석에서 어떤 일에 시비(是非)나 호오(好惡)를 따져 여
러 사람들이 싫어하는 기색이 있는데도 그치지 않는 경우가 있다. 누
가 나서서 말하여도 듣지 않을 경우를 당할 때 단정히 앉아 침묵으로
이런 상황을 진정시킬 수가 있다.

　이러한 실력은 그동안 깊은 수양으로 인품(人稟)을 이루고 공부를
많이하여 학덕(學德)을 이룬 사람이어야 가능하다.

　이런 분은 입 밖에 말을 내지 않더라도 저절로 주위가 정화되어 자
중(自重)이 된다. 이를 불언지교(不言之敎)·불행지교(不行之敎)라 하
니, 참된 가르침이다.

또 말한다.

『사람의 악을 다스리더라도 너무 엄격함이 없어야 할 것이니, 그것을 감당하여 받을만한가를 생각해야 할 것이요, 사람에게 선을 가르치더라도 지나치게 높지 않아야 할 것이니, 마땅히 그가 응당 쫓을만한가를 생각해야 하나니라.』

원문

又曰「攻人之惡無太嚴 要思其堪受 敎人之善毋過 高 當思其可從.」

● 해의 ●

　사람이 지은 악을 다스릴 때는 깊이 생각하여야 한다. 도리어 역효과를 내어 개과천선(改過遷善)이 아니라 악을 낳는 수가 있으니, 감당하여 따를 수 있을 정도로 다스려야 한다.

　또한 사람에게 선을 권장할 때도 고담준론(高談峻論)만 펼쳐서 목청을 높이지 말고 그 사람의 근기를 보아서 따를 수 있을 정도만 일러주면 은연중에 쫓아오게 된다. 이것이 능한 사람의 교도(敎導)하는 방법이다.

또 말한다.

『천하의 일은 이치가 온전히 나에게 있는 것이 아니요, 이치가 온전히 사람에게 있는 것도 아니니, 다만 스스로 얼마만큼은 옳지 않다 생각한다면 곧 기운이 화평하여질 것이요, 자기도 옳지 않다는 것을 긍정적으로 말해준다면 곧 사람의 기운도 또한 화평해지나니라.』

원문

又曰「天下事未有理全在我 非理全在人者 但念自
己有幾分不是 即我之氣平 肯説自己一個不是 即
人之氣亦平.」

● 해의 ●

세상의 형편이나 사정(事情)에 도리(道理)라는 것이 있다. 그런데 그 도리가 나에게만 있는 것이 아니다. 그러므로 너그럽게 이치를 살펴 나가면 자타가 고루 평안을 얻게 된다.

세상은 어울려 사는 곳이다. 내 눈으로만 사람을 바라보려 말고 눈을 바꾸어서 나를 바라보며, 내 기운으로만 사람을 평정하려 말고 기운을 바꾸어서 내 기운 평정하는 것을 우선으로 삼아야 한다.

또 말한다.

『사람이 옳지 않은 일을 하는 것을 보면 모름지기 권면하여 그것을 그치게 할 것이니, 알고도 권면하지 않거나 권면하는 데 힘쓰지 않는다면 사람으로 하여금 허물을 이루게 하는 것이라, 또한 나의 허물도 되나니라.』

원문

又曰「見人作不義事 須要勸止之 知而不勸 勸而
不力 使人過遂成 亦我之咎也.」

● 해의 ●

사람이 불의한 일을 하는 것을 보면 바로 권면(勸勉)하여 그 일을 못 하게 하여야 한다.

만일에 알고도 권면하지 않거나 권면하더라도 진정으로 아니하면 오히려 그 사람에게 허물을 더 조장(助長)하게 된다. 따라서 그렇게 하도록 한 나의 허물도 결코 작은 것이라고 할 수는 없으니, 사람들에게 불의로 들어가는 길목을 차단시켜 주는 일이 바로 사람을 구제하는 길이다.

또 말한다.

『부귀가 있는 사람을 대하여 예의가 있기는 어렵지 않지만 체통을 갖기는 어려운 것이요, 빈천한 사람을 대하여 은혜가 있기는 어렵지 않지만 예의가 있기는 어려운 것이니라.』

원문

우왈　　대부귀지인불난유례　이난유체　대빈천지인
又曰「待富貴之人不難有禮 而難有體 待貧賤之人

불난유은　이난유례
不難有恩 而難有禮.」

● 해의 ●

　부유하고 귀한 사람의 옆에 가면 자연 예의가 챙겨짐과 동시에 자존심(自尊心)을 세울 수 없게 되어 자칫 비굴하기 쉽다.

　반면에 가난하고 천박한 사람을 대해서 조그마한 은혜를 베풀어주기란 어렵지 않지만 깍듯이 예의를 차리기는 결코 쉬운 일이 아니다.

　그러므로 사람을 근본적인 면에서 보고 다가서고 다루어야지 현상만을 보고 분별을 내어 가리고 따라서는 안된다.

또 말한다.

『뜻을 잃은 사람을 대하여 뜻을 얻은 일을 말하지 말지니라.』

원문

又曰「對失意人莫談得意事.」
(우왈 대실의인막담득의사)

● 해의 ●

사람들이 어울려 살아가는 세상에서 남의 세정(細情)을 알아주는 것은 매우 중요하다. 그래서 옛날 가난하던 시절에 지각이 있는 부잣집에서는 아침밥을 하는데 굴뚝에 연기가 나가지 않도록 조심하였고, 떡을 할 때도 떡 치는 소리가 담 밖을 넘지 않도록 삼갔다고 한다.

가난한 집에서 굴뚝에 연기가 나는 것을 보면 밥먹고 싶은 생각이 얼마나 간절하며, 떡 치는 소리를 들으면 떡먹고 싶은 생각이 얼마나 많이 나겠는가?

이와 같이 자신의 형편이 잘 풀려 득의양양(得意揚揚)하여 위축(萎縮)되어 있는 사람 앞에서 함부로 자랑하고 자대(自大)하는 행위는 삼가야 한다.

72 학자의 큰 병통

위숙자는 말한다.

『일 뒤에 사람을 논하고 판국 밖에 사람을 논하는 것, 이것이
학자들의 큰 병통이니라.』

위 숙 자 왈　　사 후 논 인　국 외 논 인　시 학 자 대 병
魏叔子曰「事後論人 局外論人 是學者大病.」

● 해의 ●

　　무엇이든 동기(動機)와 결과(結果)가 있다.

　　동기만 보는 사람과 결과만 보는 사람과 동기와 결과를 다 보는 사
람이 있다. 동기를 중요하게 여기는 사람은 좋지 않은 결과에 대하여
사안(事眼)이 어둡고 역량(力量) 밖의 일이라 하여 이해를 하지만, 결
과를 보는 사람은 동기야 어찌되었든 결과만 좋으면 잘 하였다고 한
다. 또한 동기와 결과를 함께 보는 사람은 동기는 좋으나 결과가 나쁨
도 지적하고 결과는 좋으나 동기가 나쁨도 지적한다.

　　그러므로 일이 끝난 뒤에 평가를 내리고 역량 밖에 평가를 내리는 것은
학문하는 사람이나 세상에 관심 가진 사람의 꺼리는 바이다.

73 배후의 장점과 단점

당익수는 말한다.

『대면하여 사람의 장점을 기리면❶ 반드시 깊은 감동을 주지
못하지만, 오직 배후에서 사람의 장점을 기려야 감동이 깊은
것이요, 대면하여 사람의 단점을 책망하면 반드시 깊은 원한

이 없지만, 오직 배후에서 사람의 단점을 말하면 원한이 깊은
것이니라.』

① 찬(贊) : 기리다. 찬사(讚辭)하다. 칭찬(稱讚)하다.

원문

당익수왈　면찬인지장　미필심감　유배후칭인장
唐翼修曰「面贊人之長　未必深感　惟背後稱人長

즉감지심　면책인지단　미필심한　유배지언인단
則感之深，面責人之短　未必深恨　惟背地言人短

즉한지심
則恨之深.」

● 해의 ●

　흔히 당사자와 대면(對面)하여 훌륭한 장점(長點)을 말하고 때로는
부족한 단점(短點)을 지적하기도 한다. 이럴 경우에는 장점을 말하든
단점을 말하든 그저 웃어넘기고 만다.

　그러나 만일에 보지도 듣지도 않는데서 장점을 칭찬한다면 감동(感
動)이 배가 되어 골수(骨髓)에 그 사람에 대한 좋은 인상이 깊이 박히
게 될 것이다.

　반면에 단점을 말한다면 원한이 골수에 박혀 잊히지 않을 것이요 보
복할 기회까지 엿보게 되어 처신하기가 어려울 것이다. 그러므로 그 사
람이 있든 없든 장점은 말하더라도 단점을 말하는 것은 삼가야 한다.

74 여지와 여미

팽정구[1]는 말한다.

『일에 다다라 남에게 한 걸음 양보하면 저절로 여지가 있을 것이요, 재물에 다다라 너그럽게 한 걸음 놓아버리면 저절로 여미가 있나니라.』

| 주석 |

① 팽정구(彭定求, 1645~1719) : 강희(康熙) 15년(1676)에 장원을 하였다. 자는 근지(勤止)이요 또는 남균(南畇)이며, 호는 영진산인(咏眞山人), 수강도인(守綱道人)으로 청대 학자이다. 벼슬이 시강(侍講)까지 이르렀지만 아버지가 돌아가시자 다시 출사하지 않고 가학(家學)을 이었다. 그는 '속이지 않는 것을 근본으로 삼고 실천으로 종요(宗要)를 삼았다(以不欺爲本 以踐行爲要).' 저서에는 《고망음(高望吟)》·《양명석훼록(陽明釋毁錄)》·《유문법어(儒門法語)》·《남균문집(南畇文集)》 등이 있다.

원문

彭定求曰「臨事讓人一步 自有餘地 臨財放寬一步 自有餘味.」

해의

선사후식(先事後食)이라 하였다. 즉 '일을 먼저 하고 먹기를 뒤에 한다.' 는 의미이다.

이에는 좋은 일은 남에게 양보하고 궂은 일은 먼저 실행하라는 의미도 있고, 이익이 되는 일이면 남이 먼저 하도록 하고, 손해가 되는 일이라면 내가 자진하여 할 수 있는 양보의 미덕을 지니면 항상 여지(餘地), 곧 처하는 자리마다 넉넉할 수 있다.

또한 재물에 다다라 당연히 취해야 할 경우에 한 발 물러서서 남을 먼저 배려하거나 형편이 옹색하지 않으면 조금씩이라도 나누어 주어 어려운 사람을 구제하면 어떨까? 아마 인생을 살아가는 아름답고 여유로운 맛을 누리게 될 것이다.

後記 [후기]

지금 사람들은 가볍고 옅고 저급(低級)하다.

지금 사람들은 일회적(一回的)이요, 기회적(機會的)이며 일시적(一時的)이다.

지금 사람들은 뒤를 돌아보지 않고 생각하지도 않는다.

모두가 그런 것은 아니지만 그렇게 살려는 부류(部類)가 넘쳐나는 시대가 도래하였다. 갈피를 제대로 잡지 못하고 오늘만 살려는 것처럼 덤벼든다.

왜 그럴까? 정확한 진단을 내리는 것은 어렵지만 아마 옛 성인(聖人)이나 현인(賢人)들 말씀이 뇌리(腦裏)에 차지 않아서가 아닐까? 복중(腹中)에 물질과 공명과 부귀와 영달 등, 이런 것들이 그 자리를 대신하여 일어나는 현상이 아닌가 생각된다.

물질에 의하여 정신이 황폐화(荒廢化)되고 이질화(異質化)됨에 따라 원천(源泉)의 물길이 고갈(枯渴)되고 말았다 하여도 과언이 아니다.

그러므로 성경현전(聖經賢典)을 읽고 배우고 공부하자. 듣고 따르고 쫓아가자. 그리하여 뇌리에 쌓아놓고 가슴속에 담아두고 사용했으면 한다.

『육사잠언(六事箴言)』을 풀이하였다. 육사란 첫째 「지신(持身)」이요, 둘째 「지가(持家)」이며, 셋째 「거관(居官)」이요, 넷째 「거향(居鄕)」이며, 다섯째 「처사(處事)」이요, 여섯째 「처인(處人)」이다. 이들 가르침에서 각

각 특징을 지니고 있어서 우리의 삶, 즉 개인을 비롯하여 가정 국가가
살아가는 방향을 제시하고 있다.

  오래 전에 태어나 살다간 그 분들의 말씀 속에서 오늘의 삶을 엿볼 수
있으니 어쩌면 신기(神奇)하기도 하고 충격적(衝擊的)이기도 하다. 다른
한편으로 삶이라는 것은 과거나 현재가 다름이 없고 미래도 마찬가지
아니겠는가 생각해 본다. 선인들의 삶에서 풍겨나온 풍부한 자양(滋養)
으로 오늘 우리의 삶이 길러질 수 있으니 얼마나 행복한 일인가?

  그래서 『육사잠언』 끝에 한 마디 감상을 적는다.

『大凡見之가 不如好之이요, 併且好之가 不如讀
之이며, 併且讀之가 不如知之이요, 併且知之가 不
如醒之이며, 併且醒之가 不如體之이니, 言行心思
에 體而韞之하야 言行心思로 施而用之也니라.』

「대범 보는 것이 좋아하는 것만 같지 못한 것이요, 또한 좋아하는 것
이 읽는 것만 같지 못한 것이며, 또한 읽는 것이 아는 것만 같지 못한 것
이요, 또한 아는 것이 깨우치는 것만 같지 못한 것이며, 또한 깨우치는
것이 체득하는 것만 같지 못한 것이니, 말과 행동과 마음과 생각에 체득
하고 갈무리하여 말과 행동과 마음과 생각으로 베풀어 쓸지니라.」

삶이 풍요로운 여섯 비결
葉玉屛의 「六事箴言」

초판 인쇄 ‖ 2012년 7월 5일
초판 발행 ‖ 2012년 7월 10일

역　해 ‖ 오광익
편　집 ‖ 이명숙 · 양철민
발행자 ‖ 김동구
발행처 ‖ 명문당(1923. 10. 1 창립)
주　소 ‖ 서울시 종로구 윤보선길 61(안국동)
　　　　　 우체국 010579-01-000682
전　화 ‖ 02)733-3039, 734-4798(영), 733-4748(편)
팩　스 ‖ 02)734-9209
Homepage ‖ www.myungmundang.net
E—mail ‖ mmdbook1@hanmail.net
등　록 ‖ 1977. 11. 19. 제1~148호

ISBN 978-89-7270-456-0 (93150)
정가 ‖ 20,000원